林磊撰

嚴耕望先生編年事輯

中華書局

图书在版编目（CIP）数据

严耕望先生编年事辑/林磊撰. —北京:中华书局,2015.1
ISBN 978 - 7 - 101 - 10569 - 8

Ⅰ. 严… Ⅱ. 林… Ⅲ. 严耕望(1916~1996) – 生平事迹
Ⅳ. K825.81

中国版本图书馆 CIP 数据核字(2014)第 269488 号

书　　名	严耕望先生编年事辑
撰　　者	林　磊
责任编辑	李天飞
出版发行	中华书局
	（北京市丰台区太平桥西里 38 号　100073）
	http://www.zhbc.com.cn
	E-mail:zhbc@zhbc.com.cn
印　　刷	北京瑞古冠中印刷厂
版　　次	2015 年 1 月北京第 1 版
	2015 年 1 月北京第 1 次印刷
规　　格	开本/850×1168 毫米　1/32
	印张 12¼　插页 4　字数 300 千字
印　　数	1 – 3000 册
国际书号	ISBN 978 - 7 - 101 - 10569 - 8
定　　价	38.00 元

严耕望先生（1916–1996）

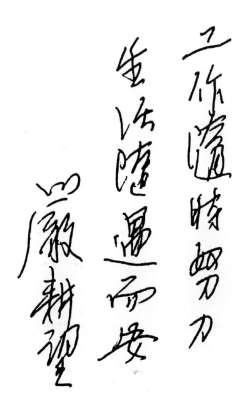

工作隨時努力
生活隨遇而安

嚴耕望

严耕望先生手书座右铭

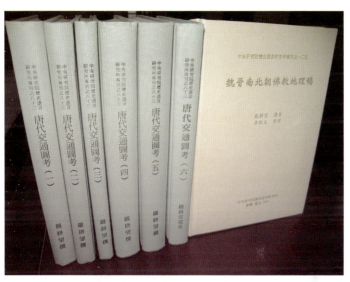

唐代交通图考、魏晋南北朝佛教地理稿

中国地方行政制度史

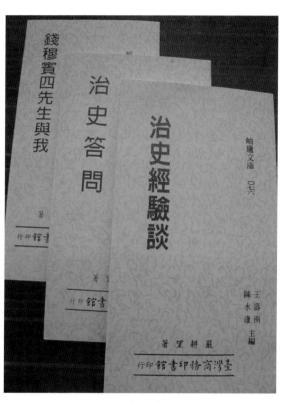

治史三书

（三）汴渠段□程 （三）

汴口者，□即古□渠蒗蕩渠之一口也，□□□□，但□□不□。隋尚□□七年使□□□□□□□□□入□，稱名汴口堰。□□□堰在□□記□□東北□十里，□□□西二十□□□□□□□□汴堰□□。大業元年，□自板渚□□引□□□陽入汴□為□曹渠，□其□□河□之口□□□□□□地。堰者相□，□□□□□十□□□□□□□□□前□□□□□□□□□發□河。「□□不□□故汴口□□□□□□□□□□□□□□□□□□□□運□□□□，蓋不自□□，□代汴口□□□前□□□。隋代汴口□□□□□□□□□其一□耳。

元和志云至河南府河陰□「西南至府二百三十里」，按同書「記汴渠」「西南至府一百八十里」。則河陰□在記汴渠東北五十里。

《隋唐通济渠考》手稿

题　识

　　严耕望(1916-1996),20世纪中国著名历史学家,国学大师钱穆最欣赏的弟子。他早年对汉唐政治制度史的研究,集传统考证史学与现代社会科学之大成,晚年"淡泊自甘,寂寞自守",以一人之力投入在西方或日本多要出自集体实践一途的皇皇巨著《唐代交通图考》的撰述,被誉为20世纪"中国史学界的朴实楷模"。

　　鉴于学界过往对严氏学术成就、治学精神的研讨较多,而对其生平历史的研究尚停留于阶段性、常识性的认知层面,本文拟综括目前所能发现的中外各方材料,以编年事辑形式对其家世背景、学术渊源、治学道路、生活经历等作一系统梳理。力求于还原其个体生命轨迹的同时,对其学术成就、治学精神及人生境遇的来龙去脉作出历史的同时希望也能是立体的揭示。

　　正文依严氏一生几个重要转捩分作五卷:1916至1936年为其早年生活及学习阶段;1937至1944年为大学学习至入史语所前之阶段;1945至1964年为在史语所专职工作阶段;1965至1981年为在港执教阶段;1982至1996年为退休至去世的最后岁月。附录为1997年迄今,以述其"身后文章事"为主,并附录严氏著作编年。俾治"归田史学"者以一砖一瓦之用,亦为20世纪中国学术史、社会文化史的研究提供一个个案。然受材料与著者水平之限制,容有史料失察、考订未当、编排欠妥之处,敬希方家同好不吝赐教补正为幸!

目　录

严耕望的学术精神和
史学取向（代序）

一、未竟的志业

1996 年 10 月，严耕望因突发脑溢血在台北病逝，他生前好友经济学家邢慕寰挽诗云"半生心血知何在，唐代交通断稿中"。的确，严耕望的晚年岁月正是和《唐代交通图考》这部两百万字的未竟稿紧紧联系在一起的。直到逝世前一星期，还在为该书第六卷的杀青做着最后的努力，可谓生命不息笔耕不辍。据严先生在上世纪八十年代回忆，从 1947 年动手搜录材料到 1984 年第五卷增改完毕，他为这部书倾注了三十七年的心力，加上生前最后的十二年，几乎是半个世纪的劳作。期间，参阅传统文献、考古资料及中外论著 600 余种，抄录卡片资料积十万件。严耕望曾对学生讲，其地方行政制度史方面的著作只要肯花时间，肯用心思，肯用笨办法，不取巧，不贪快，任何中人之资的研究生五六年或六七年之内都写得出来，至于《唐代交通图考》则为其毕生功力之所萃，考证之曲折，难度之高，放眼当代学者，有此功力而又肯为此细密烦琐之研究者，仅陈垣先生一人而已。怀着这样一种责无旁贷的学术使命感，严耕望毅然搁置了材料业已就绪的《隋唐地方行政制度》，以殉道的精神，穷半生之力投入《唐代交通图考》的撰述，死而后已。正如严先生的同门余英时所言："像这样的大计划，在西方或日本都只能出之于集体实践之一途，即由计划的主要执行人指导一二十个助手分头进行，现在耕望则以一手之力完成之。"学术史研究者很难评价严耕望当年的决定，虽然从结果看，《中古地方行政制度》和《唐代交通图考》同时成为了无可接续的断编，严先生当年放弃了一条几乎可以两者兼得的途径，似乎与他一向标举的"科学工作者"的计划风范略相背驰。但在一个"将全副生命献给学问"，"真正达到造次必于是、颠沛必于是"的学人而言，"这是一种宗教性的奉献，即以学问的追求为人生的最后目的，而不是实现其他目标的手段"，"他的恒心和毅力真足以惊天地泣鬼神了"。

二、院士级讲师

严耕望年轻时自认为并非天资很高的人，但他的老师钱穆却认为一个学者能否做出第一流的成绩"只关自己的气魄及精神意志，与天资无大关系"，进而以为"大抵在学术上成就大的人都不是第一等天资，因为聪明人总无毅力与傻气"。综观严耕望一生在汉唐政治制度及历史人文地理领域取得的卓越成就，不得不佩服钱穆的远见卓识。严耕望终身以"工作随时努力，生活随遇而安"为座右铭，并认为"后六个字极不易做到"，而做不到即不能成为一个"坚强纯净的学术人"，也不要想在学术上有较大的成就。1964年，严先生应香港中文大学新亚书院之聘，担任新亚研究所导师。据当年的学生回忆，中大当时给高级讲师职的举家旅费是坐飞机的标准，而严先生一家则改乘轮船抵港，节省下来的钱用以贴补家用。事实上，来港前严耕望的生活环境相当窘迫，一家五口每餐只一两碗蔬菜佐膳。去看来台讲学的钱穆时，亦总是衣衫简陋，所穿之鞋多是木屐。当时，在香港高校任教薪金要高出台湾好几倍，然而严耕望之赴港更多是出于对老师钱穆的支持，而非一般意义上的"淘金"。在港期间，为了专心于《唐代交通图考》和《国史人文地理》的著述，他一如既往地坚持史语所时期的"三不原则"——不兼课、不参加任何活动（包括学术会议、演讲）、不写普及性文章赚稿费，理由是花费时间太多，所得不偿所失。1973 年，香港中文大学有讲座教授一席空缺（按：香港的大学采用英国制度，每一系只一位"讲座教授"，且为终身制，其余全部为讲师），当时已经是中研院院士的严耕望众望所归，然而由于讲座教授需兼行政，而行政工作在他看来对学术研究颇具"杀伤力"，故而这一在寻常人看来能名利双收的位置最终被严耕望婉言谢绝。是年端午，在台北的钱穆致信严耕望时感叹："大陆流亡海外学术界，二十余年来，真能潜心学术有著作问世者，几乎无从屈指，惟老弟能澹泊自甘，寂寞自守，庶不使人有'秦无人'之叹。"直到六十五岁退休，严耕望在香港中文大学都只是一个高级讲师。这在当年中研院赴港任教的学人中，怕也是绝无仅有。余英时说，严先生在名利面前的"澹泊自甘、寂寞自守"和他治学的勇猛精进、锲而不舍，恰好互为表里，刚柔相济。这或许就是钱穆认为聪明人最缺乏的"毅力与傻气"吧。

三、大家写小书

"严耕望"这个名字真正为大陆读书界所熟知，缘于一本叫《治史三书》的小书。该书以平实质朴的口吻、温暖人心的笔触，讲述了自己求学治史的历程，分享了毕生读史阅世的经验。内中所谈在在皆是切身的甘苦，独到的心得，没有装腔作势故作大言的矫情，充满现身说法度人金针的恳切。其初衷虽为予青年史学工作者以方法途径上的指示，实际也是严氏对其毕生史学实践及由此明确的史学旨趣、史学方法的一次集大成的总结，堪称一部"严学小辞典"。自出版以来,即成为两岸三地高校历史专业本科生、研究生的必读参考书。非历史专业的读者,亦能通过这本切实周到、深入浅出的小书,领略历史学的魅力与挑战。1980年秋,严耕望把他的《治史经验谈》书稿交给自己曾指导过的台湾政治大学博士王寿南,问他可不可以纳入台湾商务印书馆的《岫庐文库》出版。其时,王正担任该文库主编,知道这是老师的治史心得,对年轻人极有助益,当即欣然接受。次年四月,《治史经验谈》出版问世,深获史学界的重视,好评如潮。一天,一位朋友问王寿南:"严先生是中研院院士,学术地位崇高,你把他的《治史经验谈》放进《岫庐文库》这种四十开的口袋书,岂不太委屈严先生了吗?"王听后为之愕然。不久,他在去看望严先生时表示歉意:"我完全没有想到老师的身份和地位,您的著作不该放在《岫庐文库》,应该出大开本的,我当时只觉得《岫庐文库》会因为有老师的大著而增光。"严先生望着学生摇头道:"是我自己要求纳进《岫庐文库》的,我这样做是有原因的,《岫庐文库》是小本子的书,书价又便宜,这种书最适合学生,《治史经验谈》是我写给年轻朋友的,当然要他们欢喜的式样。书价便宜,我的版税自然少,但学生们买得起,我年轻的时候是穷学生,知道学生想买书又嫌贵的心理,所以,我把《治史经验谈》放进《岫庐文库》是有我的想法的。"到了1984年,严耕望把《治史经验谈》的续编《治史答问》交给王寿南,嘱其仍置于《岫庐文库》中。1991年冬,又把《钱穆宾四先生与我》的书稿交给了王寿南,是书所谈虽是与钱穆的师生情谊,但文中透露的却是两代史学大师的人生境界与为学旨趣,既是钱穆传叙,也是严氏的治学回忆录,和先前的《治史经验谈》《治史答问》合在一起,被称为严耕望的《治史三书》。在《治史经验谈》序言中,严耕望对写作《治史三书》的心迹作过如下剖白:"近五六十年来,中国史学界人才辈出,朗若月星;爝火之光,何足自道!但念近代史学巨子多半天分极高，或且家学渊源，不是一般人所能企及；后来学子可能自叹不如，不免自弃。我的成就虽极有限，但天赋亦极微薄，一切迟钝不敏，记忆力尤坏。……相信当今能入大学受教育的青年，论天分必大半在我之上，举我小成之经验与生活修养之薪向以相告，或能有一点鼓励作用。所以毅然违背我一向做人原则，不揣浅陋，不避自伐之嫌，将自己的工作经验献给青年史学工作者；是否有当，实际有用，在所不计。"多年后，已在唐史研究领域卓有成就的王寿南回忆起这段出版往事，不无感慨地说："严老师是一个纯学者，不争名，不逐利，只埋首在他的研究室里，但他又绝对不是独善其身、不传秘法的人，严老师的《治史三书》足以看出他对年轻人的关爱和兼善天下的胸襟。严老师的治学精神和为人风范，都足以令后人敬仰不已。"

四、钱宾四之问

1984年9月23日，钱穆在素书楼对前来探望的严耕望发出意味深长的一问："你到香港教书，现在想来，是得计抑或失计？"严耕望回答：自觉得计。若不到香港，《唐代交通图考》当已写成，但可能无现今之精密，因能看到的新材料较少，地图也较少。至于整体学术规模更不会有现今这般大。因为史语所工作，无外界压力与刺激，势必愈做愈专；而教书不能专讲自己研究的专题，必得扩大注意面；且在授课时，往往刺激自己，涌现新意见。所以若一直在史语所环境中，自身学术规模必然较小，境界亦可能较低。钱穆以为然。1964年8月，正是因为不忍心二度辜负钱穆着意延揽之苦心，严耕望告别了他曾视之为"做学问的最理想环境"、"天堂乐土"，曾因不得其门而入"衷心甚苦"、"渴慕之情曷胜殷切"的史语所，告别了他感念一生的史语所缔造者傅斯年和曾与之论学相赏、倾心相交的前中研院院长胡适的归骨之所,带着对极为赏识厚爱他的时任中研院院长王世杰的愧憾之心,举家来到香港——一座与其性格颇不相合的"烦嚣城市",进入草创未久、学风尚颇浇薄的香港中文大学。然而,令严耕望错愕不及的是,他为之放弃一切而决然奔赴的老师钱穆,却在他来港前夕翩然辞职了。向来奉行对人对事宁滞毋敏的严耕望,亦不免有些迟疑,但因不好两头反复,也只能甘之若饴。此后十七年间,严耕望是如何以其"温良恭俭、淡泊名利、待人淳厚、治学精勤"而在香港学界赢得"无人敢訾议"的口碑;为兼顾新亚研究所的发展,他在繁重的教学、著述之余,承担了多少绝无兴趣却又不得不勉力为之的事务性工作;所有这些在史语所环境中本可不必或甚少为之分神的干扰肇基于何? 对如严耕望这般有高度学术责任感的纯学人来说,这种分神意味着什么? 一个像严耕望这样的科学工作者,究竟摆在教学环境还是科研环境中更为得计? 识力深透如钱穆者岂能不知? 故而才有了这蓄积二十年、不吐不快的明知故问。至于严耕望的回答,怕也只是为了让迟暮之年的老师宽心释怀而已。试问史语所能看到的新材料、地图岂会比香港少? 若想从教书授课中扩大注意面,刺激自己涌现新意见,台湾亦不乏舞台。若论教学相长,彼时台湾学生的程度且当高出日后被严耕望称为"史学沙漠"的香港。至于学术规模的大小和学术境界的高低,则其来港前的著作《中国地方行政制度》(四大册)和《唐仆尚丞郎表》,实已奠定"规模浩大、笼罩全面"、"能见其细,又能见其大"的基本风貌。正如严氏在新亚的弟子、时任东吴大学历史系副教授的廖伯源在问答当晚说的那样,"若非先在史语所专心工作二十年,不可能有深厚基础,日后也就难以发挥"。惟有"若不到香港,《唐代交通图考》当已写成"一句才是切实的肺腑之言,参以严氏晚年对《图考》撰述工作的重视程度,足见其已意识到赴港执教对自己学术生命造成的无可挽回的损失,这才是他当时当刻的真情流露。为人处世的至情至性与治学著述的尽善尽美，构成严耕望一生造次颠沛的两条性格主线。二者有时无法并行，甚且反相悖离，决定了他学术人生中的某些悲剧性宿命。

五、舍命报师恩

青年严耕望在经历了一次情变打击后，曾深悟自己太重感情，做人做学问都不执著，只有感情不免太痴执。观其一生行事，这份痴执非仅限于男女之情，也包括那些曾对他有过重大帮助的前辈恩情。最典型的例子就是他终其一生对傅斯年的感戴，非但是永志不忘，甚至是不惜以牺牲健康为代价的拼死回报。据严夫人段畹兰回忆，先生自年轻时起即养成规律而有节制的生活习惯，平日早睡早起，从不开夜车赶工，自认为当可活到九十以上，盖欲长寿以完成其规模庞大之研究计划。然在其去世的前一年，偏有一次致命的破例。1995年初，台北《史语所集刊》"傅斯年百年纪念专号"征稿，严耕望认为其一生事业学问，皆受惠于傅斯年之识拔，所以不顾血压高、中耳不平衡等疾病在身，"拼了老命也要赶出论文以纪念傅先生"。连续两个多月赶写文章，常过深夜十二点才就寝，完稿前几天，甚至工作到凌晨两点多。以近八十高龄而一改数十年之作息习惯，文章写完后即大病一场，健康状况大大受损，此后常走路不稳，站起会头晕。两个月后，香港中文大学新亚书院为纪念钱穆百龄诞辰举办学术研讨会。为表示对老师的尊敬，严耕望仍强自振作，每天一早坐巴士去学校出席会议，但在准备讲稿时已明显力不从心，只得对学生说，等过了钱先生的研讨会后要好好休息，待养好精神再继续做研究。当年暑假，医生诊断出严耕望有轻微的帕金森症状，脑部有微血管阻塞。多次医疗与检查，都没有明显的效果，病情时好时坏。1996年6月赴台治疗，期间曾一度转好

出院,然卒以突发脑溢血送救不治,于 10 月 9 日逝世,享年八十
一岁。严氏晚年的弟子李启文在整理老师的遗稿时发现,先生
尚有很多尚未发表的文章其实早已写就(属《交通图考》第六卷
范畴),但他为傅斯年纪念论文集投寄文章时,竟没有沿用这些
成品,而就另一课题(唐代人口)重新撰写,显然是想在学术研究
上再提供一己之心得,以此诚意报答傅先生当年的知遇之恩。
李启文感叹:"可惜付出的是生命的代价,换来的是无可补偿的
损失。我曾这么想,归田师由傅孟真先生提拔,五十年后又还于
傅先生,似乎冥冥中别有契机。"

六、新史学殿军

严耕望论民国以来中国现代史学,特别推重"吕思勉、陈垣、
陈寅恪和钱穆"为"前辈史学四大家",实亦见其自身之治史意趣
与取法标杆。此四大家者,风格各异而造诣均深,惟于"方面广
阔,述作宏富,且能深入为文"一点上殊途同归,这也正是所谓
"归田史学"最基本的风格特征。进而言之,严氏对新史学四大
家的排名先后亦非随意为之,而是体现了他的推崇轻重、取法多
寡。以治史意趣和研究途径而言,擅长扎实考证、重证据、对制
度和地理等具体问题感兴趣的严耕望,距离擅长天马行空的思
辨、重理据、对学术思想等抽象问题感兴趣的钱穆最远。但严耕
望推崇钱穆的才气、识力和启发性,认为这是大多数学者最欠缺
的禀赋,有助于冲破执著,别开思路。总体而言,"钱学"在严耕
望眼里是"只当领会其通观全局、论断雄健之魄力,吸取其精神
意境,而不必斤斤计较其细节考证之正确性"的。陈寅恪的治学
中心虽历经三变,但无论早期的"殊族之文、塞外之史"、中期的
"中古以降民族文化之史",乃至晚期的"心史"研究,都还属于
以考证方法解决具体问题的范畴,且每能于人所习见的史料中,

看出人所未察的问题,通过曲折委蛇的辨析,达成境界高远的新解。故在严耕望而言,"义宁史学"实兼有"钱学"的思想光辉而内容更充实、立论更稳健。惟其仍不免有过分强调别解而走偏锋之病,可收一时创新之功,却未必有长久之价值。加之陈氏治学不脱才子文士风格,就对史学本身的贡献而言,实远未尽其生平之才学。故像严耕望这般重著作质量亦重著作数量的"科学工作者",对陈氏其人其学仍持"只当取其意境,不可一意追摹仿学"的保留态度。陈垣是严耕望在治学方法上最为推崇的前辈史家,认为"前辈学人成绩之无懈可击,未有逾于先生者",乃至在《唐代交通图考》的胜任人选上有非我即彼之慨。在"常能适时寻空蹈隙,提出重要有意义的问题"、"重视史料搜集,至以'竭泽而渔'"、"重视校勘学、目录学、史源学"、论述扎实稳健而能见其大,及对论著的工具性、典范性(易于追摹仿学)及恒久价值的追求诸方面,严耕望都自认与陈垣有很多相通处。惟其热心世务、与世浮沉的性格致使"励耘史学"未能完全摆脱"史以致用"的传统。晚年陈垣"由谢山而韶山"于学术上不能再有所贡献,则在严氏看来与晚年陈寅恪之"著书唯剩颂红妆"虽各走极端却同属"实无多大意义"者,故亦只将陈垣列于陈寅恪、钱穆之上而已。至于吕思勉能跃居首位,盖因其在四大家中于治学方法、生平经历、人格修养方面与严耕望共性最多。以学术风貌言之,"蒿庐史学"与"归田史学"都建筑于国学基础之上,而治史意趣并不保守。以学术格局言之,吕思勉和严耕望同属博通周赡、通贯断代的历史学家类型,非抱守一隅者所能同日而语;在史学分工上,两人的主要业绩都在"撰史"。在史料取材上,都强调基本功夫放在对普通史料的研究上。看人所常见的书,说人所未说的话。意在钩沉,非必标新立异。就著述体例而言,皆征引繁复,扎实不苟,章节编排,篇幅有度,无任性繁简之病,更无虚浮矜夸之病。看似不难,实极不易。就著作数量而言,其重要的史学著作,篇幅都相当多。生平著述之富,同辈中少能匹敌。就治学精神而言,都具有令人惊服的魄力与坚毅力,以一人之力而欲至面面俱到之境,为同辈史家所莫及。就生平境遇而言,都没有显赫的学术出身,成名后亦不设教于一流学府、闻达于学术中心,更不争名于朝、争利于市,埋头枯守,默默耕耘。最后,却也是最重要的一点,即吕思勉于"生活、修养"上所表现出的"恒德",在严耕望看来恰是欲求在学术上有真实成就之最基本功夫。在《通贯的断代史家——吕思勉》一文中,严耕望写道:"我想像他一定是一位朴质恬淡、循规蹈矩、不扬露才学,不争取名位的忠厚长者,无才子气,无道学气,也无领导社会的使命感;而是一位人生修养极深,冷静、客观、勤力、谨慎、有责任感的科学工作者。其治史,有理想,有计划,又有高度的耐性,锲而不舍的依照计划,不怕辛苦,不嫌刻板的坚持工作,才能有这些成就。"取这番话与严氏在《唐代交通图考·序言》中的心迹表白("当代前辈学人晚年著述,往往寄寓心曲,有一'我'字存乎笔端。余撰为此书,只为读史治史者提供一砖一瓦之用,'今之学者为人',不别寓任何心声意识。如谓有'我',不过强毅、缜思之敬业精神与任运适性不假外求之生活情怀而已")相参照,几乎可以认为严氏心中的吕思勉实在也就是他自己的投影和化身。以上所谈,乃就严耕望对四大家的优劣得失所作的权衡去取而言。至于严氏中岁以后取西方现代社会科学之新观点,以人文地理之视角对中国历史作多方位、立体式的全面关照,则其境界与成效又较新史学四老更上一层,此固不待言。试辑李启文先生所作严氏挽辞,以为结语:

秦郎汉守开前路,魏镇唐丞缀后篇。

体大思精传地理,经时纬域写人文。

卷一　1916–1936年

○民国十四年丙辰（1916年）

1月28日①，耕望出生于安庆城东北四十里的竹园村②。祖上从江西迁至安徽，居桐城南数十里之罗家岭。罗家岭地处安庆和桐城之间，距安庆较近。耕望后来回忆，从前村里械斗，打死了人，就由打死人的村子买了人来，穿上红裤子，送到死了人的村子里作为替身，由那村子打死泄愤，一场械斗的人命官司就这么了结了。因之村里人还把"穿红裤子"一语作为詈虐之辞③。

耕望家世代务农，父裕荣公，未曾读书，然深明事理，为人公正，见重乡里，常为人评论是非，裁断曲直。严父虽不识字，但重视文教。曾以稻谷若干石换得一部善本《李太白集》，系刻得非

①严耕望的正确生日是阴历1915年12月24日，合阳历1916年1月28日。因其出外读书工作填履历时，出生日期一栏最初填的是阴历，其后因前已有登录，竟一直未再更改，遂致各方名录书其出生年月有"阳历1915年12月24日"、"阳历1916年12月24日"（如台北中研院史语所网站），甚至"阳历1915年1月28日"，皆误。此据廖伯源《严耕望传》，收入《严耕望先生纪念论文集》，稻乡出版社，1998年。
②严伯高《我的四叔——严耕望先生》，收入《安庆文史资料》第27辑《香皖两江情》，中国文史出版社，1997年，第107页。
③钱树棠《纪念严耕望学兄》，收入《充实而有光辉》，稻禾出版社，1997年。

常好的仿宋体,纸色古朴,分装两套,函套外面精绣着龙凤图案,看来非常美观。据说本是合肥一位高宦家(一说李氏)藏书,后归他的管家某氏。某氏嗜鸦片,穷困无资,将此书出让。其时,耕望家并非富有,在乡间只算小康,年收稻谷不超过七八十石。裕荣公听说此书来头大,看了又极美观可爱,所以买下。

严母徐氏,育有四子一女。长子德明,曾读私塾,稍通文墨,二子、三子亦曾入学,及长皆务农工。耕望为幼子,本名德厚,父亲为其取小名"耕旺",盖望其勤于稼穑,兴家旺宅。父兄勤于农事,兼作手工业,母亲勤俭持家,及后长兄且兼营商业,家庭经济状况渐佳。在父兄关爱下,幼年耕望度过一段令其记忆深刻的顽童生活,并入私塾接受学前教育。

○民国十三年甲子(1924年) 八岁

就近入读家乡的罗家岭小学。耕望在同龄孩童中属天资一般者,三两百字短文亦难熟诵。

○民国十六年丁卯(1927年) 十一岁

5月,国民政府奠都南京,中央政治会议议决设立中央研究院筹备处。

11月20日,成立中央研究院筹备委员会,下设五个专门委员会:理化实业研究所、地质研究所、观象台、社会科学研究所、心理研究所,以中华民国大学院院长蔡元培兼中央研究院院长,并开始筹设各研究所。

○民国十七年戊辰(1928年) 十二岁

4月,国立中央研究院历史语言研究所在广州中山大学成立筹备处。

5月,傅斯年任史语所筹备处秘书,作《历史语言研究工作

之旨趣》,宣示史语所成立之意义与宗旨,指出:

> 历史学不是著史;著史每多多少少带点古世中世的意味,且每取伦理家的手段,作文章家的本事。近代的历史学只是史料学,利用自然科学供给我们的一切工具,整理一切可逢着的史料。……凡能直接研究材料,便进步。凡间接地研究前人所研究或前人所创造之系统,而不繁丰细密地参照所包含的事实,便退步。……照着司马子长的旧公式,去写纪表书传,是化石的史学。能利用各地各时的直接材料,大如地方志书,小如私人的日记,远如石器时代的发掘,近如某个洋行的贸易册,去把史事无论巨者或细者,单者或综合者,条理出来,是科学的本事。……凡一种学问能扩张他研究的材料便进步,不能的便退步。……西洋人作学问不是去读书,是动手动脚到处寻找新材料,随时扩大旧范围,所以这学问才有四方的发展,向上的增高。……材料愈扩充,学问愈进步,利用了档案,然后可以订史,利用了别国的记载,然后可以考四裔史事。……凡一种学问能扩充他作研究时应用的工具的,则进步;不能的,则退步。……现代的历史学研究,已经成了一个各种科学的方法之汇集。地质、地理、考古、生物、气象、天文等学,无一不供给研究历史问题者之工具。……若干历史学的问题非有自然科学之资助无从下手,无从解决。……我们宗旨第一条是保持亭林、百诗的遗训。……使用最近代的手段,……照着材料的分量出货物……利用旧的新的材料,客观地处理实在问题,因解决之问题更生新问题,因问题之解决更要求多项的材料。……本这精神,因行动扩充材料,因时代扩充工具,便是唯一的正当路径。宗旨第二条是扩张研究的材料。第三条是扩张研究的工具。…… 我们反对"国故"一个观

念。……果然中国还有将来，为什么算学、天文、物理、化学等等不都成了国学，为什么国学之下都仅仅是些言语、历史、民俗等等题目？……取所谓国学的大题目在语言学或历史学的范围中的而论，因为求这些题目的解决与推进，如我们上文所叙的，扩充材料，扩充工具，势必至于弄到不国了，或不故了，或且不国不故了。这层并不是名词的争执，实在是精神的差异的表显。我们反对疏通，我们只是要把材料整理好，则事实自然显明了。一分材料出一分货，十分材料出十分货，没有材料便不出货。……推论是危险的事，以假设可能为当然是不诚信的事。所以我们存而不补，这是我们对于材料态度；我们证而不疏，这是我们处置材料的手段。材料之内使它发见无遗，材料之外我们一点也不越过去说。果然我们同人中也有些在别处发挥历史哲学或语言泛想，这些都仅可以当作私人的事，不是研究的工作。……总而言之，我们不是读书的人，我们只是上穷碧落下黄泉，动手动脚找东西！……把些传统的或自造的"仁义礼智"和其他主观，同历史学和语言学混在一气的人，绝对不是我们的同志！要把历史学语言学建设得和生物学地质学等同样，乃是我们的同志！①

7月，史语所筹备完成，正式成立。董作宾受派赴南阳与安阳考察。

9月，傅斯年代行史语所所长职务。

10月，国立中央研究院历史语言研究所集刊第一本第一分出版，各地商务印书馆经理发售。中研院院长蔡元培为作《发刊辞》，傅斯年的《历史语言研究工作之旨趣》以"本所筹备处"名

---

① 《历史语言研究工作之旨趣》，收入《傅斯年全集》第四册，联经出版事业公司，1980年。

义发表。

22 日,史语所迁往广州东山恤孤院后街 35 号柏园,始有独立所址。是日后被定为所庆纪念日。

11 月,傅斯年撰第一期报告书,规划史语所为八组,即史料学、汉语、文籍校订、民间文艺、汉字、考古学、敦煌材料研究、人类学及民物学。

设北平分所,陈寅恪任北平分所主任。

史语所开始进行安阳小屯村殷墟考古发掘(至 1937 年共发掘 15 次)。

高小一年级时,耕望得长兄严德明自安庆购回的商务版中国地图一册,内中分省地图非常详细,印装精美,定价两圆,在当时是相当贵的一本书。欣喜之下,每天抱着地图摩挲观看,对于全国山川河流了如指掌,几乎能脱手绘出。后又购得一册相当详细的地理问答书,对照地图参看,由此奠定对于地理的兴趣。

○民国十八年己巳(1929 年) 十三岁

5 月,史语所迁往北平。

6 月,中央研究院聘傅斯年为历史语言研究所所长。史语所迁入北海静心斋。

9 月,史语所所务会议议定,将原设八组并成三组:史学(第一组主任陈寅恪)、语言学(第二组主任赵元任)、考古学(第三组主任李济)。

高小时期,罗家岭小学从省城安庆请来算术教师冯溶生。冯氏为怀宁县人,时尚不过三十岁,程度不错,课讲得精彩,令耕望对算术发生浓厚兴趣,不断看课外书,并自己找习题做,尤喜四则难题。当时学校课本,每课只四五道练习题,但难度很大。耕望感到题目越难,越有兴趣,因为难题才好转弯抹角的思考,设法得到正确的答案,增加成就感。小学毕业时,耕望已把初中一年级的数学习题都做完了。其时做算术尚用毛笔,耕望的预习初中算术簿,直到 1946 年还留在罗家岭初级中学作学生的范本。

○民国十九年庚午(1930 年)　十四岁

高小毕业,耕望到安庆入安庆初级中学就读,仍对数学特感兴趣,而文科程度显得很差。一日,在楼上做功课,听一位同学和一个同乡在楼下聊天。同学称赞耕望的数学好,那位同乡却说"严某连一封信都写不好,数学再好又有什么用",听后很受刺激。不久,长兄德明亦劝耕望对国文下点功夫,自此始考虑如何增进国文程度。听闻陈寿的《三国志》是好文章的典范,自己看过《三国演义》,以为内容差不多,遂买了一部来看,发现生字极多,文章不易懂,借助字典硬着头皮看下去。一年下来,虽然还未看完,但阅读能力却颇有进步。

秋,江苏省立苏州中学国文教师钱穆,在北平燕京大学历史系教授顾颉刚推荐下,到燕大讲授大一大二国文。此前,钱穆已撰有辩驳康有为《新学伪经考》所说之非的《刘向歆父子年谱》一文,刊于顾颉刚担任编辑的《燕京学报》。来平授课之余,乃就苏中时期已开始撰述的《先秦诸子系年》稿续加增补,并作《通表》,凡三阅月而讫。

○民国二十年辛未(1931 年)　十五岁

钱穆执教燕京大学,终感教会学校环境不易适应,故一年即辞职。

夏,钱穆在苏州得北京大学聘书。及到北平,清华大学亦请兼课。殆皆出自顾颉刚预为安排者。钱穆任教北大历史系,第一年开课三门,"中国上古史"与"秦汉史"皆为学校指定之必修课;另一选修课由其自定为"近三百年学术史"。彼时北方学术空气浓厚,加之北大讲学自由,历史系除钱穆所开"上古史"为必修课之外,别开八门"上古史"选修课,各教授分别讲授,意趣各异。"近三百年学术史"一课,前有梁启超在清华研究院开授,其时梁卒后未久,钱穆续开此课,取径与任公迥殊,故亦特受注意。教者尚未讲,讲义已流传校外,众相讨论,竟至有"上课几于登辩论场"之势。

继《三国志》后,耕望又自修《左传》,看《曾文正公家书》、《饮冰室文集》之类书,对国文渐感兴趣。其中,《曾文正公家书》为国文老师谢养和指定之课外读物,耕望非但仔细看过,且作了摘要。进而读《论语》、《孟子》、《老子》、《庄子》;又看到一本汉译德国某人所写有关修身的著作,内中分项列表,每日自记其过失。自谓一生的生活与做人受这些书的影响很大。寒暑假回家,则时时翻阅诗集以为消遣,但只是咿唔乱唱,并不真懂。

钱穆至北平,即与傅斯年相识,屡受其邀至史语所。史语所有宴外国学者如伯希和之类,钱穆常坐贵宾之旁座。傅斯年必介绍是乃《刘向歆父子年谱》之作者。其意在以此破当时经学界之"今文学派",乃及史学界以顾颉刚为代表之"疑古派"。惟其时钱穆之疑古思想且有甚于顾颉刚,继此以往,遂与傅斯年意见亦多不合。此一时期,傅斯年给钱穆的印象是:

> 孟真在中国史学上,实似抱有一种新意向。惟兹事体大,而孟真又事忙未能尽其力,以求自副其望,而遂有未尽其所能言者。彼似主先治断代史,不主张讲通史。彼著述亦仅限先秦以上,即平日谈论,亦甚少越出此范围,凡北大历史系毕业成绩较优者,彼必网罗以去,然监督甚严。有某生专治明史,极有成绩,彼曾告余,孟真不许其上窥元代,下涉清世。然真于明史有所得,果欲上溯渊源,下探究竟,不能不于元清两代有所窥涉,则须私下为之。故于孟真每致

不满。

○民国二十一年壬申（1932 年）　十六岁

春，钱穆又为《先秦诸子系年》撰成《再论老子成书年代》一篇。

6 月，"九·一八"事变后，华北局势日非，史语所考虑南迁。

初中时代，耕望读书实颇用功，而尤不爱运动。长兄德明一次于信中劝其注意身体，谓身体即如一只船，学问如同载量，船不坚固，甚至破坏了，如何还能运载！此语给耕望留下极为深刻之印象。

新学年，钱穆在北大历史系开设的选修课改为"中国政治制度史"。历史系主任陈受颐以为，今已民主时代，此前中国君主专制不必再讲，是以历史系学生无一人选课。但法学院院长周炳霖以为政治系同学只知西洋政治，不知中国政治，遂有政治系全班学生选听此课。稍后历史系同学多来旁听，乃知中国君主专制政治，亦有可讨论者。

○民国二十二年癸酉（1933 年）　十七岁

春，长城战事起，日军飞机盘旋北平城上，仰首如睹蜻蜓之绕檐际。钱穆恐《先秦诸子系年》书稿散失，始觅人写副本，亟谋刊布。

初中毕业。耕望少年时代即深契"读万卷书，行万里路"之意，欲投考黄山二中，以就黄山。未果，意甚憾之。在安庆高级中学读了一年的高级师范科，对《论理学》（即逻辑学）一课别有会心。

秋，北京大学请钱穆独任部定课程"中国通史"之讲授，并特置一助教。早先，该课在北大由多人分时代讲授。钱穆以为多人讲授，彼此不相通贯，失去通史意义。且通史必须于一年内，自古至今,一气讲授完毕,绝不可有首无尾,有失通史课程之精神。因此集中全副精神,为此课作准备,务期章节间彼此相关,上下相顾,俾学生对于中国历史能有一贯而全面之概括性了解。每周两次课,每次两小时,课前一日,钱穆例到草坪茶座,择幽静处,斟酌讲稿。通史为文学院新生必修课,但高年级与其他学院、其他学校学生旁听者亦不少,每堂常近三百人,坐立皆满。与此同时,为续成《中国近三百年学术史》讲义稿,新学年钱穆仍开"学术史"为选修课。

10月,中研院史语所留第一组少数人在北平整理明清档案,其余人员南迁上海曹家渡极斯菲尔路145号小万柳堂。

○民国二十三年甲戌(1934年)　十八岁

5月,原中央研究院社会科学所民族学组并入史语所,改为人类学组。后聘吴定良①为主任。

耕望由安庆高级中学高级师范科转到普通科。乡邻和严父裕荣公打趣,村上的书都被你们一家读去了。

夏,《先秦诸子系年》议定由商务印书馆刊行。钱穆自任校对,又得从头逐字细读,改定疏谬十余处。然以所涉既广,亦不获一一覆勘。

---

①吴定良(1894-1969),江苏金坛人,中国体质人类学和人种学研究的开创者,中国人类工效学的奠基人。早年毕业于国立东南大学心理学系,1926年,赴美国纽约哥伦比亚大学心理学系攻读统计学。1927年转学英国伦敦大学,先后获统计学和人类学博士学位。1934年,在伦敦举行的国际人类学大会上,与中国科学家欧阳翥提交论文驳斥了当时盛行的中国人大脑结构和功能不如欧洲人的论调。在中研院工作期间,吴定良对中国殷墟的遗骸进行了深入的研究,创立了颅容量的计算公式、测定额孔位置的指数,并论述了中国人额中缝的出现率及其与颅骨其他测量值的关系。

　　高中第一个纪念周上,耕望听历史老师李则纲[1]的学术讲演"历史演变的因素",主要是用唯物论的史学观点作解释,感到非常有兴趣。一日,又从同学手中借得梁启超的《中国历史研究法》,耕望从不为功课开夜车,但此书却开夜车一气读完。两种机缘的凑合,遂萌生从事史学研究的志向。

　　初高中皆与耕望同班的好友童长庆,此时也颇受李则纲的唯物史观影响。耕望目童长庆为学校中最聪明、优秀的学生。初中入学考试,童考第一,耕望考第十;高中时代,童曾在作文课堂两个小时内写成五百字的旧体诗。耕望自度国文程度与童有天渊之别,但两人在课外阅读方面却保持高度的联系,常一起去校内外图书馆猎取新知识,往往是童长庆发现好书,与耕望同读。只是童长庆往往读了些章节,就不想再读了,另去猎取新的目标。耕望则遇到好书,多能坚持看下去。

　　由于李则纲的引导和与童长庆的联系,耕望看了不少社会科学的书籍,也略涉一点唯物史观的理论。计有:摩尔根的《古代社会》、列维的《初民社会》、林惠祥的《文化人类学》、恩格斯的《家族私有财产及国家的起源》、缪勒·利尔的《社会进化史》和《婚姻进化史》、西村真次的《文化移动论》等[2],偏重原始人

----

[1]李则纲(1892-1977),安徽桐城人,著名历史学家、文博专家。早年师从安徽著名学者胡渊如,后就读于武昌高等师范。先后执教于暨南大学、中国公学、安徽大学、安徽学院,1934年兼任安庆高级中学历史教员。建国后,担任安徽省博物馆首任馆长。主要著作有《始祖的诞生与图腾》、《史学通论》、《中国文化史纲》、《安徽历史述要》等。参见《李则纲遗著选编》,安徽大学出版社,2006年。

[2]严耕望在《治史答问》之二《我在中学大学读书时代的课外阅读》的第一节中共开列11种书,以上7种均于1934年前出版,故暂可系于1934年条下,但不排除先出之书可以后读的情况。《社会进化史》、《婚姻进化史》、《文化移动论》三书,严耕望在撰作《治史答问》时已忘记作者,现据书名补上。

类、落后民族社会生活方面的论著或调查报告。其中,摩尔根的《古代社会》为耕望所看第一部人类学书,印象深刻,受其启发撰写生平第一篇学术论文《尧舜禅让问题研究》,以印第安人的氏族联盟制度为模式,推测尧舜禅让亦只是部落酋长的选举制。儒家不了解当时的实情,比照后代的传子制认为尧舜之事是公天下的禅让,实际只是一种美化而已。该文未发表。

是年,钱穆应诸生所请,就"中国通史"每讲编一纲要,聊备笔记之助。又别就所讲须深入讨论之问题,自正史、政书等古籍,选录原文,纂为参考资料,俾听者自加参研。纲要编至东汉止,自嫌太简,遂未续编。而参考资料亦下迄唐五代而止,由北京大学讲义部印行,专供北大学生之用。

10月,史语所在南京鸡鸣寺前北极阁的新址落成,全所由沪迁宁。

○民国二十四年乙亥(1935年) 十九岁

安庆高级中学的左隔壁,就是安庆商务印书馆门市。每个星期六晚上,耕望都会去站在书摊旁看书。凡是新出的文史社会科学书籍,无论买或不买,都将序言和目录翻看一下,也增广知识不少。当时,商务印书馆提出一种预约新书的方式,先付款十六元(当时十六元是学校四个月的伙食费)。以后一年内新书出版,任从选购,六折优待,直到购满所付款额为止。那时的商务出版量很大,因此又提出一项宣传推销的方式,即就每周新出的许多书籍中,选出一种重要的,估计销量也比较大的书作为"星期标准书",也是六折优待。耕望每年都作前项预约,又另选购星期标准书。每年的购书费仅次于学校膳宿费,其他用度都极节省。

是年,李则纲的《始祖的诞生与图腾》在上海商务印书馆出版,该书为中国学人运用人类学上的图腾观念解释中国史前史的一部早期著作。同年,日本人类学家鸟居龙藏的《化石人类学》一书由张资平翻译,收入商务印书馆的《自然科学小丛书》出版①。索罗金的《当代社会学说》由黄文山翻译,纳入商务印书馆《万有文库》出版。前两种,耕望读过。后一种,以"星期标准书"方式购买。

一晚,训导主任方百殊到自修室,见耕望正读《尚书古文疏证》,告诫道:"你看得懂吗?"事实上当然看不懂,但其时读书就是不自量力,喜欢硬闯,好书不懂也要看,总看得懂几分,故而乐此不疲。又,中学时代,一般学生花在功课上的精力与时间,要以数学所占比例为最大。耕望的数学根基好,占了极大便宜。高中时代耕望于数学已不做课外习题了,但程度仍强,应付课堂习题,所花精神时间比一般同学要少得多,这也是耕望能多读各种书刊的一大原因。

撰写论文《研究国学应持之态度》。

12月,钱穆的《先秦诸子系年》由上海商务印书馆出版。此书考论博洽精悍,使战国旧史诸多改观,为前此所未有,故为学林推服。

○民国二十五年丙子(1936年)　二十岁

是年,马林诺夫斯基的《巫术科学宗教与神话》(李安宅译)②、岑家梧的《图腾艺术史》和兰森的《一九一四年后之世界》(谢元范、翁之达译)在商务印书馆出版。凡此三种,耕望皆曾寓

---

①《治史答问》中原作《史前体质人类学》,但脚注又声明书名可能不正确,惟读后印象颇深。以书的内容、出版时间和在当时的影响而言,张译《化石人类学》的可能性最大。

②《巫术科学宗教与神话》(李安宅译)一书,严耕望在《治史答问》中已忘记作者,现据书名补上。

目,兰森的书以"星期标准书"方式购置。

《研究国学应持之态度》刊于安徽省立图书馆所编《学风》第六卷,是为平生发表之第一篇论文。

6月,中央研究院聘朱家骅任总干事,开始招收研究生。

高中时代,耕望得绰号"铁脑",同学以为其头脑为铁打,可终日读书毫不昏倦。然就阅读总量而言,较之社会科学类书籍,史学书籍反见逊色。古书用功较多者只《史记论文》(吴见思评点)、《御批通鉴辑览》。此外,《史通》、《通志·二十略》和《读史方舆纪要》也用了些功夫。《世本》、《竹书纪年》、《国语》、《战国策》翻看过一些。近人编著的史书,通史有吕思勉的《白话本国史》①,章钦的《中华通史》、邓之诚的《中华二千年史》。断代史有夏曾佑的《中国古代史》和陈恭禄的《中国近代史》等。史学方法论著作,除梁启超的《中国历史研究法》外,有李则纲的《史学通论》、鲁宾逊的《新史学》(何炳松译)等。史学杂志方面,常翻看《禹贡》和《食货》两种半月刊,历史地理之外,亦对社会经济史萌生兴趣。耕望当时曾想过,日后只要每月有七块银元的生活费,即使住在深山古寺,也可读书终此一生②。

是年,又阅读冯友兰《中国哲学史》和胡适《中国哲学史大纲》,做了摘要。并在此基础上,于11月28日写成论文《儒家之礼的理论》,约九千余字。

12月,朱家骅任浙江省主席,傅斯年代理中研院总干事。

①另有1934年出版的吕思勉著《中国民族史》和《史通评》,耕望当时非但看过,且亦买过。见《我在中学大学读书时代的课外阅读》和《通贯的断代史家——吕思勉》,《治史答问》,台湾商务印书馆,2005年。
②钱树棠《纪念严耕望学兄》,收入《充实而有光辉》,稻禾出版社,1997年。

卷二　1937-1944年

○民国二十六年丁丑（1937年）　二十一岁

春,《儒家之礼的理论》刊于安徽省立图书馆所编《学风》第七卷第一期,是为耕望发表的第一篇真正意义上的学术论文。

5月,钱穆的《中国近三百年学术史》由商务印书馆出版。是书述有清一代学术,远追溯于两宋,近讨源于晚明东林,分十四章,以人为纲,自黄梨洲以迄康长素,迹其师承,踵其衍变,然后三百年间学术发展递蝉之详,如网在纲,粲然毕具。书末复有附表一通,于诸学者生卒年月、仕宦出处、师友交游、著作先后,爬罗抉剔,一一备载。

入夏,中学毕业。耕望与同学结伴赴武汉,向三大学（中央、武汉、浙江）联合招生会及中山大学招生会报考。因中学时代喜看人类学、民族学方面的书,遂立志今后从人类学的观点研究中国古史。当时中山大学在人类学、民族学方面成绩较好,故初以中山大学历史系为第一志愿。但至珞珈山后,见武大校舍宏伟壮丽,兼具幽静自然之美,不禁心驰神往,遂改变志愿,以武大史学系为第一目标。

在安庆填大学报名表时,表中有家庭财产一项,耕望填写了二千银元。城里学生从旁瞥见,轻蔑地说:只二千元还要读大学！①

7月，卢沟桥事变。耕望考取武汉大学史学系，并获安徽省公费资助，每年可领取百余元补助。其时，成绩好的学生大多报读理工科，因大学文科毕业生，多半找不到适当职业。耕望素以数理科见长，知其考上史学系，一班师友皆大诧异。然在耕望看来，天下没有勤奋的人会找不到饭吃，只是物质生活有好有差而已。学术当因兴之所至，不可采功利主义。故断然有此反时尚之志愿。

8月，史语所随中研院西迁，驻长沙圣经学院。所长傅斯年仍暂留南京。

至武汉大学报到，9月18日开学。武大建校在两座山上，濒临东湖，环境优美，建筑伟丽，就当时中国建筑而言，无疑已达到最高水准。入校后，住在古典式的宏伟辉煌的建筑中，耕望感觉无比的兴奋，也增强了对于学术追求的信念。后来慢慢知道，这都是前任校长王世杰雪艇先生一手擘划树起的规模，当时就叹服雪公的气魄与远见，非常人所能及。再后来又了解到，那些建筑物大多为雪公向各方面奔走呼吁获得捐款而兴建的，并非全由教育部拨款所兴建，觉得这更显示创校的艰难和创校者的能力了。自那时起，王世杰在耕望心中已有了深刻的印象。

抗战军兴，教授不免有些流动。如李剑农即离开学校，郭斌佳只授了一学期的课，就去从政。故其时武大史学系阵容不甚强大。耕望所在班级二十几人，多来自中南各省。一日"中国通史"课后，来自江苏南通的钱树棠与同座的耕望攀谈起来。钱对"中史"课的教学颇为不满，只觉得任课老师（吴其昌）从皮包里取出折好页的几本书，东搬几句，西搬几句，既不深入，又无头绪，连笔记也记不下来。耕望亦有同感，但觉方法还新，即老师还是经过五四思潮的洗礼，具有疑古辨伪的观点，比一般老夫子

①钱树棠《纪念严耕望学兄》，收入《充实而有光辉》，稻禾出版社，1997年。

把五经全当作真史料,奉三代为上古盛世要强。该课实际只讲了古代民族史。耕望给钱树棠的最初印象如下:

> 他衣着朴素,身躯和面庞都显得瘦长,大概那时患有鼻炎,不时要掏出手帕承在鼻孔下揸鼻涕。①

平、津高校纷纷南迁。双十节后,钱穆与汤用彤、贺麟结伴南下。转香港,至湖南,随北大加入当时与清华、南开合组之长沙临时大学。钱穆随行所带衣箱底层夹缝内,藏有平日讲通史之笔记底稿五六册。

11 月,国民政府西迁重庆。

12 月 13 日,南京失陷。中研院在长沙举行抗战时期第一次院务会议,议将历史语言、工程、化学、天文研究所迁往昆明。

武汉大学停课,耕望返回桐城老家。

○民国二十七年戊寅(1938 年)　二十二岁

1 月,傅斯年因兼代中研院总干事,不在史语所内,由专任研究员李济代所长,负责西迁昆明事务。

在老家未住多久,耕望便觉战氛逼人,于是又跑出来,寄住在长江岸边木船上一月有余。待闻武大将内迁四川的消息,始自江岸返回珞珈山校区②。

春,耕望与同学数人乘民生公司小轮,溯江入川。三峡中,昼驶夜泊,不只一日。耕望终日手持《蜀中名胜记》一册,坐立船头,观赏风物,与古人诗文相印证,几于忘食。深感峡中不但风景奇绝,而气氛意境尤迥异人世,令人有凭虚凌云,飘飘欲仙之感,乃悟到巴蜀迷信意识特浓之故,巫山云雨之神话,不过诸般

---

① 钱树棠《纪念严耕望学兄》,收入《充实而有光辉》,稻禾出版社,1997 年。
② 钱树棠《纪念严耕望学兄》,收入《充实而有光辉》,稻禾出版社,1997 年。

1937年12月,史语所同仁在长沙圣经
学校合照。前排右起吴相湘、傅斯年、
岑仲勉、全汉昇,后排右起姚家积、劳
榦、陈述、王崇武。①

——————

①图片选自王汎森、杜正胜编《傅斯年文物资料选辑》,史语所,1995年,第
98页。

神话之特富浪漫情调者耳。道教非起自巴蜀,而巴蜀之道教最盛,固亦有其自然环境之背景也①。

4 月初,武汉大学迁至四川嘉定(乐山县),临时定名为"国立武汉大学嘉定分部",29 日正式复课,学生到达总数 341 人。史学系新生来了四五人,只及原额五分之一,且小半转系,剩下耕望、钱树棠和郑昌淦三人,加上此后转来的借读生和高复班学生,全班总共八人。因为年龄相近,治学兴味相同,耕望、钱树棠、郑昌淦三人同食、同桌、同寝室,自修对案,上下课同进出②。

大学通论课程除"中国通史"外,有方壮猷的"史学方法"及"西方史学名著选读"(讲授者姓名不详),还选修陈祖原的"西洋通史"和韦润珊③的"世界地理"等。

是月,长沙临时大学西迁昆明,改名"国立西南联合大学"。文学院南迁蒙自,钱穆随往任教,复为诸生讲国史。每周四晚开讲,校外旁听者争坐满室,钱穆上讲坛须登学生课桌,踏桌而过。时在"九·一八"、"七·七"事变后,国人民族意识高涨,钱穆学养深厚,史识卓拔,才思敏捷,亦擅讲演天才,加以自幼民族情怀热烈,并又正当壮年,精力充沛,词锋所扇,动人心弦,故诸生折服,争相听受,极一时之盛。惟学校于播迁流离之余,图书无多,诸生听其讲述,颇有兴发,而苦于课外无书可读。同事陈梦家乃力促钱穆撰写通史教科书,以应时代青年之迫切需要。钱穆意动。

---

①《唐代交通图考》篇二九《成都江陵间蜀江水陆道》,史语所,2003 年。
②钱树棠《纪念严耕望学兄》,收入《充实而有光辉》,稻禾出版社,1997 年。
③韦润珊,地理学家,浙江东阳人。1929 年起,任国立武汉大学史学系教授,《史学季刊》发起人之一。于 1922 年的中华教育改进社第一届年会上,提出"地理混合编制"议案:以自然和人文之关系为中心,以地势、山川、气候、生物、住民、宗教、政治、交通诸项为纲领,以世界各处属于地文上或人文上之事实,分门别类,用资例证。该主张被次年刊布的《新学制课程标准纲要》所采纳。

1938 年国立武汉大学嘉定分部校门

5 月 10 日，钱穆就前三年所撰中国通史纲要稿，自魏晋以下，陆续起稿。逮魏晋以下全稿粗具，还读三年前东汉以前旧稿，又嫌体例、文气、详略之间，均有不类，乃重复改写。

7 月，史语所驻进昆明靛花巷三号，展开工作。后为避敌机空袭，复迁昆明北乡龙泉镇棕皮营村响应寺、龙头书坞和宝台山弥陀殿。

耕望向钱树棠、郑昌淦介绍文化人类学，大谈摩尔根的《古代社会》。钱、郑二人始知文化人类学是研究古代史的必具知识。稍后，郑昌淦且深入大凉山考察彝族生活。

耕望曾说："我好古，我要研究古代史。"钱树棠道："我亦如此，在中学时代就想编一部世界通史，不用基督纪元，改用古埃及史纪元。"耕望听后表示，这是不可能编成的，要从断代史入手，一个专题一个专题做起。稍后，郑昌淦对钱树棠说，自己想要如何如何，钱说"你的野心太大"，耕望从旁插嘴道："你自己的野心就不知道有多大。"大学二年级的学生，脑子里充满了天真离奇的幻想，耕望则显得相对懂事和老练[1]。

其时，耕望已深感上古史史料太少，又太简单，解释起来困难，是非难辨。遂下移目标，对秦史产生兴趣，并以秦史为中心问题阅读古史书籍，系统搜录材料。

○民国二十八年己卯（1939 年） 二十三岁

耕望那一班历史系人数不多，但对老师的教课却非常挑剔，尤其钱树棠，性情生硬固执，有时弄得耕望在旁都觉得不好意思。所以教授们对于这班学生多感头痛。系主任方壮猷的"宋辽金元史"，前后各班都开，却自动未给 1937 级讲授，且在"史学

---

①钱树棠《纪念严耕望学兄》，收入《充实而有光辉》，稻禾出版社，1997 年。

王星拱和王世杰两位校长

方法"课上忿忿然曰："衮衮诸公十年以后都将是大学教授,就知道也不容易!"不但系中教授要被挑剔,新聘的教授更要被挑剔。一次,史学系请来一位老教授徐子明(徐光)给1937级讲授"秦汉史"与"三国史"。听说徐历教北京大学、中央大学,同学们也很高兴。但一经开讲,徐便倚老卖老,好像只有他读过很多书,学生都一无所知,然所讲不过就《通鉴纪事本末》摘要演述而已,且多有错误。听了两堂后,耕望写了一篇文章,指出错误十几条,连同钱树棠所写一篇呈文,经全班签名后送呈校长王星拱。王星拱看完呈文及摘缪后说"史学系有人才",徐子明就此离开武大。

在校期间,耕望等人又常要求学校聘请某人某人,校方也都尽可能照办,校长王星拱对于教授之进退,真能做到优先考虑学生的意见。在耕望眼里,王世杰雪公校长是一位有气魄有冲劲的创业长才,而王星拱抚五校长则是一位善于守成的良才。其时,同学都称抚公校长为"王菩萨",大约觉得他是位老好人,具有菩萨心肠。王星拱每天乘黄包车到文庙办公,在车上正襟危坐、道貌岸然,遇有同学向他敬礼,总是微哂作答,那种肃穆慈祥的面貌与表情,多少也让人加深"菩萨"之感。

此一时期,耕望的课外阅读已渐限于史学方面,主要为史学基本古书,泛览其他科系的书已大为减少。但还是看了些经济学方面的书与论文,也有少数政治学方面的书。在同学中得有"二书橱"的绰号,"大书橱"为钱树棠。树棠也是耕望大学时代最佩服的好友。耕望自认为除在社会科学知识方面有一日之长外,他如天分、勤力、旧学根柢样样不如树棠。论成绩,尤其国文书法,树棠都较耕望为优,耕望写文章且定要先请树棠看过,故系中教授亦作如是观。二人之个性亦有截然差异,表现于行事之不同:同读《史记》,钱树棠于书眉用蝇头小字节录名家评语殆遍,耕望则远不如此精勤;同读《汉书·地理志》,树棠几能成诵,耕望只略识各郡县之大约方位而已;同摩杨守敬《水经注图》,树棠笔笔依循不苟,耕望则大致规摩而已,以为细节处,杨氏亦只以意为之耳,无所依据;同习太极拳,耕望很快即能略得其形似,而树棠则伸拳出脚刚劲如少林,教师纠正亦不能改。战时大学没有教科书,临近期末,同学间互对课堂笔记,共同复习。树棠因书写快捷,故笔记极完备,耕望听讲虽专心,笔记却甚简略。郑昌淦以此取笑,耕望则答以陆九渊诗句"简略功夫终久大"。

在校时,耕望社交不出同乡、同学的范围,亦不作其他活动。托他办点事,有时怕麻烦,就说"我怕咧"。在同学印象中,耕望待人和蔼可亲,外表虽很宁静,内心却富于感情。他曾告诉钱树棠,自己中学时读《离骚》,竟一边读一边哭。两人都很敬重的老大哥尹培真同学是个有抱负有魄力,想干一番事业的人,尹后来不幸在乐山逝世,耕望闻讯哭得很伤心①。

大学断代史课程,除"秦汉史"与"三国史"外,有吴其昌的"殷周史",汪诒荪的"明清史"(只讲了明清之际),陈祖原的"西洋中古史",郭斌佳的"西洋近代史"等。大学时期,耕望除专业课外,还选修了不少别系的课,如文学院的"文字学"、"声韵学"、"训诂学"(皆刘赜讲授)、"诗选"(徐天闵讲授)、"中国文学史"(苏雪林讲授)、"近代文艺思潮"(朱光潜讲授)、"论理学"、"哲学概论"等,法学院的课有"政治学"、"社会学"、"经济学"、"中国经济史"等。

6月,钱穆撰《国史大纲》竣稿,时距动笔已十有三阅月。全书计八编,四十六章,约五十余万言。以其时昆明屡遭空袭,急欲付印。乃于暑期赴香港,交商务印书馆出版,惟仍须由上海印刷厂排印。钱穆遂请昔日常州府中学堂之业师,时任上海光华大学教授的吕思勉为《史纲》作最后一校。吕读后盛赞书中"论

---

①钱树棠《纪念严耕望学兄》,收入《充实而有光辉》,稻禾出版社,1997年。

南北经济"一节,又谓:"书中叙魏晋屯田以下,迄唐之租庸调,其间演变,古今治史者,无一人详道其所以然。此书所论,诚千载只眼也。"

8 月,史语所所务会议通过"历史语言研究所与北京大学文科研究所合作办法",由史语所代为指导北大文研所研究生,并予以图书及宿舍使用之便利。

19 日,日军飞机 36 架轰炸乐山县城,城内伤亡损失惨重。武汉大学第二男生宿舍全被炸毁,学生、工友、教工家属 14 人惨死炸弹之下,受轻重伤者 20 余人。耕望所住宿舍亦被炸弹击中,万幸是日午后与钱树棠、尹培真渡江去茶楼看书,乃逃过一劫。钱树棠日后回忆:

> 敌机接连飞入四川轰炸,我们在乐山也是连续好几夜跑警报,然而敌机竟未来袭。同学们既感疲乏,也有点放松警惕。忽地一天白昼十时许放了警报,适逢食堂加菜,同学们催厨房提前开饭。饭后有人走,也有人不走。我正在迟疑,尹、严二兄劝我:还是渡过岷江,看书吃茶为好。我就跟他们去了。才过渡到对岸,下船走了十几步,忽闻上空机声隆隆,敌机真的来了。我们马上向山边奔跑,轰炸声随即大作。我一下滚入路旁干沟之中,回首只见隔江城中烟焰漫天。等到听不见机声,我才发现尹、严二兄躲藏在山崖缺口之下。黄昏回到宿舍,才知宿舍挨了两三个轻磅炸弹,同学、校警、厨工死了好几个人。我们遇见了郑昌淦,他没有跑警报,说活着真是千万分之一的幸运。我幸亏听了尹、严二兄的劝告,如果不走,我是否会有郑兄那样千万分之一的幸运,真难说了。耄年思之,犹觉感激不尽。这次大轰炸,敌机投下的大多是烧夷弹。由于四川人盖屋,内墙多用竹片编成密篱,夹在柱间,涂泥粉刷,容易着火,所以敌机投弹

一下就毁掉半个乐山县城。许多市民被活活烧成炭尸,抬出城外掩埋,络绎不绝,惨不忍睹。日寇蓄意屠杀中国人民,连乐山这个距离前线千余里,并非军事目标的小山城,也不放过。①

大学三年级,耕望已计划编写一部《秦史》,从秦族初兴至秦朝灭亡,认为材料少,又集中,容易成事。当时抄录史料,本印制一种卡片纸。但后来觉得太机械,改用白纸本子,已抄约十来本,连卡片约二十余万字。时乐山常有敌机空袭警报,每次跑警报,不论昼夜,手上提的只有这包资料,可见其时敝帚自珍之心。

结合高中时代读顾祖禹《读史方舆纪要》之"历代州域形势"及各省"方舆纪要序"的体会,配以抗战大后方的地理形势,耕望开始撰写《中国军事地理形势之今昔》,属通论性文字。

11月,《中国军事地理形势之今昔》写就。

复撰论文《楚置汉中郡地望考》,辨汉中郡乃楚国所置,不始于秦。地在汉水中游,当时尚无汉上南郑之地,故郡治亦不在南郑。是为耕望有关历史地理学的第一篇学术论文。

○民国二十九年庚辰(1940 年)　二十四岁

元旦,《楚置汉中郡地望考》完成,系主任吴其昌甚为称许。

春,耕望为毕业论文选题犯难。时已抄录有关秦史的材料近二十万字,但方面很广泛,若拿《秦史》作论文,势必庞杂而不能见精彩;若抽出部分资料写专题,又怕分量不够,势必要在秦史以外另找题目。想起高中时曾看过陶希圣与沈巨尘合著的

---

①钱树棠《纪念严耕望学兄》一文将此事系于 1940 年夏,然查"武汉大学西迁乐山 70 周年纪念"网站之《西迁大事纪》,自 1938 年 4 月武大西迁乐山至 1941 年夏耕望大学毕业,如此大规模、损伤惨重的轰炸只发生在 1939 年 8 月,季节不误,疑作者将年份记错。

《秦汉政治制度》，是书为以现代方法研究古代政治制度的开山之作，读后深感兴趣，但觉《地方政府》一章太过简略，颇有意另作一文。其时要选择论文题，不免又想起此事。

3 月 5 日，中央研究院院长蔡元培病逝香港。

稍后，耕望看翁方纲的《两汉金石记》，发现很多碑阴题名关涉汉代地方政府的组织，且为前人所绝未提及，因大感兴趣。复取宋人洪适的《隶释》、《隶续》读之，所获更多，遂决计以"秦汉地方行政制度"为题作毕业论文，并开始搜录资料。

6 月，钱穆的《国史大纲》在上海出版。是书多具创见，胜义纷陈。作者才思横溢，往往以数语，笼括一代大局。时抗战正在艰苦阶段，此书刊出，寓涵民族文化意识特为强烈，激励民族感情，振奋军民士气。一时学者交相称誉，群推为中国通史之最佳著作。然在意境与方法论上亦与以史语所为代表之新考证学派日渐殊途。一日，张其昀告钱穆，其于重庆晤傅斯年，询以对《史纲》一书之意见。傅道："向不读钱某书文一字。彼亦屡言及西方欧美，其知识尽从读《东方杂志》得来。"张问："君既不读彼书文一字，又从何知此之详？"傅亦无言。

日军对西南主要城市进行大规模持续轰炸，史语所酝酿再度内迁，派芮逸夫①前往四川川南寻觅所址。后择定南溪县李庄板栗坳张家大院。

---

① 芮逸夫（1898—1991），江苏溧阳人，人类学家。早年在国立东南大学外文系修业，后赴美国加州大学柏克利分校、耶鲁大学学习人类学。1930 年起，历任中央研究院社会科学研究所民族学组助理员，中央研究院历史语言研究所人类学组的助理员、副研究员、编纂研究员。长期研究民族学理论及民族文化，对中国古代亲属制度、中华民族构成、苗族文化等方面研究颇深。著有《中国民族文化及其论稿》、《川南雅雀苗的婚丧礼俗》、《苗蛮图集》等。

四川南溪李庄板栗坳张家大院①

①图片选自王汎森、杜正胜编《傅斯年文物资料选辑》，史语所，1995年，第108页。

三年级期末,耕望与同班好友钱树棠、郑昌淦感到系中师资阵容的缺憾,相互商议,请学校设法约聘留在敌后方的一些名教授来校任教。当时提出的名单中有吕思勉、陈登原诸先生。时钱穆已回苏州侍母,所以也在耕望等人希望约聘的名单中。校长王星拱俯纳诸生陈情,积极与几位人选联络。吕、陈两位皆答应来校,但终不果来。钱穆因已与顾颉刚有约,要到成都齐鲁大学国学研究所任教,故只应允来武大讲学一个月。

大学专门史课程,计有方壮猷的"中国史学史",陈登恪的"中国近代外交史",汪诒苏的"日本史"等。

9 月 18 日,国民政府任命朱家骅代理中央研究院院长。

10 月,傅斯年兼任中研院总干事。

耕望着手拟定毕业论文的章目,由系主任吴其昌担任指导。时读《续郡国志集解》,见前人搜集曾任郡国守相、州刺史者之姓名,往往未尽。因于搜录史料期间,就手写录各郡国守相与司隶刺史任职者之姓名、籍贯与任职约略时代。

11 月,闻钱穆已由苏州到成都齐鲁国学研究所履新,翌年春将到武大讲学,耕望与诸生为之雀跃。时已由郡县长吏和属吏两大组织系统的研究入手,开始毕业论文的撰写。

12 月,史语所迁往四川南溪李庄。

〇民国三十年辛巳(1941 年)　二十五岁

1 月 18 日,史语所所长傅斯年到李庄,进行房屋分配工作。宣布二月一日起,全所一定要开始办公①。据傅斯年的学生、曾任史语所助理研究员的何兹全回忆:

> 史语所用的是一家大乡绅的房院。房舍的布局是环着

①《石璋如先生访问记录》五《抗战前期的调查与研究》,中研院近代史研究所,2002 年。

一个小山头建造的,从进口处顺序排列有:田边上、柴门口、牌坊头、戏楼院。田边上斜对面有桂花院,戏楼院顺小路再往前走还有一个茶花院。田边上是图书馆,也有几个研究室,我就在那里,和胡庆钧一个屋。牌坊头是主房,史语所只占用了前院,后院厅房和配房仍由原主人住。柴门口是眷属宿舍,芮逸夫、劳榦[1]、岑仲勉、董同龢等有家属的都住在这里。傅先生住桂花院,董作宾先生住牌坊头。

柴门口是个长方形四合院,劳榦等四家分住主房,我和岑仲勉先生、董同龢住对面,芮逸夫家住左首偏房。我们的房是两层楼,顺坡造的,楼上比院子略高,有木板搭在房门和院子里梯田式的墙上,楼下有台阶上院子里来。楼上住人,楼下作饭。

山上没有电灯,点燃两根灯草的桐油灯。天一黑,院门一关,房门一关,满院寂静,满野寂静,宇宙间都是寂静的。有时候也聚到一家房里聊天,劳贞一(榦)家的房子大些,一般是聚在他家。男男女女一屋子,海阔天空,小则家常,大则国事,无所不谈。我们没有广播,报纸是十天半月前的,很少人去看,山外的天下大事,靠每天从山下来的代买菜的人把听到的广播带给我们几条。别小看这几条消息,秀才们有时抓住一条就纷纷热烈发言,讨论半天。[2]

冬春之际,耕望与钱树棠颇感学校高层人事不理想,毕业证

---

[1]劳榦(1907-2003),湖南长沙人。历史学家。1930年毕业于北京大学史学系,后入中央研究院历史语言研究所,累升至研究员。主攻汉代史,兼及上古和魏晋南北朝史研究。著有《秦汉史》、《魏晋南北朝史》、《劳榦学术论文集甲编》、《居延汉简考释·释文之部》等。1962年赴美国加州大学任教。

[2]何兹全《爱国一书生·八十五自述》第十三章《安身立命处》,华东师范大学出版社,1997年。

书由彼辈签字,不甚光荣,希请朱光潜出任教务长。遂于星期日一早,携呈文至校长寓所晋谒。呈文递送进去,王星拱看完后怒气冲冲走出来,严厉斥责道:"这是学校行政,你们管什么?你们要请某人担任某职,人家就听你们安排吗?"乃将二人赶出竹篱大门。但事却出乎意外,后果然发表朱光潜担任教务长。可能王其时本有此意,两个傻学生的要求不过加强其决心而已。

耕望读王鸣盛《十七史商榷》之"汉郡太守治所"条及王先谦《汉书地理志补注》,皆从清人阎若璩《潜邱劄记》说,认为《汉书·地理志》各郡国之第一县未必均为郡国治所、班《志》无义例。深疑其说,未敢遽信。乃录于日记,未敢深论。

3月19日,钱穆自成都来到乐山武大,决定开"中国政治制度史导论"和"秦汉史"两门课。

23日上午七时,钱穆开始讲"政制史导论"。讲堂原定在一间教室中,但听的人太多,临时改在大礼堂。诸生发现钱穆讲课颇有政治家演讲风度,而高瞻远瞩,尤不可及。钱穆一开讲,就说历史学有两只脚,一只脚是历史地理,一只脚就是制度。中国历史内容丰富,讲的人常可各凭才智,自由发挥;只有制度与地理两门学问都很专门,而且具体,不能随便讲。但这两门学问却是历史学的骨干,要通史学,首先要懂这两门学问,然后才能有巩固的基础。其时,耕望正对政治制度和历史地理发生浓厚兴趣,闻言非常兴奋,增加了研究这两门学问的信心。

其时,耕望的毕业论文《秦汉地方行政制度》已写成四章,先成三章已送呈导师吴其昌,近成第二章先呈钱穆批阅。钱穆问耕望看了些什么书,耕望列举了些书名,内有《水经注》。因问何以看此书,答曰:一则喜欢看写景文,二则想考知秦代县名。钱穆笑曰:能知从《水经注》中考查秦县,已是入门了!

4月9日,耕望再晋谒。钱穆曰,你的论文,原料已搜集详备,惟后代著作,如《山堂考索》、《廿二史考异》诸书尚未阅,可取其研究成绩为之补充,并建议将封建与行政分开以免有含混之弊。又垂询毕业后作何打算,是否有家庭负担。耕望道:一人在外,尚无家累。闻武大历史系翌年将办研究所,想先到中学教一年书,一年后再回校读研究所。钱穆谓,教书颇费时间,或可到齐鲁研究所任助理员为佳。耕望自感高兴,惟事尚未定。又钱穆在嘉定讲学期间,居在嘉乐门外一间平房中。晚上无电灯,油灯如豆,不能看书,故耕望三四度晋谒,皆在晚间,以免耽误钱穆时间。据钱穆回忆,时钱树棠亦常随耕望同来请益:

> 钱生学业为全班第一,其昌预定其为下学年之助教。严生居第二名,预请毕业后来成都齐鲁国学研究所,余亦许之。①

月尾,钱穆讲学期满,计在嘉定四十余日,除在武汉大学授课外,又应校外团体邀约作公开讲演。28日,钱穆在江苏省同乡会演讲"我所提倡的一种读书方法",大意谓:

> 现在人太注意专门学问,要做专家。事实上,通人之学尤其重要。做通人的读书方法,要读全书,不可割裂破碎,只注意某一方面;要能欣赏领会,与作者精神互起共鸣;要读各方面高标准的书,不要随便乱读。至于读书的方式,或采直闯式,不必管校勘、训诂等枝节问题;或采跳跃式,不懂、无趣的地方尽可跳过,不要因为不懂而废读;或采闲逛式,如逛街游山,随兴之所之,久了自然可尽奥曲。读一书,先要信任他,不要预存怀疑,若有问题,读久了,自然可发现,加以比较研究;若走来就存怀疑态度,便不能学。最后主要一点,读一书,不要预存功利心,久了自然有益。

---

①《师友杂忆·成都齐鲁大学国学研究所》,收入《钱宾四先生全集》卷51,联经出版事业公司,1998年。

30日,钱穆讲学结束,史学系师生开茶会欢送钱穆。钱穆即席勉力各位同学,要眼光远大,要有整个三十年五十年的大计划,不可只做三年五年的打算。

6月11日,接钱穆手教,嘱即来齐鲁从学,第一年工作以两汉史为中心。耕望视之为一理想机会,遂决定从师研读。

7月,大学毕业。《秦汉地方行政制度》已完成"统治政策"、"郡县长吏"、"郡县属吏"诸章初稿(按当时分章与今本颇异),约近十五万字。

四川天气炎热,史语所迁至李庄后,从7月11日起到11月10日前,办公时间改为上午六点半到十一点半,总共五小时。时任考古组副研究员的石璋如[1]回忆:

> 天气一热,蛇也多起来了,最先发现蛇踪的是柴门口,一组的岑仲勉先生是广东人,岁数较长,又爱吃,最先在厨房看见异状,之后就看见要觅食的蛇,蛇身长度大概有一人的身高,岑也不害怕,抓了蛇之后还带到牌坊头给大家看。岑就说可以跑到山下买点牛肉,可以搭配杀好的蛇,做菜请大家吃。当天晚上煮好了菜就请大家去吃,不过大家一想到蛇就会害怕,没有人敢吃蛇,岑先生却吃得很开心。由于山上的蛇实在太多了,所中雇用的本地工友就做了很多蛇夹对付。蛇夹是将长竹竿劈开一段,后头有很长的把子,很像剪刀,本地人经常用。工友送给每人蛇夹一副,出门时可

①石璋如(1902-2004),河南偃师人。著名考古学家。1928年,考入河南中山大学(今河南大学前身)文科史学系,1931年即奉学校选派,参加殷墟第四次发掘。1932年,入中央研究院历史语言研究所读研究生,1935年研究生毕业后留所工作,历任助理员、副研究员、研究员。前后共12次参加或主持殷墟发掘,在为时十年的15次殷墟发掘中,他是坚守时间最长、参加与主持次数最多的一人,被誉为殷墟发掘的"活档案"。

充作手杖随身携带,碰到蛇就可以夹住其头,待蛇身缠绕夹上后,即将蛇反复摔打,直到摔死为止,蛇身自会张开。虽然大家有蛇夹,可是却不敢用。高去寻①先生喜欢聊天,常去牌坊头一带,回程会经过花厅院后门,先上月台,再下台阶才回到戏院楼。有一次回来,他看见月台上爬了蛇,进退不得,又不敢用蛇夹,就退回牌坊头找人抓蛇。此后一到晚上,高先生绝不去牌坊头聊天。②

8月5日,耕望首途赴成都。

7日,坐鸡公车至成都西北三十里之赖家园齐鲁大学国学研究所报到。齐鲁大学国学研究所由哈佛燕京学社支持兴办,校长刘世传兼领所长,顾颉刚以历史系教授兼研究所主任,实际负行政责任。钱穆以历史系教授兼研究员,另一位研究员为胡厚宣。后顾颉刚为办《文史杂志》而迁居重庆,所务由钱穆负责。研究员下置助理员八九人,或兼管事务,或兼管图书,此外有书记四五人,后又加一名编辑。在组织上近似中央研究院的学术研究机构,非教育机构。

钱穆见耕望到,很是高兴,亲自领往住处,于一切起居饮食,乃至铺床叠被、整理书物诸琐事,皆细心指点周到。且于不到一天时间内,来房间五六次之多,诚恳关切,宛如一位老人照顾自家子弟一般,令耕望感到无比温暖。

休息几日后,耕望开始增补大学毕业论文《秦汉地方行政制

_____

①高去寻(1910-1991),字晓梅,河北安新人。著名考古学家。1934年毕业于北京大学历史系,旋入李济领导的历史语言研究所考古组,发掘安阳侯家庄殷王陵。史语所迁台后,摒弃个人研究,把全部时间和精力用在辑补老师梁思永有关侯家庄王陵发掘不足20万字的报告初稿上,到其1991年病逝,共出版侯家庄报告达七本之多。

②《石璋如先生访问记录》五《抗战前期的调查与研究》,中研院近代史研究所,2002年。

度》，并协助钱穆编撰《两汉学术通表》，是为教育部《秦汉史》撰作计划之一部分。

赖家园僻处乡间，无日机轰炸之虞。当地藏书家罗氏慨然以全部藏书数万册无条件借交研究所利用。四川省立图书馆版本较佳图书亦多所寄存，合计图书逾十万册。全所师生不过十余人，拥有如此丰富图书，兼以师资优良，环境宁静，生活安定，实为当时青年学子最理想之读书处。

9月，傅斯年以健康原因辞中研院总干事职，回李庄史语所。

齐鲁研究所出版的刊物除《齐鲁学报》外，又出《责善》半月刊，意在训练鼓励青年学子步入学术研究之途径。9月尾，钱穆即嘱到所不久的耕望常写短文在《责善》刊布，最好能每月一篇。耕望深感压力，想到前一年元旦所写《楚置汉中郡地望考》一文，遂回去加工增补。

九、十月间，《秦汉地方行政制度》已按原定章目初步完成。为进一步研究"地方官吏的籍贯限制"，耕望拟将搜集到的两汉时代曾任郡守、国相、州刺史者的姓名、籍贯、时代等材料撰集为《两汉太守刺史考》，以作为《秦汉地方行政制度》的附录。其时，亦已开始搜集有关魏晋南北朝时代地方行政的材料。

10月10日中午，耕望将增补后的《楚置汉中郡地望考》送呈钱穆审阅。晚餐时，得钱穆嘉许："文章写得非常好，若能如此，《责善》前途有望！"

读《史记·封禅书》、《汉书·郊祀志》，对于武帝创建年号问题发生兴趣。耕望觉得史公言简，但极正确，后人多据成帝追改后之纪年以疑《史》文，实乃大误。因据《封禅书》、《郊祀志》与《汉书·武帝纪》撰成《武帝创制年号辨》一短文。自以为只据几条少数材料，恐非佳构，未敢送呈钱穆。

其时，齐鲁研究所不论研究员或助理员，都各自选定论题，自由钻研，只是每周六举行一次讲论会，分组轮流讲演，或作读书报告,与会者共同讨论。11 月 1 日,轮到耕望在每周一次的讲论会上发言。耕望向来讷于言辞,又不曾在会议桌上讲过话,加以刚来,尚无成绩可言。钱穆乃嘱只讲来所工作计划。勉强讲了四五分钟后,钱穆接着自谈认识耕望的经过,时间反而长了两三倍。

5 日,上午工作困倦,出门散步。遇钱穆,问耕望有无新稿投《责善》下期发表,乃将《武帝创制年号辨》一文送呈审阅,并谓不过是一短札,不能算作文章。钱穆看后告之曰:"此文甚好,实出我意料之外!"

《楚置汉中郡地望考》刊于《责善》第二卷第十六期。

在所期间,耕望与钱穆无话不说,乃至初恋情事,也告诉了钱穆。钱穆还代耕望谋划,拟让其能有机会到重庆去一趟。后因女友的一时不慎,而不得不分手。耕望情绪低落,万念俱灰。进而招致长期伤风,精神欠旺。钱穆不时劝解,要为耕望另介绍一女友。然经此打击,耕望深知自己太重感情,做人做学问都不执著,只感情不免太痴执。故惟愿埋头读书,不欲再陷入情网。乃利用休养期间,整理前此撰集的《两汉太守刺史考》,拟稍加诠次编为《两汉太守刺史表》。

12 月,《武帝创制年号辨》刊于《责善》第二卷第十七期。

撰写论文《楚秦黔中郡地望考》和《论秦客卿执政之背景》。前者为继《楚置汉中郡地望考》后,第二篇有关历史地理的论文。考定楚置黔中,在今清江流域。秦因其名,而郡域大扩,兼有楚之黔中、巫郡及江南地与涪陵江流域,约当今湖北西南部,湖南西北部以及四川东南一隅之地。汉世,割楚黔中、巫郡故地以入南郡,割涪陵领域以入巴郡,而以余地置郡名曰武陵;《论秦客卿执政之背景》系就早先为撰《秦史》而搜集之资料写成。秦史传统,君主与贵族斗争至烈,雄主以客卿为爪牙以与贵族搏斗,贵族之势既夺,君主之威既隆,客卿自亦因缘得势耳。

其时,耕望卧房的小堂对面就是助理员研究室,可坐十一二人。小堂与研究室之间为前进庭院,院子颇大,梅花数株。耕望晚饭后常在庭中散步,或由外面散步回来,常在小堂阶檐下,面临庭院稍坐。钱穆亦常到前庭院中散步看月,故师生接触机会非常多。适接钱树棠来信,谓武大史学系原拟为其增设之助教一职,迄未得置,只得在乐山附近中学任教,表示亦想来齐鲁研究所从师研习,嘱耕望代向钱穆转致此项意愿。为此耕望与钱穆在庭院中谈话甚久,承其同意。间亦谈及耕望自身的情况,钱穆谓其治学当极有希望。耕望曰,自己虽有心向学,惟天资甚笨,身体又不好。钱穆道:"你读书研究问题很用心思,看来天分并不坏,只是身体要随时注意!"

○民国三十一年壬午(1942 年) 二十六岁

1 月,《楚秦黔中郡地望考》刊于《责善》第二卷第十九期,《论秦客卿执政之背景》刊于《责善》第二卷第二十期。

钱树棠来齐鲁国学研究所[①],与耕望住同一间房中。耕望与树棠在大学时代的读书意向有高度联系且相互影响,耕望选习很多中文系的课,是受了树棠的影响。而耕望对历史地理学的兴趣,也影响了树棠对历史地理发生兴趣。大学末期,耕望本有政治制度与历史地理两者兼治的打算。至树棠来所,两人遂相约,耕望专向政治制度史方面努力,而把历史地理让给树棠来做。

在撰写《两汉郡县属吏考》过程中,耕望得钱树棠检示萧吉《五行大义》第二十二《论诸官》中的一条材料,认为对于讲汉代郡县政府的属吏组织系统有极大帮助。

---

① 《顾颉刚日记》第四卷,1942 年 1 月 30 日条,联经出版事业公司,2007年。

3月7日,顾颉刚看耕望所作《两汉郡县属吏考》①。

19日,耕望完成《秦宰相表》的撰写,乃就先前为撰《秦史》而搜集的资料,表列自秦孝公至二世皇帝,八世君主之二十一位宰相的姓名、籍贯及爵官略历。刊于《责善》第二卷第二十三期。

耕望初读《国史大纲》,深感才气横溢,立论精辟,迥非一般通史著作可相比肩,以其将为来日史学开一新门径。惟觉行文尚欠修饰,或且节段不相连属,仍不脱讲义体裁。故向钱穆建议,再加几年功夫,作更进一步的整理。一方面就当补充处加以补充,一方面就文字加以修饰,每节每章写成浑体论文,能力求通俗化更好。钱穆谓,意见有理,但书已出版,即不想再在上面琢磨,只期待后人继续努力了。

其时,树棠已在秦汉人文地理方面搜集有几十万字的史料,计划写一部《汉史地综》,从地理形势、物力人才的分布、民俗风情、文化心态的差异诸方面,探究汉代历史演变的某一侧面②。但只写出一篇《两汉的两都》,短短数千字,说明西汉的长安是个动态的都市,东汉的洛阳是个静态的都市,反映了两个时代的整体精神。耕望许之为高层次的论点、高境界的论文。

一日,又在庭院中与钱穆闲谈,耕望表示对树棠佩服之意。钱穆说,"你是我认识的最有希望的学生,树棠前途不如你。"耕望为之愕然不解,因问何以有如此非同一般的看法。钱穆道,"树棠个性执著,程度虽好,但很难发得开!"意谓其易入极端,而不知变通。另据钱穆日后回忆:

> 钱生博览多通,并能论断。严生专精一两途,遇所疑必商之钱生,得其一言而定。然钱生终不自知其性向所好,屡

---

① 《顾颉刚日记》第四卷,1942年3月7日条,联经出版事业公司,2007年。
② 钱树棠《纪念严耕望学兄》,收入《充实而有光辉》,稻禾出版社,1997年。

变其学,无所止。①

暑期,看《全唐文》至三百几十卷,写录资料卡片。齐鲁研究所时代,耕望亦开始对杜诗发生特别兴趣,暇时常诵读杜诗以为消遣。耕望爱杜诗,是深感杜翁对家庭、对朋友、对社会人群都有一分真挚深厚的感情,而以沉郁雄浑的风格发之于诗篇,对自己有极大吸引力,能背诵一百多首,往往山林海滨高歌狂吟,似有意气风发之概。自谓对于古今任何人物,只有钦佩,而无崇拜,只是对于杜翁近乎崇拜,是个例外。进而认为,一个人对于社会人群最具自发性影响力的要以文学家为第一。此外,耕望对于王维等人有山林气味的诗篇也很喜欢,盖与其爱好大自然的禀性有关。

耕望在每周六的讲论会上报告"两汉地方官吏之籍贯限制"的研究体会,根据一千多条事例作统计,结论是:1.自武帝以后,凡是朝廷任命的长官都非所统辖地区的本地人,县令长不但不用本县人,也不用本郡人。2.顾炎武说,州郡县长官自由任用的属吏,都是本地人,检查下来有几个例外,但不是有特殊原因,就是正史所记籍贯有误。耕望本以为所讲不过是些小小的结论,钱穆听后却为之精神一振,说:这是个极重要的、具有深刻意义的大发现,岂是小问题! 秦汉时代,中国刚由分裂局面进入大一统的局面,封建潜势力仍存在,而交通不便,极易引发割据观念。若任本地人做本地长官,则名为统一国家,其实在文化意识上并不统一,对于大一统的局面甚为不利。汉制地方长官全用外地人,自不易发生割据自雄的观念。但本地民情只有本地人最清楚,规定地方长官任用的属吏必须为本地人,既可避免长官任用

---

① 《师友杂忆·成都齐鲁大学国学研究所》,收入《钱宾四先生全集》卷 51,
　　联经出版事业公司,1998 年。

私人,复可使地方行政推行顺利。故此一法规极有意义,不可等闲视之。耕望感到听钱穆讲评,最得益处的是其随时提醒诸生,要向大处看、远处看,不能执著地尽在小处琢磨,忘记大目标;尽往小处做,不能有大成就。

9月,《两汉郡县属吏考》发表于金陵齐鲁华西三大学《中国文化研究汇刊》第二卷。

28日,齐鲁研究所师生多人徒步旅行到新都赏桂,途中钱穆谈得很多。耕望于当天日记中写下两千多字,例如钱穆说:

> 我们读书人,立志总要远大,要成为领导社会、移风易俗的大师,这才是第一流学者! 专守一隅,做得再好,也只是第二流。现在一般青年都无计划的混日子,你们有意读书,已是高人一等,但是气魄不够。例如你们两人(手指向钱树棠与严耕望)现在都研究汉代,一个致力于制度,一个致力于地理,以后向下发展,以你们读书毅力与已有的根柢,将有成就,自无问题;但结果仍只能做一个二等学者。纵然在近代算是第一流的成就,但在历史上仍然要退居第二流。我希望你们还要扩大范围,增加勇往迈进的气魄!

钱树棠问:梁任公与王静安两位先生如何? 钱穆曰:

> 任公讲学途径极正确,是第一流路线,虽然未做成功,著作无永久价值,但他对于社会、国家的影响已不可磨灭! 王先生讲历史考证,自清末迄今,无与伦比,虽然路径是第二流,但他考证的着眼点很大,不走零碎琐屑一途,所以他的成绩不可磨灭。考证如此,也可跻于第一流了。

耕望说:我也想到,做学问基础要打得宽广。但我觉得大本大源的通贯之学,实非常人所可做到;我总觉天资有限,求一隅的成就,已感不易;若再奢望走第一流路线,恐画虎不成反类狗。

钱穆曰：

> 这只关自己的气魄及精神意志，与天资无大关系。大抵在学术上成就大的人都不是第一等天资，因为聪明人总无毅力与傻气。你的天资虽不高，但也不很低，正可求长进！

过了几天的一次晚饭后，钱穆在大门外又与耕望有一段闲谈。钱穆曰：

> 一个人无论读书或做事，一开始规模就要宏大高远，否则绝无大的成就。一个人的意志可以左右一切，倘使走来就是小规模的，等到达成这个目标后，便无勇气。一步已成，再走第二步，便吃亏很大！

是后，钱穆又几次与诸生强调同一问题：

> 中国学术界实在差劲，学者无大野心，也无大成就，总是几年便换一批，学问老是过时，这难道是必然的吗？是自己功夫不深，写的东西价值不高！求学不可太急。太急，不求利则求名，宜当缓缓为之；但太缓又易懈怠。所以意志坚强最为要著！……要存心与古人相比，不可与今人相较。今人只是一时之人，古人功业学说传至今日，已非一时之人。以古人为标准，自能高瞻远瞩，力求精进不懈！

自树棠来齐鲁研究所后，耕望已决定专向制度史方面发展，心中慢慢形成一个"中国政治制度史"研究计划，当时的理想是用现代方法写一部《国史政典》。10 月 13 日，与钱穆谈到此项计划，拟以毕生心力完成这部书。钱穆极力赞许。是日晚餐后于野外散步，钱穆谓之曰：

> 近人求学多想走捷径，成大名。结果名是成了，学问却谈不上。比如五四运动时代的学生，现在都已成名，但问学

术,有谁成熟了! 第二批,清华研究院的学生,当日有名师指导,成绩很好,但三十几岁都当了教授,生活一舒适,就完了,怎样能谈得上大成就! 你如能以一生精力做一部书,这才切实,可以不朽。

又一次晚饭后,与钱穆在前庭步月,谈到中国学人读书之不易,钱穆曰:

> 中国读书人在未成名之前要找一碗饭吃,都不太容易;一旦成名了,又是东也拉,西也扯,让你不能坐下来好好安心读书!

其时,《国史大纲》出版未久,钱穆在学术界、社会上,名气日盛,邀请讲学的很多,又要常常到重庆,开会讲演,浪费不少精力与时间,故而有此感慨。复告诫耕望说:

> 你将来必然要成名,只是时间问题;希望你成名后,要自己把持得住,不要失去重心;如能埋头苦学,迟些成名最好!

最后一番话对耕望影响极大。盖自念农家子弟,安徽教育又远较苏、浙两省落后。自觉天分有限,虽意志坚定,也有几分自信,却绝不至狂妄到能有极高的自许。以钱穆的横溢天才,而历教南北各大中小学,阅人无数,在学界有崇高地位,竟对自己屡致赞许,认为极有前途,自然信心大增,能更坚定不移向前奋发。

是年,耕望另有大学四年级旧稿《中国军事地理形势之今昔》刊于《联校》第二卷第二期。

○民国三十二年癸未(1943 年)　二十七岁

春,复就《秦汉地方行政制度》正文改订一过,并增加"任迁途径"与"籍贯限制"等章。全书至此告成,计正文二十余万字。附录《两汉太守刺史表》亦近二十万字,分"西汉郡国守相表"、"东汉郡国守相表"和"两汉司隶刺史表"三卷。

夏,齐鲁大学易长。新任校长与董事会不和,人事纠纷波及国学研究所。哈佛燕京学社协助研究所的经费大削,势必裁员。钱穆以为都是自己学生,不欲显得厚此薄彼,遂辞职改任华西大学教职,率领诸生到华大后园一幢洋房聚居,各就职业。耕望、钱树棠和吴佩兰三人转入四川大学研究所继续学业。

9月,《两汉郡县属吏考补正》发表于金陵齐鲁华西三大学《中国文化研究汇刊》第三卷。

4日,与钱树棠迁寓川大宿舍,虽房舍古旧,也还宽松舒适。惟搬迁途中,失落高小时代长兄严德明所赠商务版中国地图一册,深以为憾。

不久,钱穆嘱耕望到华西大学讲授一班"中国通史"。耕望本不想教书,但念钱穆既好意有此安排,对自己亦有扩大学术基础的好处,所以到华大兼课,并迁住钱穆寓所。同时聚居者有李定一等七八人,钱树棠、吴佩兰亦常来盘桓。

其时,严父裕荣公已年近八十,严母亦届古稀。长兄德明屡次来信催促,希望耕望早日回家省亲。

11月15日,又得长兄来信,嘱耕望翌年定要回家觐省。

不数日,耕望又接高中历史老师李则纲(时任安徽省文献委员会副主任委员,兼省立师范专科学校历史系主任)信,云安徽师范专科学校已升格为安徽学院,历史系仍由其主持,希耕望回乡任教,旅费由学校汇付。适会友朋中有丧亲者,耕望闻之心中警惕,因思双亲年高,亟当省侍,与其在外教书,不如回乡,遂决计翌年东归。既已有此决定,遂作一切准备,一方面分批邮寄书物,一方面搜集到校上课之教材。

○民国三十三年甲申(1944 年)　二十八岁

4 月 13 日,耕望拜别钱穆,首途至重庆。师生三年日夕相处,一直很融洽,只有一次钱穆命耕望与钱树棠做一件事,两人迟疑未即应命。事后耕望很后悔,次日吴佩兰告诉耕望、树棠,昨日之事,先生很生气。耕望约树棠向钱穆请罪,树棠不敢去,耕望曰,自己老师,无论如何都不能不去。见面时,钱穆还起立相迎,笑容满面。耕望和钱树棠深表悔意,钱穆曰:

> 我平日自知脾气很坏,昨日不愿当面呵责,恐气势太盛,使你们精神感到压迫,伤了你们锐气。但昨日之事实不可谅。你们努力为学,平日为人也很好,所以我希望你们能有大的成就,但此亦不仅在读书,为人更重要,应该分些精神、时间,留意人事。为人总要热情,勇于助人,不可专为自己着想!

耕望到重庆后不数日,中原战事复起,襄阳老河口归路断绝,返乡省亲之计划遂不果行。

5 月 3 日,得钱穆信,望耕望仍回成都。其时国立编译馆在北碚,耕望熟人较多,因想暂留重庆,以能进编译馆为上佳,乃向钱穆说明此意。

不数日,钱穆来信,仍盼耕望能回成都,但附一封致编译馆馆长陈可忠的介绍信。乃持信至北碚,值馆长病假,友人李符桐告诉耕望,人文组主任郑某心地仄狭,非中央大学出身者,甚难被录用,且其人对钱穆亦颇存忌心。其时,顾颉刚在北碚主持《文史杂志》社和《中国史地图表》社,耕望以此情相告。顾亦云,彼时进编译馆诚不易,但钱穆既已写信介绍,不妨一试。然耕望念及钱穆信中情辞恳切,至有"倘能予一位置,感同身受"之语,恐一旦遭拒,将大失老师颜面,故决然作罢。

顾颉刚复建议耕望到中央政治学校,以发挥政治制度研究之专长,钱穆亦有此意。耕望顾虑学校之政治色彩而甚为迟疑。

17 日,耕望遵顾颉刚嘱,为中华史学会标点《后汉书》。

24 日,耕望自国立编译馆宿舍迁出,暂居《中国史地图表》社宿舍①。

不久,顾颉刚复命耕望至北碚修志委员会工作。该委员会只两名工作人员,傅振伦为主任,耕望为编辑员兼打杂。研究工作无法展开,自谓此为其平生最不得意之时期。

7 月 5 日,得钱穆信,谓《秦汉地方行政制度》稿可能有出版机会,又云:

> 近又细阅一过,较三年前初稿进步极远,盼能坚持意志,潜心孟晋,勿负私愿!

8 月,耕望得识《史地图表》社工作员段畹兰。段女士成都人,中央大学历史系毕业,两人相识而相恋②。

9 月 26 日,顾颉刚为耕望批《秦汉地方行政制度》稿③。

10 月 5 日,顾颉刚看耕望《秦汉地方行政制度》序,略改④。

在渝期间,耕望曾听顾颉刚自我评论,深悔年轻时名气弄得太大,不能安心工作,对于史学并无多大贡献,只孟姜女研究

①《顾颉刚日记》第五卷,1944 年 5 月 17 日、24 日及 29 日条,联经出版事业公司,2007 年。

②《顾颉刚日记》第五卷,1944 年 8 月 14 日、8 月 29 日、10 月 8 日条,联经出版事业公司,2007 年。

③《顾颉刚日记》第五卷,1944 年 9 月 26 日条,联经出版事业公司,2007 年。

④《顾颉刚日记》第五卷,1944 年 10 月 5 日条,联经出版事业公司,2007 年。

真正有点成就而已。耕望以为此实肺腑之言,惟不免过分谦虚耳。

耕望作《北碚自然地理概述》,收入《嘉陵江日报·北碚小志》第三、四期。

顾颉刚至成都,欲将齐鲁研究所史学部迁到北碚。耕望奉其命至北温泉缙云山石华寺看拟议中之所址,于 11 月 17 日以书信向顾报告:

> 颉刚吾师函丈:
>
> 　　一别数日,不识师座何日安抵蓉城,深为萦念。上星期日(十二号)天气尚佳,生遵嘱赴缙云山看太虚作介之所址,值金北溟先生作温泉游,乃询山僧,自至石华寺一看。寺在缙云山西侧,由缙云寺右行二三百步,下一小岭坡,又里许即至。地极幽静,惟一老僧住守,因述来意,请彼领导参观。太虚所言房屋并非僧舍,而为寺侧之另一栋新宇,情形略与缙云寺之汉藏教理院址相似,楼上楼下共二十四间,前曾为三峡实验区训练所(看门牌所知),垣外篁篠翳翳,有石笋围大数十丈,高数百尺,乳峰耸立,苔藓葱茏,饶有佳趣。寺右五峰攒聚,若指掌,若笔架,苍翠秀发,颖雾凌云,猝瞩之令人悠然遐想,有世外之思。以生观之,缙云诸峰当以此为最峭秀。寺距澄江镇十一二里,登楼放眼,回峦摄合,一面壑开,澄境河埠尽入眼帘。故就环境而论,缙云寺亦且不及,赖院更不足与论(生在赖院两年,觉其惟一缺点即无山水之乐);就屋宇而论,栋瓦尚新,光线亦佳,饮水无问题,距市亦不算太远。而测老僧口气,极欲出租,则房价必不太高。以生愚见,若无其他意外特殊之原因(房屋如此好而无人住,是以疑有他故,或者地太僻静欤),以作研所所址实极理想;畹兰同游,亦有此感。盖来此读书不啻世外,可以颐神,可

以深思也。生等此游观感略陈如此，一切俟吾师回碚亲察
为幸。日来料甚匆忙，不识已与钱先生晤谈否？便中请将
生拟回研所读书之意相告为祷。又前承师座雅意，拟请中
国出版公司印行拙作《两汉地方行政制度》，刻已与汤校长
商谈可以补助印刷费否？时序初冬，气候不爽，诸希珍摄。
余容后陈。专此，敬请
道安。

　　师母统此致候。

　　　　　　　　学生耕望谨上　十一月十七日。①

28日，顾颉刚覆信耕望：

耕望学兄足下：

　　接诵来书，藉稔石华寺风物之美，至为欢忭，未识房金
究需几何，有法一询否？此间研究所事，因刚初到，交际太
多，迄未拟出预算，开会商定一切。然美金卖出权在外人，
彼辈至今犹定百二十换，则一所两设，其事自难或将中国出
版公司之编译所设于彼处，而整理《廿四史》事亦占一二室，
然荒僻之区总须人多方胆大，不知能凑满二十人否？宾四
先生已晤数次，渠胃病犹未愈，饭食稀少，衰态顿增。寅恪
先生之眼亦有转盲之虑。抗战期中学人之损失大矣。华大
哲史研究室名存实亡，黄少荃女士已返江安矣。畹兰所作
传记已竣事否②？念念。《北碚志》推进至何程度？并在念
中。别成都两年半，重游旧地，触目新奇，虽飞机翔集头顶，
而大家依然度战前之安适生活，其气度真不可及也。刚来

---

①《顾颉刚书信集》卷三，中华书局，2011年，第225-226页。
②时段畹兰正助顾氏作自传。见《顾颉刚书信集》卷三，中华书局，2011年，
　第224-225页。参《顾颉刚日记》第五卷，1944年9月14日条，联经出版
　事业公司，2007年。

后住鲁斋,虽湫隘而方便。前研究所中同人尚未多晤。匆匆,即祝

撰祺。

　　维华先生前问好。畹兰前问好。

　　　　　　顾颉刚敬启　十一月廿八日。①

钱穆将《秦汉地方行政制度》稿送至商务印书馆,时后方物资匮乏,经济困难,是书篇幅又大,故商务不愿印,免致亏累。

---

① 《顾颉刚书信集》卷三,中华书局,2011 年,第 224–225 页。

卷三　1945—1964 年

〇民国三十四年乙酉(1945 年)　二十九岁

2 月,《中国史地图表》社所属大中国图书局无端裁员,段畹兰亦在其列。顾颉刚辞去《史地图表》社社长一职,耕望只得另谋他就①。

春,武汉大学校友兼同乡周君在北碚之北嘉陵江岸金刚碚创办工艺班,为一初中程度学校,获邀前往任教。其时,段畹兰及其母已依耕望为生,故不择职而任也。然课业繁多,无暇读书研究,终感前途茫茫。

武汉大学校长王星拱来北碚,耕望携出版未久之长篇论文《两汉郡县属吏考》前往晋谒。王星拱很高兴,告诉耕望,计划下年度每系设立研究助理一名,届时可回母校历史系专心读书。

金刚碚工艺班之校舍负山,春夏间,一夕暴雨山洪,耕望所居卧室墙壁为山洪所穿,只得赤脚凭几作《秦汉郎吏制度考》一文,颇体验"山中一夜雨,树杪百重泉"之意境。

抗战八年,史语所在辗转流徙过程中,有多位极有前途的研究员、编辑员、助理员相继离职。因低阶层研究人员缺额日多,

---

① 《顾颉刚日记》第五卷,1945 年 2 月 21 日、22 日条,联经出版事业公司,2007 年。

遂欲在重庆、成都、昆明等地设法罗致，闻讯前往应征者甚多。①

　　等候武大消息的同时，耕望亦目中研院史语所为理想的读书环境之一，苦于无任何人事关系可以联络得上。有时异想天开，想扮演一次毛遂自荐，但又无勇气。时段晼兰之好友曾祥和（后为沈刚伯夫人）女士告诉耕望，史语所所长傅斯年脾气特别，凡请有名人士介绍入所，未必能成功。不如自寄论文几篇申请入所，他若果欣赏，可能成功。耕望急切希望有个读书环境，遂决定一试。

　　6月28日，王星拱有致中研院历史语言研究所所长傅斯年一函，内云：

　　　　兹敬启者，武大历史学系毕业皖生严耕望，好学深思，精进不已，若得宿学名师如先生者为之指导，其造诣必有可观。严生亦切思受教于先生之所，为此特函介绍，未知历史语言研究所能否收录？敬请惠予汲引，俾能遂其向学之诚。

　　并附耕望治学计划，为其先前致王星拱信，不全：

　　　　……不自揆有撰《政通》之志，欲以网罗今古，迹其变嬗，阐国史典制之革因，明先贤立政之精义。恒患撰述之业或失简晦，或伤繁芜，故此项计划厘为四部：甲曰通义，所以褒举大端，论创制之本意，运使之灵乖。人谋法意既因宜而更，辄世风道系遂逐类以旁。阐理乱兴亡义，存乎此权衡时，此谋道斯鉴；乙曰通考，所以委曲政要，述其经构。考其流变，以补旧史近贤所未明；丙曰通表，所以归综群官，曲尽通考所未备；丁曰辑录，所以存古今论政考事之文，以补生书所未逮。通义期其圆而通，通考期其详而审，通表期其简而赅,辑录期其博而粹。综贯四者,庶有以简驭繁、以详释简之效欤。然此实非易为,自揣鲁钝,不足语此。吾师得无哂生狂悖,欲以顽才方驾三通乎!虽然,生少长村僻之区,淡泊以为志,一心无二虑,倘有四五十年之工夫,此心此志亦未必不能申也。然窃闻学业根基须早植于青年时代,前在齐鲁研所从宾四先生游,进步实速。自研所瓦解,迄今行复二年,忙于生计,遂鲜进益。常念光阴宝贵,如此虚耗,以视宾四先生所云仅见之二三子者,才固不如,境实有类。瞻望前途,能不凄然!饫闻中央研究院历史语言研究所环境甚佳,研究生待遇当较一般学校研究生为高,或能维持简朴生活。倘蒙不弃,鼎力作介,则幸甚矣。如彼处无望,亦希……①

7月1日,耕望写了一封申请信,连同已出版与未出版之论文三篇,直接寄呈傅斯年:

孟公前辈先生道鉴:

曩读宏篇,每惊创获,欣羡无似。抗战以来,学术陵夷,文史之学尤见颓落,而贵所师生独能研索不倦,每有书刊问世,仍保持抗战前之水准,是皆先生领袖群彦之功也。渴慕之情曷胜殷切!

后学幼而顽钝,窃好学问。逮入高中,略涉近贤史学述作,遂颇有志于国史之探索。民国二十六年,入武汉大学历史系,常思卒业以后再入贵所从先生游,困学十年,厚植根基,庶有微望。第与先生既乏一面之缘,复以交游甚狭,无人作介,宿志不遂,时用慨叹!是以三数年来,虽偷暇述作,续成大学毕业论文《两汉地方行政制度(附刺史守相表)》

---

① 台北中研院傅斯年图书馆整编史语所档案,编号“杂23-13-6”之王星拱致傅斯年函。

都三十余万言,然既乏师长之指导,复为材料所局限,用力
颇勤,而未臻精审,乃益信读书固须有师友与环境也!

伏思方今仍惟贵所具此二条件,为国内唯一读书处,而
无由自进一如往昔(闻贵所曾招生,未识确否)。瞻念前途,
衷心甚苦。素仰先生提挈后学,惟力是视。爰不揣冒昧,为
先生率陈,伏希鉴谅!倘能赐一读书机会,诚铭骨之恩也!

外附拙作四篇,皆前书中之用力较勤者,尚祈鉴审是
正。本学期以无书可读,乃取往日搜集之材料,逐一整理已
完成者,有《秦汉郎吏制度考》一篇,约近四万字,现正誊录
中。先生若以孺子可教,允面赐诲言,当携此稿赴渝趋候。
余容后陈,恭候示教。肃此,敬请
道安。

后学　严耕望　谨拜上

七月一日①

是日,傅斯年代表国民参政会访问延安。5 日返渝。

7 日,武汉大学校长王星拱向教育部递交辞呈,耕望回母校
念书之希望破灭。是日至 20 日,傅斯年在重庆出席国民参政会
四届一次会议。傅在渝期间,董作宾代理史语所所务。

8 月 15 日,日本宣布无条件投降。

20 日,傅斯年致函李庄董作宾:

关于任用严耕望、赵文涛、张秉权、中大一人等四人之
事及严耕望工作事,请兄召集所务会议讨论,又逸夫兄介绍
石钟为助理员,弟同意提出,未知通过否,寅恪介绍之庄光

---

①台北中研院傅斯年图书馆整编史语所档案,编号"杂 23-13-7"之严耕望
　致傅斯年函。

沂三组可用否,请决定后直覆寅恪。①

21日,耕望接傅斯年20日快信:

耕望先生左右:

　　抚五先生(王星拱)赐书及惠书先后敬悉,弟病多事多,未能早覆,至歉至歉!大著匆匆拜读,甚佩。敝所近年亦甚凋零,辱承不弃,何幸如之!惟来书谓二十六年入武汉史学系,想非本年毕业。敝所章程,初在大学毕业者仅能任助理员,大学研究院毕业者,亦须看成绩,可为助理研究员。以大著论,自当为助理研究员,然若毕业未满两年,亦只可为助理员,此为本院组织法所限,无可如何也。此时各学术机关几皆七零八落,入所以后,容感失望。此时人思东归,必更无书可读,此弟应言之在前者也。大著已寄李庄开会审查,当可通过。专颂

著安!

　　　　　　　　　　弟　傅斯年谨启②

22日,耕望至重庆中央研究院总办事处见傅斯年。其时抗战胜利,傅百务缠身,晚十时许始返办事处,见面后问了耕望不少话,并表示手头事多,希望耕望暂留重庆,助其处理文书方面的工作。耕望颇踌躇,自念平生最无办事能力,笔下亦很凝滞,而傅才气洋溢,文思敏捷,襄助其处理文书,绝不能副其所望。因坦率表示,不能担任此项任务。傅闻言不以为忤,当即表示:可先赴李庄史语所,虽正式任命尚待所务会议通过,但应无问

---

① 台北中研院傅斯年图书馆整编史语所档案,编号"杂23-13-8"傅斯年致董作宾函。
② 《与严耕望书(一)》,收入《傅斯年全集》第七册,联经出版事业公司,1980年。

题,先去亦无妨。初次见面,傅斯年予耕望的印象与外间所传并不一样。一般都说傅脾气很大,很专制;但耕望觉其对人很温和,很随便,也不见得很固持己见。

是后,傅致函史语所代所长董作宾:

> 关于本年请求入所各人之文件早经寄上,未知已开过会否,严耕望君应可通过,因其不能久待,弟嘱其即赴李庄,乞谅之!①

史语所行政秘书那廉君致函耕望,请其填覆年岁、籍贯及毕业学校等各项,并示知过去曾在何机关作研究工作及其他经历②。

9 月 17 日,董作宾致函傅斯年,报告所务会议通过任耕望、赵文涛、张秉权、石钟四人为助理员③。同日,史语所致函重庆中研院总办事处,并附四人略历请总办转呈院长朱家骅核准④。史语所旧档,1945 年度第三次所务会议记录中,存有傅斯年写给代理所长董作宾的一封信,中云:

> 今年请求入所之人甚多,凡无著作者,弟皆谢绝了。其有著作者,现有三人,其中严耕望一人似是一难得之人才,弟提议任其为助理员,并可在定薪水数目时参用初入所之

---

①台北中研院傅斯年图书馆整编史语所档案,编号"杂 23-13-9"傅斯年致董作宾函。

②台北中研院傅斯年图书馆整编史语所档案,编号"杂 23-13-15"、"杂 23-13-16"那廉君函严耕望。

③台北中研院傅斯年图书馆整编史语所档案,编号"李 13-6-13"董作宾函傅斯年。

④台北中研院傅斯年图书馆整编史语所档案,编号"李 6-1-22"本所函总办事处。

助理研究员,因为他似乎在学校已经读了十年书也。……①

18日,史语所函告耕望,业已通过任其为助理员,希能早日到所工作②。

比耕望早到一年的助理研究员何兹全,日后回忆当年从重庆到李庄的途程:

> 重庆去李庄,是坐船去的。大约是三天的路程,白天行船,晚上靠岸住宿,这大约和过险滩有关系。从重庆到李庄,最怕人的险滩有小南海和笆箕背,据说小南海下面河身有跌差,大水还好,枯水时期水面跌差大,水流很急。下行船过滩有船头跌入水中沉没的危险,上行船过滩因水急而很吃力,也有危险。笆箕背,枯水时期,水道成S形,一转两转船容易转翻。我去李庄前不久,就在这里翻过一条船,史语所一位同志幸得不死。我第一次去李庄那条船,未到笆箕背,船夫就敲着锣喊:"要过滩了,各位客官坐下莫动,免出危险。"景况可怕人。船过笆箕背,三转两转我桌上的暖水瓶就差点倒了。

> 李庄没有码头,船不靠岸。船到李庄后,停在江心,接客人的小船用钩勾着轮船,靠紧,客人和行李由底层货舱门下到小船。船夫一松钩子,小船即离开大船拨转船头顺流而下。然后靠岸。大水时期或船夫技术不好,也都有危险。③

耕望至四川南溪县李庄之板栗坳史语所临时所址报到,为

---

① 苏同炳《手植桢楠已成荫——傅斯年与中研院史语所》第八章《战乱流离》,学生书局,2012年。

② 台北中研院傅斯年图书馆整编史语所档案,编号"杂23-13-14"本所函严耕望等。

③ 何兹全《爱国一书生·八十五自述》第十三章《安身立命处》,华东师范大学出版社,1997年。

第一组(史学及文籍考订)之助理员。同组除研究魏晋南北朝经济史的何兹全外,尚有副研究员王崇武(明史),研究员劳榦(秦汉史),研究员岑仲勉(唐史及突厥史),副研究员傅乐焕(宋辽金史),研究员陈槃①(先秦史),助理员王叔岷(诸子研究),助理员逯钦立(诗史研究)等②。

25日,史语所代所长董作宾致行政秘书那廉君一函:

> 请发严耕望、石钟两先生《六同别录》各一册,集刊最近出版者如尚多亦可酌给各一份。③

29日,耕望收到史语所赠阅劳榦著《居延汉简考释(释文)》一部,史语所集刊第十本三四分、第十一本一二分合刊共三册,史语所集刊外编《六同别录》④一册,《史料与史学》一册⑤。

①陈槃(1905-1999),字盘庵,号涧庄,广东五华人,著名历史学家。早年毕业于广州中山大学文学院国文系,后应傅斯年之召,入中央研究院历史语言研究所为助理员,累升至研究员。1949年到台湾后,任台湾大学文学院教授、中研院史语所第一组主任。研究领域遍及先秦史、两汉谶纬学、汉晋遗简、秦汉帛书、敦煌写卷研究等。著有《左氏春秋义例辨》、《古谶纬研讨及其书录解题》、《春秋大事表列国爵姓及存灭表撰异》、《不见于春秋大事表之春秋方国稿》、《汉晋遗简识小七种》等书。
②《国立中央研究院1945年工作报告(历史语言研究所部分)》和《国立中央研究院历史语言研究所工作报告(民国三十五年十月至三十六年九月)》,收入欧阳哲生主编《傅斯年全集》第六卷,湖南教育出版社,2003年。
③台北中研院傅斯年图书馆整编史语所档案,编号"李9-5-43"董作宾致那廉君函。
④《六同别录》是史语所在李庄时期所办的刊物,"六同"是李庄在南北朝时期的郡名,别录是从"集刊"提出来单独印行的意思。因其时僻处乡间,集刊无法正常出版。所中同仁就用手刻石印的方法,自印《六同别录》以收录研究论文。抗战胜利后,《六同别录》中的文章又编辑到史语所集刊中。
⑤台北中研院傅斯年图书馆整编史语所档案,编号"李9-5-41"严耕望致文书室收条。

入所之初，耕望的工作为订补《秦汉地方行政制度》及附录《两汉太守刺史表》，有关魏晋南北朝时代地方行政的材料搜集工作亦未中辍。

10月15日，致函顾颉刚：

> 颉刚吾师函丈：
>
> 　　久未奉候，时以道躬康和为颂。生以上月离碚，行前曾趋府候谒，值驾出未晤。兹到所时逾两旬，生活甚适，诸请释念。生自离开齐鲁，迄今两年，生活不安，无缘常亲书册，诚恐一切理想均成幻影，今能重入书库，殊为快慰。今后益当努力自勉，期不负吾师及宾四先生之殷望也。关于研究问题，已决定为《魏晋南北朝地方行政制度》，此为一过渡时代，拟提出数主要问题详事检讨，不拟如前作《两汉地方行政制度》之周密，不识吾师以为然否？有暇尚希示教为幸！肃此，敬请
>
> 道安。
>
> 　　师母统此致候。
>
> 学生严耕望谨上。十、十五。①

20日，耕望领到中央研究院第609号工作证章一枚②。

接顾颉刚26日信：

> 耕望兄：
>
> 　　接十五日惠书，欣悉安抵李庄，书林史库，尽量享受，曷胜企羡。刚人事焦劳，绝难安定读书，不知东归后能摒绝他事，专任一职否。念兄得所，自呼负负。《魏晋南北朝地方

①《顾颉刚书信集》卷三，中华书局，2011年，第226-227页。
②台北中研院傅斯年图书馆整编史语所档案，编号"李6-1-24"严耕望具收条。

行政制度》,想已开始工作。此一时代,史料有限,而中央研究院之工作并无结束时限,较之《两汉制度》更能从容从事,鄙意似可先研究主要问题,再做周匝之叙述,以与前书相衔接。不知兄意以为然否。标点本《二十四史》之印行,刚奔走接洽已有端绪,约半月后可决定,届时拟请中院同人共同相助,俾无论文,无错点,有暇乞代为计划人选是荷。此一事成,刚明年不作他事矣。匆覆,即祝

研祺。

　　所中诸同人均此奉候。

颉刚拜启。
静秋附笔问好。
卅四、十、廿六。[1]

　　其时,史语所内高级研究人员,除极少数为钱穆的同辈学人,绝大多数为傅斯年的学生,都已晋升至副研究员、专任研究员,而耕望只是助理员,地位悬殊,年龄也小十岁之谱。一般言之,应当以后辈自处。但耕望顾及钱穆与傅斯年为同辈学人,因而对这辈年长同事,虽极为客气礼让,但名份上仍只以同辈看待,以免对钱穆有所失敬。虽不免显得有些倨傲,好在耕望对人的态度始终如一,不因地位日高而有改变,时间久了大家也就了然,不以为忤。

○民国三十五年丙戌(1946年)　三十岁

元旦,覆信顾颉刚:

颉刚吾师函丈:

　　前奉手教,嘱约此间同事共襄正史标点工作。彼时刚来,人事未熟,未便一一访谈奉覆。两月来稍得与旧同事接

---

①《顾颉刚书信集》卷三,中华书局,2011年,第226页。

触(此间平日各自读书,几不相闻问),就中亦颇有重视此项工作者,然皆碍于某种原因不便相助,想吾师亦深悉也。惟生个人自当竭尽绵薄,《后汉书》标点匆忙中完成,错漏必多,东归以后仍由生负责覆校。《三国志》、两《唐书》如已有初稿,生亦可尽校正之责。其他诸史如拟请此间同事襄助,顶好由吾师与傅所长直接商谈,则至少魏晋南北朝及明代诸史必无问题也(研究此二时代两同事与生较接近)。生来此,第一步拟完成《魏晋南北朝地方行政制度》,现已读完正史,秋后完成当无问题也。吾师东返计划已定否?此间须俟夏秋水涨也。敬请

年安。

　　师母统此致候。

　　　　　　　　　学生严耕望。卅五年元旦。①

1月30日,与段畹兰完婚②。

3月25日,论文《北魏尚书制度考》在李庄写就。分"总说"、"都省"、"尚书分部"、"列曹职官上"、"列曹职官下"五节,并附"北魏初期之大人制度"。对北魏尚书制度的的组织和演变进行了全面考察,并指出北魏前期尚书省中最重要的南、北二部尚书是由拓跋鲜卑的旧制(大人制)脱胎而来,直到孝文帝迁都改制后才革除。进而指出,北魏尚书制度的演变与其汉化的进程完全契合。孝文帝建制六部三十六曹,唐人已不知,而耕望考出三十四曹之多。是为耕望入史语所后所写第一篇论文,傅斯年阅后甚为欣赏,未令修改,即送出发表。

---

①《顾颉刚书信集》卷三,中华书局,2011年,第227页。
②据《北魏尚书制度考·自序》文末"民国三十五年三月二十五日桐城严耕望写于南溪栗峰山庄,时新婚五旬又五日"推算,《历史语言研究所集刊》第18册,中华书局,1987年。

　　春夏之交，严父裕荣公以八十整寿在故乡桐城罗家岭辞世。未能见父亲最后一面，耕望深以为憾。

　　李庄时期，耕望曾听国立中央博物馆的李霖灿①讲玉龙雪山，峻拔雄丽，异花积雪，不禁神往。自谓平生聆讲，感受之深，记忆之固，未有逾于此者，亦其好奇探胜之心情也。

　　夏，钱穆结束华西大学教职，乘飞机直达南京转苏州。

　　9月5日，钱穆有致钱树棠一信：

树棠吾弟：

　　　　无锡施之勉先生，乃穆卅载老友，其人湛深经籍，并精两汉，行谊卓绝，不愧古之明德。最近自国立边疆学校归来，暂膺县中校长之职。穆已推荐吾弟，盼即日携行李径赴无锡学前该校。其聘约任课等均待到后面商，在弟得一长者，可以师友之间处之，必可有进益也。课务大致以国文为主。施先生任此事亦暂局，惟至少亦一年耳。穆俟有机会，当再为弟另谋位置。此事盼勿却，且往以一年为期，决不至疏学业也。穆明日须去南京，秋节可归苏，弟驾何日能来？盼径函施先生，并便示及。匆此即颂

近祺。

　　　　　　　　　　　　　　　　　　钱穆启　九月五日②

---

①李霖灿(1913－1999)，河南辉县人。纳西文化学专家、美术史家。一九三八年自国立杭州艺术专科学校毕业后，由昆明北上经大理到丽江去作边疆民族艺术之调查。期间费时四年研究纳西族象形文字，后辑成《纳西族象形标音文字字典》，是纳西文化研究的开拓者和奠基者，故获"么些先生"之称。一九四一年七月就国立中央博物馆之聘，后去台湾，历任台北故宫博物院研究员、书画处处长与副院长。常自谓"一生中只做了两件事，一是玉龙观雪，一是故宫看画"。

②《素书楼余渖》，《钱宾四先生全集》卷53，联经出版事业公司，1998年，第396－397页。

耕望复员到南京。去无锡看钱树棠,闻钱穆已回苏州,遂与树棠联袂至苏州耦园晋谒,寓宿一宵。次日,得钱穆导游苏州名园而别,时间短促,未得多谈。钱穆转赴昆明五华书院任教。

时钱树棠已放弃历史地理研究,兴趣转移。耕望深为之可惜,不免又想重拾旧业,但感过去学人讲沿革地理的已很多,军事地理也无大发展,自己既对政治、经济、社会、民俗、宗教、文化各方面都有兴趣,不如放宽眼界,扩及历史上人文地理的各方面,以期有较大发展。一部《全唐文》又复从头看起,此时搜录史料已兼顾政治制度与人文地理两方面。

10月4日,傅斯年致耕望手札一封:

> 近人治石刻以之证史者,罗振玉为最精,此君实石家非金文家也,可看其《永丰乡人稿》、《辽居杂著》等。
>
> 编簿录者可看缪荃孙诸人之书。
>
> 耕望兄!
>
> 斯年　十月四日
>
> 目下似全是机械工作,久则史学问题油然而生矣。①

其时,史语所自后方搬回及由北平"东方文化研究所"、"东方文化事业总会"、"近代科学图书馆"接收来的善本图书很多,内有三万多份石刻拓本,为国内外图书馆所少有能及。原在李庄兼管善本图书的张政烺、游戒微已另有职就,故需另择一人兼管,乃将此项任务交予耕望。傅斯年极重视善本书库藏品,据说向来指派一位他认为极可信任的中下级人员保管,因为此批藏品无任何记录。故同事马学良开玩笑说,耕望是傅斯年面前的红人。

---

① 《与严耕望书(二)》,收入《傅斯年全集》第七册,联经出版事业公司,1980年。惟系年作民国二十四年(1935),彼时耕望中学尚未毕业,疑为"民国三十五年"之误。湖南教育版《傅斯年全集》第七卷第146页沿袭联经版之误。

南京鸡鸣寺史语所所址

20日,中研院第二届评议会第三次年会,议决筹办院士选举,随即通知各大学、各独立学院、各专门学会和各研究机关,就学术界有资望人士分科提名,被提名者共四百多人。

11月,史语所迁回南京鸡鸣寺路原址。傅斯年在史语所大楼的演讲厅请同仁聚餐,庆祝大家都能幸运归来,同时也说过去的种种辛苦都已结束,从此大家可以安心工作,史语所八年的流离告一段落①。依照中研院当时制定的宿舍分配办法,耕望分得给低阶层行政、技术人员及助理员的甲种眷舍②。

15日,耕望道遇来宁出席国大的顾颉刚,顾随耕望至其寓所,晤段畹兰母女及其新生子③。

其时,国家经济状况不佳,物价波动很大。文化机关的低级人员待遇颇低,耕望夫妇又不善理财,外加长子晓田出生,用度较大,常感周转不灵。傅斯年不知如何了解了耕望的经济状况,将为教育部审查论文的审查费送予耕望。耕望本于长者赐不可违的心情,未坚辞的接受了。傅并嘱耕望写一张段畹兰的履历表,当即亲自步行至左邻的考试院,希望能安插一个职位,但未成功。随即又写信给国立编译馆,终于成功。其时,傅斯年事务极忙,来访政要人客络绎不绝,但仍记挂一个助理研究员的生活,令耕望铭感不能忘。

李则纲来信,谓仍在安徽省政府工作,邀耕望任文献委员会秘书,协助其工作。耕望深惜史语所之环境,故未应召。

---

①《石璋如先生访问记录》七《抗战复员及来台》,中研院近代史研究所,2002年。

②苏同炳《手植桢楠已成荫——傅斯年与中研院史语所》第九章《由复员、还都到再度播迁》,学生书局,2012年。

③《顾颉刚日记》第五卷,1946年11月15日条,联经出版事业公司,2007年。

12月16日,耕望向傅斯年请假一月,返乡省亲①。

〇民国三十六年丁亥(1947年)　三十一岁

1月30日,返史语所销假②。耕望将家中所藏仿宋本《李太白集》带至南京,经傅斯年鉴定可能为康熙年间某氏的精刻本,已属很难得的善本书。

是年春,耕望始读唐史。

史语所筹划大量出版抗战期间同人之积稿,《秦汉地方行政制度》亦在其列。耕望遂清缮为再稿,交所方付印。

4月23日,中午耕望与同组研究人员陈槃、劳榦、傅乐焕、王崇武在大华饭店宴请顾颉刚③。

5月20日,耕望写成《北朝地方政府属佐制度考》一文,分"州属佐"、"郡属佐"、"州都与郡县中正"、"地方学官"和"地方自治组织"六章,为其研治魏晋南北朝地方行政制度的第一篇论文。

史语所专刊编委劳榦以为,《秦汉地方行政制度》之附录《两汉太守刺史表》太长,可独立成书,遂径付商务印书馆排版,耕望事前不知。其时又觉《秦汉地方行政制度》正文尚可做若干改订,因抽回作延缓出版计。

6月6日,史语所召开所务会议,推荐中央研究院院士候选人名单。议决耕望升为助理研究员,转呈院长朱家骅于人事管理委员会中讨论④。

---

①台北中研院傅斯年图书馆整编史语所档案,编号"杂23-14-5"严耕望致傅斯年函。

②台北中研院傅斯年图书馆整编史语所档案,编号"杂23-14-3"严耕望致那廉君函。

③《顾颉刚日记》第六卷,1947年4月23日条,联经出版事业公司,2007年。

④台北中研院傅斯年图书馆整编史语所档案,编号"京28-16-1"本所致总办事处函。

史语所所长傅斯年赴美医疗,由副研究员夏鼐①代理所务。

暑期,钱树棠来南京,耕望与之在中研院寓所午饭,同榻午休。是为二人最后一次见面。

8 月,耕望正式升任助理研究员。

《元魏北镇制度、附略论元魏怀荒御夷两镇之地望》发表于《现代学报》1 卷 8 期。

钱穆转赴无锡江南大学任文学院长。江南大学为无锡巨商荣家所创办,时唐君毅亦在校,为两人论交之始。

10 月,中研院公告院士候选 150 人名单。

搜录史料过程中,耕望注意到交通路线一问题,因发现文化、社会、经济发展之基本前提在于交通,交通线所至,各种发展亦随之而至。因知陈沅远写有一篇《唐代驿制考》(刊《史学年报》第五期),然时尚未得见,乃询之劳榦。劳榦以为陈文写得不够好,还可再做一番功夫,若花半年或一年时间,相信可做一篇很好的文章。遂决定以交通问题为研究唐史中心目标之一。

获悉《两汉太守刺史表》将独立于《秦汉地方行政制度》先行出版,耕望为之补撰序目。

12 月,史语所所务会议决定隔周举办学术讲论会一次。

○民国三十七年戊子(1948 年)　三十二岁

1 月 15 日,写成《魏晋南朝地方政府属佐考》一文,分"州佐吏与军府佐"、"郡佐吏与军府佐"(附《流沙坠简》中所见之掾

---

①夏鼐(1910-1985),浙江温州人,新中国考古学奠基人。1934 年 7 月,毕业于清华大学历史系。1935 年春,在河南安阳参加殷墟发掘工作。同年,赴英国伦敦大学考古学院攻读埃及考古学。1940 年在开罗博物馆从事考古及文物研究工作一年多。1941 年回国后,在中央博物院筹备处担任专门委员之职。1943 年至 1949 年,在中央研究院历史语言研究所任担任副研究员、研究员。

國立中央研究院

歷史語言研究所集刊

第二十本

本院成立第二十周年專號　上冊

目　錄

商務印書館發行

中華民國三十七年出版

吏)、"县属吏"、"乡里吏"、"地方学官"五章,并附"梁州佐吏班品表"和"陈州郡职官阶品表"。

2月,《两汉太守刺史表》作为"史语所专刊"之三十在商务印书馆出版。惟前无序文,亦无目录,成为一本怪书。

3月,耕望请所方向商务印书馆查问,始知补寄的《两汉太守刺史表》序、目均被遗失①。念此书乃病中消遣之作,只就素材略加排比,未能深究,为此前述作中功力最弱、工作最懈之一部,故亦不甚重视。

中研院第二届评议会第五次年会选举第一届院士81名。院士为终身名誉职,规定的职权是:议定国家学术方针;受政府之委托,办理学术设计、调查、审查及研究事项;选举评议员和以后的院士及名誉院士。史语所专任研究员陈寅恪、傅斯年、李方桂、赵元任、李济、梁思永、董作宾,通信研究员胡适、汤用彤、陈垣、顾颉刚、梁思成,及曾任兼任研究员冯友兰当选人文组院士。

寻绎唐史岁余,耕望颇感南北士风之不同对于唐代政治有深切之影响,又中国南北人文之盛衰尤以有唐一代为关键,而政治人才之多寡尤为人文盛衰之表征。故欲考唐代南北人文之盛衰、政局之演变,推究牛李党派之纷争,最彻底之方法莫过于探求朝廷达宦之出身与籍居。唐世朝廷达宦莫过于宰相、翰林学士与尚书省诸长官,然宰相、翰学人数较少,惟尚书省之左右仆射、左右丞、六部尚书及侍郎,不但本官华贵,即凡朝廷显达亦莫不历此任,至于宰相、翰学尤多以此官兼充,故能尽括朝廷显达之全部。因动手统计尚书省的所有长官。

6月,《魏晋南朝地方政府属佐考》刊于《史语所集刊》第二十本《中央研究院成立二十周年专号》上册,是为入所后首次于

---

① 台北中研院傅斯年图书馆整编史语所档案,编号"京8-17-12"商务印书馆出版科来函。

魏晉南朝地方政府屬佐考

嚴　耕　望

目　次

緒　言

　　三國兩晉南北朝之地方制度，表面形式大抵皆承兩漢之舊；惟以時異勢殊，實多沿革。州在兩漢爲監察區，魏晉以下爲行政區，故兩漢地方爲郡縣二級制，魏晉以下並州爲三級制，此最顯而易見者。而地方政府內部之組織運用，替變尤多，當詳論之。漢世，無論地方政府或監察機構，吏員組織概歸一系；魏晉以降，干戈日尋，地方大吏多加戎號，吏員因之亦有增置；始則中央遣員參其軍事，繼則開府置佐，有長史、司馬、諸曹參軍，比於將相，是謂軍府；又承漢以來置別駕、治中、諸曹從事諸職，是謂州吏。州吏用人一承漢傳（刺史自辟，限用本州人）；軍府則由中央除授，且以外籍爲原則；故長官雖爲一人，而佐吏別爲兩系。至如荆、雍、寧、廣四州，統轄蠻夷，刺史又帶護夷校尉（荆州帶南蠻校尉，雍州帶寧蠻校尉，寧州帶鎮蠻校尉，廣州帶平越中郎將），並置護府，比於軍府，則其佐吏且有三系統矣。諸郡於承漢以來之吏制外，亦多置參軍；其軍事重鎮，或邊控蠻夷者，且置軍府（如江夏、竟陵、巴東、建平），惟或無長吏且。至於諸縣，亦有置參軍者。軍府始置，本理軍務；地方行政

《集刊》上发表文章。

研究过程中,耕望发现唐人籍贯多不可靠,往往依附大郡著姓而非本人籍居,故"唐代政治人才之地理分布"一题实不易为。转而发见考定唐代尚书省职官人任之本身亦有价值。自宋以来,宰相有表,翰林有壁,郎官有柱,登科有记,独仆、尚、丞、郎为都省六官之长,中央行政之中枢,竟当时不录而后人忽诸,乃欲试为辑考而表列之。

7月5日,下午的史语所学术讲演会,耕望讲"汉代郎吏制度"①。

9月,《北魏尚书制度考》刊于《史语所集刊》第十八本。

10月,《北朝地方政府属佐制度考》刊于《史语所集刊》第十九本。

冬,在劳榦鼓励下,开始动手搜录《唐仆尚丞郎表》的材料。

淮海战役(即所谓徐蚌会战)后,中研院总办事处开始规划全院迁往台、粤、桂等省,及与当地大学合作事宜。

11月30日,院长朱家骅召开"在京人员谈话会",傅斯年、李济、陶孟和、姜立夫、陈省身、张钰哲、俞建章、罗宗洛、赵九章等七个研究所负责人及相关人员参加。会上商定了几条应对措施:立即停止各所的基建工程;各所尽快征求同仁意见,作好迁台准备;眷属可自行疏散,或于10日内迁往上海,可能出国者尽量助其成;文献资料等集中于上海,伺机运台。傅斯年负责史语所和数学所的撤迁事宜。

12月,傅斯年通知耕望准备随史语所迁往台湾,并特准耕望携岳母同行,旅费可由公家暂垫,因为非直系亲属不能由公家担负也。而事实上,那次撤退根本无所中同人之直系长辈亲属同行。耕望事后听一位比其资深的同事说,那时傅先生不允许同

①《夏鼐日记·卷四》1948 年 7 月 5 日条,华东师范大学出版社,2011 年。

事带老年家属,因为他的责任感很重,对于到台湾以后的生活无把握,多一个人就多一分困难。大约知道耕望的岳母别无依靠,所以傅斯年作出唯一一例外的安排。

朱家骅以教育部部长名义,任命傅斯年为台湾大学校长,以便取得一个目的地的地利;同时,计划利用海军军舰和招商局船只运送故宫博物院文物之便,将史语所和数学所全部珍藏文物和仪器迁移到台湾。这批文物包括殷墟出土的甲骨文和铜器、汉代居延汉简、宋代以来的善本书、明清内阁大库档案、拓片七万纸、民间文学逾万册、中西文图书约十五万册。

22 日,史语所与数学所之第一批重要图书、仪器、设备,由李济督运,随同故宫迁运文物,由海军部派中鼎轮运往台湾,28 日抵基隆。

〇民国三十八年己丑(1949 年)　三十三岁

1 月 6 日,史语所与数学所第二批图书、仪器、设备等文物起航运往台湾。

中研院迁台后,全部人员由迁台前约 500 人锐减为 58 人,靠政府每月拨给的 32000 多元新台币度日,另有全年事业费72999 元新台币,以后稍有增加,始终也不超过 10 万元。按当时的汇率计算,全部经费可折合为美金 2000 元(平均每人每月 40美元)。就购买力来讲,还不如抗战前院长和总干事两个人的薪水和公费加起来。照顾 58 个编制员工以及 18 个技工和工友的柴米油盐都已经不够,根本没有余力资助研究。有些员工甚至每月 20 日以后,必须以南瓜加盐煮稀饭度日。

迁台的史语所同人先住台北。傅斯年利用台湾大学校长的职权,特别聘请了一些能胜任教学的研究人员,并提供临时住处。惟傅当时的能力亦有限,即使率队迁台的两位院士级人物董作宾、李济,也只能合住在一间教室,用白色布幔隔成两间。耕望与全汉

昇两家合住台大医学院一间大教室,中间用帷幕隔开。生活上虽
不很方便,但自感"逃难时期有处可住已很不错了"。

待生活稍安定,耕望即往谒候傅斯年。傅问其生活境况,答曰
还不错。傅大为感慨,谓耕望乃真能安贫乐道,生活易满足者。

2 月,史语所文物、图书迁至桃园县杨梅镇火车站附近的仓
库和附近的几家民屋,所有人员挤在一座大仓库中办公。全部
两千多箱的书籍和文物,顶多打开一两百箱上架。房屋破破烂
烂,全不成样子,而且经常一家人挤在一间房子里。单身男人则
挤在大仓库里面,两个木箱架上一个榻榻米,权充卧铺;窗户很
小,而且位于高处;屋顶很高,几盏昏黄的电灯,根本无法阅读东
西。其时,要找一部书极不易,唐人文章只有一部《全唐文》,《文
苑英华》也看不到。

4 月 25 日,中研院代院长朱家骅、周鸿经等人,搭机自南京
飞到台北;翌日,前往杨梅探视迁台同仁,但见仓库破旧,办公、
住家条件极差。据 1950 年入台大随李济习考古人类学的张光
直回忆:

> 第一次到中研院历史语言研究所,所址还在杨梅。办
> 公室与同仁宿舍各占一个很大的房间,用白被单隔成一间
> 间的小房间。在一间大厅里面,那一间一间的小间就当办
> 公室用。在另一个大厅里,那些小间就是给研究人员和事
> 务人员,还有他们的家眷的宿舍了。①

6 月 18 日,女儿晓松出生。段畹兰体弱,婴儿的食眠洗沐,
乃至丛琐家务,耕望均须分操其劳。然片刻之暇,仍匆匆就案,
投入《唐仆尚丞郎表》的材料搜录。

---

① 《追求卓越:中央研究院八十年》卷三《大事记》,台北中研院,2008 年,第
33 页。

史语所杨梅仓库办公室①

———————————

①图片选自《追求卓越：中央研究院八十年》卷三《大事记》，台北中研院，
2008年，第32页。

　　傅斯年和其时主政台湾的陈诚关系良好，尤能通融借贷而使迁台人员勉强度日。但傅此时亦感精疲力竭，他认为事情分成两头办，不如干脆把中研院并入台湾大学，容易处理，且可一劳永逸。8月前后，傅斯年将此一想法写信告知朱家骅，时朱家骅已随国民政府撤至广州，接到傅的来信，内心异常沉痛，回信时一再强调蔡元培院长创业唯艰，请求傅斯年无论如何都要把中研院维持下去，否则将无颜见先人于地下了。

　　秋，耕望由报章藉悉钱穆已至香港，主持亚洲文商专科夜校。去信探候被退回，因无详细地址也。

　　12月18日，中研院代院长朱家骅从成都飞抵台湾。统计撤迁台湾之各所人员，除史语、数学两所人员较完整（数学所人员后来多与台湾大学合作任教职，或出国进修）外，余仅地质所研究员陈恺一人（后辞职）；植物所研究员李先闻，系于1947年应台湾糖业公司之聘来台。

○ 1950年庚寅　三十四岁

　　年初，朱家骅以总统府资政名义，继续代理中研院院长。朱家骅虽有心在台重建中研院，但因其时已远离政治核心，无论如何争取预算和经费，总难得到所希望的回应。老朋友总统府秘书长王世杰一度建议他，把杨梅火车站仓库的文物悉数移往台中县北沟，与故宫博物院的文物集中在一地，并增建同仁宿舍，以为安身之地。朱家骅想到要远离政治中心，又不便同仁研究工作的开展，乃予委婉拒绝。

　　2月，中研院迁台后办理首次年度考成。当时在台人员共56名参加考成，其中总办事处6人、会计室6人、史语所40人、数学所4人。

　　春，钱穆在港结识上海商人王岳峰。王对钱艰苦办学之事甚为欣赏，遂在香港英皇道租赁校舍，安插亚洲文商夜校自台来

史语所副研究员杨时逢在杨梅仓库狭促的
空间中,展开研究及整理工作。①

---

①图片选自《追求卓越:中央研究院八十年》卷一《任重道远(全院篇)》,台
北中研院,2008年,第61-62页。

港的新生,由钱穆等日间来为其授课。

7月,《史语所集刊》第二十二本出版,为史语所迁台后出版的第一本集刊。收录耕望的《汉代地方官吏之籍贯限制》一文,为其《秦汉地方行政制度》稿中"籍贯限制"一章之抽刊。分"引言"、"监官长吏"、"地方属吏"、"末际变例"、"论评"五节。根据二千余任地方官吏之籍贯统计,归纳出籍贯限制规律四条。

秋,王岳峰斥资在九龙桂林街顶得新楼三楹,供亚洲文商夜校作新校舍。钱穆商之亚洲文商校董刘尚义,拟改学校为日校,不得。乃向香港教育司申请立案,于桂林街之新址别创办一日校,名"新亚书院"。新亚初设文史、哲学、经济、商学、新闻、社会、农学六系。钱穆任校长兼文史系主任,唐君毅任教务长兼哲学系主任,旋有吴俊升、刘百闵、罗香林等亦来任教,或纯尽义务,为当时国内来港学人之一荟萃地。学生多为大陆流亡青年,约近百人,多得免费。学校课程之外,又设公开学术讲座,每周末晚七时举行,校外来听讲者,常七八十人,故亦特为香港教育司所重视。

冬,《唐仆尚丞郎表》的材料搜录略备,耕望乃开始撰述。

王岳峰经营陷入困顿,无法继续供给新亚书院。钱穆赴台募款,得蒋介石应承,自总统府办公经费中节省,每月支持新亚书院港币三千圆。

耕望专程自杨梅前往台北谒候钱穆,并借寓其下榻之励志社。时,钱穆应酬、开会、演讲及媒体追逐,无片刻之暇。耕望见老师健康良好,私心欣慰,更不暇详谈。

12月20日,史语所所长傅斯年出席台湾省议会备询时,中风猝逝。

○ 1951年辛卯 三十五岁

1月,中研院聘董作宾为历史语言研究所所长。

桂林街新亚旧址,本有阳台,唐君毅、张丕介等住在里面,今已变成新移民的板间房。

校长兼文史系主任钱穆　　教务长兼哲学系主任唐君毅　　总务长兼经济系主任张丕介

抗美援朝开始,台北总统府下达紧急疏散令,朱家骅以保护史语所珍贵文物为名,先在台北近郊的木栅租地,然后以疏散需要经费为借口,促请行政院拨款80万元新台币,兴建宿舍和仓库。行政院院长陈诚已经同意,不料正式公文送出时,台北方面下达命令,疏散不准增加任何经费。

2月,耕望写《唐人多读书山寺》短札一则,刊于28日出版之《大陆杂志》①第二卷第四期。

4月底,完成《唐仆尚丞郎表》辑考部分之"尚书左仆射"、"尚书右仆射"、"尚书左丞"、"尚书右丞"、"吏部尚书"、"吏部侍郎"、"户部尚书"、"户部侍郎"诸卷的撰写。

负责清点史语所迁台图书中的金石拓本部分。

6月,论文《唐代六部与九寺诸监之关系》刊于15日出版之《大陆杂志》第二卷第十一期。

23日,中研院代院长朱家骅为争取经费新建库房,以保存史语所迁台文物、书籍等,致函"行政院长"陈诚:

> 中央研究院历史语言研究所之图书设备,关系重要,现置杨梅车站仓库,甚不相宜,亟需设法建库另迁。……本院为国家学术最高机关、专家学者研究之所,尤以历史语言研究所之图书设备与古物为孟真(按:傅斯年)兄毕生心血所收集,名贵精博,……其关系中国文化,较诸故宫古物之文化历史价值者,尤为钜大。
>
> 彼时与孟真兄等数度会商,金以为……对此项攸关民族文化之宝贵资料,在职责上,在良心上,均应设法保全;至于研究人员,自亦系国家至宝,并须顾及研究学术之环境,尤须有配合工作之设备。孟真兄因此二者之重要,慨允就

①朱家骅与董作宾于1950年7月发起创办的文史杂志,早期为半月刊。

新亚书院挂在楼梯口之"大学部"招牌，
当年违反港府规定。

台湾大学校长，藉以卫护此项资料，继续工作，并准备迁台研究人员工作合作。

本院经费月不过台币三万余元，本年度事业费不过四万元，尚不敷整理费用，而研究结果、创作著述，均无法付梓公表，遑论建库迁书。①

8月，耕望取未刊稿《秦汉郎吏制度考》删正补罅，复请陈槃、劳榦两位审阅一过，交付史语所"纪念傅斯年专号"刊行。

月末，续撰《唐仆尚丞郎表》辑考部分之度支使以下诸卷。

冬，钱穆为筹办新亚分校事再赴台北，滞留数月，耕望亦往晋谒。钱穆见耕望每来访谈总是衣衫简陋，所穿之鞋亦多为木屐，却澹泊自如②。

《秦汉郎吏制度考》刊于《史语所集刊》第二十三本《傅斯年先生纪念论文集》上册，分"约论"、"名称与组织"、"职任之转变"、"除郎与补吏"、"琐征"五节，附"两汉书列传人除郎补吏表"和"东汉诸碑碑主除郎补吏表"。

朱家骅写信给在美国的胡适问计。胡适在了解美国洛氏基金会愿意资助1万元美金以后，要求朱家骅把中研院兴建计划的工程压缩十倍，从新台币200多万元压缩到20万元左右，并同意由其主持的中华教育文化基金董事会提供5000元美金。

○ 1952年壬辰　三十六岁

1月，耕望续撰《唐仆尚丞郎表》辑考部分。

钱穆就在台创办新亚分校一事向行政院长陈诚报告，却未得其明白应允，拟即归港。适何应钦来邀为总统府战略顾问委

①《追求卓越：中央研究院八十年》卷三《大事记》，台北中研院，2008年，第35页。
②金中枢《永怀严师》，收入《充实而有光辉》，稻禾出版社，1997年。

员会作讲演,乃择"中国历代政治得失"为题,分汉、唐、宋、明、清五代,略述各项制度,共讲五次。

4月3日,耕望完成《唐仆尚丞郎表》的辑考部分。在上年基础上增加"度支使"、"诸道盐铁转运等使"、"礼部尚书"、"礼部侍郎"、"兵部尚书"、"兵部侍郎"、"刑部尚书"、"刑部侍郎"、"工部尚书"、"工部侍郎"十卷,共计十八卷。

复根据辑考,编制通表。

16日,钱穆应朱家骅之邀,借淡江文理学院新落成之"惊声堂"为联合国同志会作例行讲演。讲词方毕,屋顶水泥大块坠落,击中钱穆头部,幸未深入脑部,得以康复。

30日出版之《大陆杂志》第四卷第八期,收有耕望《唐代文化约论》一文。分"引论"、"制度规模之宏远"、"宗教哲学之光大"、"文学艺术之鼎盛"、"史学与地学"、"科学与工艺"、"生活乐舞之胡化"、"文化之普及与传播"、"交通与文化"九节。

5月5日,《唐仆尚丞郎表》通表部分之"左右仆射左右丞年表"、"吏户礼三部尚书及侍郎年表(度支盐运使附)"和"兵刑工三部尚书及侍郎年表"完成。

朱家骅择定台北县南港镇旧庄环山幽隐之地为中研院新址之所。当时寻找新址的要求有几项:一是离台北不远,二是有山可以挖山洞储存图书文物。据时任史语所考古组研究员的石璋如回忆:

> 曾有人说南港现址是朱家骅先生跟马先生钓鱼时碰巧发现,可以自成单位,在附近的庙就有现成的山洞;过去傅先生安置研究院所考虑的是远离市区,南京的研究成果不佳,就与研究人员晚上多跑出去活动有关。李庄则远离市区,没有外界诱惑,研究成绩就好得多。南港离台北不算

远，但还有一段距离，综合的条件便相当不错，成为新的院址。①

6 月，耕望完成《唐仆尚丞郎表·序言》初稿的撰写。

7 月，自《秦汉地方行政制度》稿中抽出"郡都尉"一章，发表于《大陆杂志》特刊第一辑下册，题为《汉代郡都尉制度》。

8 月，耕望正式升任副研究员。撰写论文《汉书地志县名首书者即郡国治所辨》，认为《汉书·地理志》首书之县即为郡国治所绝无问题。

11 月，撰写论文《论唐代尚书省之职权与地位》，分"约论"、"前期尚书省之职权及其在行政系统中所居之地位"、"后期尚书省地位职权之转变与坠落"三章。运用现代政治学中政务官、事务官之概念划分，对唐代政府内部组织进行细密分析，厘清历来对于尚书六部与九寺诸监在行政系统中地位与职权之混淆。

在《论唐代尚书省之职权与地位》一文基础上，为《唐仆尚丞郎表》撰写述制，分"尚书省之职权及其在行政系统中所居之地位"、"仆尚丞郎地位职权之消长"、"仆尚丞郎官名员秩之演变与六部之位次"。全书初稿至此全部完成，都凡一百六七十万字。计共考出一千一百一十六人，二千六百八十余任。惟念征辑材料太详，篇幅过巨，读者虽便，而梓行不易。

12 月，撰写论文《略论唐六典之性质与施行问题》。指出《唐六典》之性质为一部开元时代现行职官志。元和之制与《唐六典》不同，但不足以否定其为开元时代之现行制度。

○ 1953 年癸巳　三十七岁

1 月，耕望着手对《唐仆尚丞郎表》初稿进行改订，改变辑考

---

①《石璋如先生访问记录》七《抗战复员及来台》，中研院近代史研究所，
　2002 年。

之体式,凡不待考辩者,只注出处,材料原文概从删落。

《汉代郡府之功曹与督邮》刊于 15 日出版之《大陆杂志》第六卷第一期。

《通鉴作者误句旧唐书之一例》刊于 31 日出版的《大陆杂志》第六卷第二期。

2 月,耕望偶检《东洋史论丛(羽田博士颂寿纪念)》,刊有日比野丈夫《西汉郡国治所考》一文,在"汉书地志县名首书者即郡国治所"的问题上,对阎若璩以下诸学者所采取之批评态度与耕望略同,惟批评多而建设少,论证与耕望前文亦多有出入,结论亦复不同。遂就论证相同处,日比野氏之材料有多于己者,录附各条之后,俾相参证。并呈史语所同人陈槃详阅一过,改正数字。

初夏,美国耶鲁大学历史系主任卢定赴港,与钱穆晤谈雅礼协会补助新亚书院事,嘱钱穆分拟年得美金一万、一万五、两万之三项预算。钱穆定年得一万则另租一校舍,一万五则顶一校舍,两万则谋买一校舍。卢定大表诧异云:闻君校诸教授受薪微薄,生活艰窘,今得协款何不措意及此。君亦与学校同人商之否? 钱穆云:余等办此学校,惟盼学校得有发展,傥为私人生活打算,可不在此苦守。卢定乃益敬重之,惟告以补助款仍当作学校日常开支用,至于校舍事,容再另商。

5 月,耕望所撰《汉代郡县学校制度》刊于 31 日出版之《大陆杂志》第六卷第十期。

6 月,《论唐代尚书省之职权与地位》刊于《史语所集刊》第二十四本第一篇。

《略论唐六典之性质与施行问题》刊于《史语所集刊》第二十四本第二篇。

台北行政院同意拨款新台币 180 万元以供中研院兴建之用。

7月5日,耕望完成论文《中国地方行政制度》的撰写,分"春秋战国"、"秦汉"、"魏晋南北朝"、"隋唐五代"、"宋辽金"、"元"、"明"、"清"、"约论"九节。

8月,中研院得行政院拨给第一期建筑费新台币80万元,在南港旧庄购买第一批五十亩土地,首先兴建一座仓库,以解决史语所文物存放问题。

秋,新亚书院得美国亚洲协会资助,于九龙太子道租一层楼创办研究所,供新亚及外校大学毕业有志继续深造者进修之用,新亚诸教授则随宜作指导,是为新亚研究所最先之筹办。

11月,耕望为中华文化出版事业委员会编《中国历史地理》一书撰写《隋唐五代人文地理》章节。

12日,《唐代人文地理》脱稿。分"约论"、"疆域与边防"、"行政区划"、"户口分布"、"产业一(农林)"、"产业二(渔牧)"、"产业三(工矿)"、"交通"、"都市与商业"、"民风区域与人才分布"、"佛教分布(附道教与其他宗教)"、"边疆民族"、"地理图志"十三节。

26日,《隋代人文地理》脱稿。分"行政区划"、"四疆与长城"、"户口分布"、"产业"、"交通与都市"、"国计与民生"、"民风(附佛教)"、"四裔民族与国外经营"、"地理图志之编纂"九节。

12月,论文《唐代佛教的地理分布》刊于香港《民主评论》第四卷第二十四期,即《唐代人文地理》稿中"佛教分布"一节。

16日,《五代十国人文地理》脱稿。分"列国割据之情势"、"户口"、"产业"、"水患与水利"、"交通都市与商业"、"南北人文"、"近裔概略"七节。

耕望自感《秦汉地方行政制度》一书征引不厌详尽,篇幅多至二十五万余字。时值史语所经费极度困难之际,付印丝毫没有希望,而个人兴趣亦已转至别的方面。遂就原稿改变体式,删

1954 年中研院南港院区第一栋建筑——史语所仓库

1955 年中研院南港院区最早的研究大楼——史语所研究楼

繁就简,务使篇幅减至最小限度发表①。

○ 1954年甲午 三十八岁

2月,耕望完成《秦汉地方行政制度》稿之缩编,又删去"封建政策之演变"及"特种管守"、"王莽制度"、"政风述要"诸章,除已抽刊于集刊第二十二本之《汉代地方官吏之籍贯限制》及抽刊于《大陆杂志》特刊第一辑之《汉代郡都尉制度》外,不过十万字。交付史语所集刊发表,名之《汉代地方行政制度》。当时的本意,此事就此作罢,不拟再印了。

12日,为《汉代地方行政制度》一文作后记。

论文《唐代国内交通与都市》刊于28日出版之《大陆杂志》第八卷第四期,此即《唐代人文地理》稿中"交通"与"都市与商业"两节相关内容。

3月21日,返台出席"总统"选举的胡适在董作宾等人陪同下,来南港参观正在建造中的史语所文物仓库。胡适带来了先前承诺的洛氏基金会10000美元和中华教育文化基金会5000美元的两张支票,当时能兑换新台币20万元。不久,台北行政院承诺的第二期工程款项71万9千元也拨到,中研院用以兴建史语所单身宿舍和眷属宿舍。

5月,新亚书院接受美国雅礼协会每年两万五千美元的补助,较原定最高额多出5000美元。至此,乃具函辞谢台北总统府每月三千港币的资助。

《北朝中央中正与地方中正》刊于31日出版之《大陆杂志》第八卷第十期。

6月,《汉代地方行政制度》刊于《史语所集刊》第二十五本。

①《汉代地方行政制度·后记》,收入《历史语言研究所集刊》第25本,台北中研院,1954年。

《汉书地志县名首书者即郡国治所辨》刊于《中央研究院院刊》第一辑《庆祝朱家骅先生六十岁论文集》。

《隋唐时代战史》一文收入中华文化出版事业委员会之《中国战争史论》第一册。隋唐时代凡三百余年，几乎无年无月无战事。兹篇撰述皆采内关政局，与外扬国威者，而于战略运用，尤所致意。准此原则，凡得十目：一、隋文平陈；二、唐平群雄；三、高丽之战；四、铁山之役；五、突伦川之役；六、双河之役；七、小勃律之役；八、安史之乱；九、雪夜袭蔡；十、迂道灭梁。

7月，陈诚出任副总统，俞鸿钧继任行政院院长，中研院代院长朱家骅又申请到 157 万元的第三期工程经费，决定再建一栋只有两层的长条型楼房，供史语所办公研究之用。是月，中研院南港院区第一期工程史语所仓库（兼图书室）完工。

《隋唐人文地理》、《唐代人文地理》及《五代十国人文地理》收入中华文化出版事业委员会编《中国历史地理》第二册，可视为耕望“唐代人文地理”研究计划之纲目。

暑期，钱穆赴台物色师资，力邀台大教授牟润孙往新亚任教，获其同意。进而又嘱牟至杨梅乡间邀约耕望。其时，耕望一家五口生活尚极困难，每餐只一两碗蔬菜佐膳，于情于理自当遵从师命赴港工作。然自感学业尚未稳固，平素连零星兼课亦不愿往（妻亦未曾敦促多赚钱贴补家用，亦属难能）。一旦至新亚，势必为钱穆所重用，而无暇再埋首研究，故未接受邀约。时钱穆闻讯有些不快。

9月，新亚书院在嘉林边道租一新校舍，较桂林街旧校舍为大，学生分于新旧两处上课。

耕望在旧作《唐人多读书山寺》基础上，补充两年来续获十倍于前之新材料，于 24 日撰竟《唐人读书山林寺院之风尚》一文。先举较概括性、可据以推想一般盛况的材料八条，征知唐代学子多读书山林寺院，学成而后出而应试以取仕宦。继则以名山为中心，分区列举具体例证以见唐人读书山林寺院之盛（借寓道观读书者亦取录），归纳得四点认识。进而指出，唐中叶以后，士子读书山林寺院之风所以如斯之甚的五个原故。最后略论唐人读书山林寺院之风尚与宋代书院制度之渊源。

10 月，《中国地方行政制度史略》一文刊于 31 日出版之《大陆杂志》第九卷第八期。

11 月，《中国地方行政制度》一文收入中华文化出版事业委员会之《中国政治思想与制度史论集》一书。另有《陈蕃、李膺》一文收入《国史上的伟大人物》第 2 册（台北：中华文化出版事业委员会）。

是月，中研院南港院区第二期工程（宿舍）完工。史语所在杨梅的工作人员陆续迁至旧庄。据石璋如回忆：

> 宿舍分两批盖，采平房双拼式，第一批一栋两家，经费较充足，有三房一厅、坐式抽水马桶。第二批盖了七栋十四家，只有两房、一厅、蹲式抽水马桶。我没有参加分配会议，不过分配原则满公平的，就是按年龄、资历、工作性质分配。年长、资深者就排西边邻近办公房，年轻、资浅的就排东边，要看仓库、图书馆、库房与监工的管理的也需要宿舍。陈槃在筹备期间最先来，其次是我、李光涛、高去寻等，北边的房子因为已经让监工者住过算旧屋，就分给陈槃（靠东）跟我（靠西），西边房子就给看仓库、图书馆的李光宇（靠西）、王志维（靠东），再往南边给资深的高去寻（靠西）、杨希枚（靠东），北边给管明清档案的李光涛（靠西）、管事务的汪和宗，东边八家由南而北就给严耕望、杨时逢、王宝先、黄庆乐、张秉权、潘悫、黄彰健、徐高阮。当时并未宣布什么条件，就接受指定的分配，后来也没听到不满的反应。[①]

耕望的女儿严晓松日后回忆：

> 我依稀还记得当时由杨梅搬到南港宿舍时的兴奋之

------

① 《石璋如先生访问记录》七《抗战复员及来台》，中研院近代史研究所，2002 年。

情。那时的研究院被一片片的稻田和丛山包围着,环境幽雅极了,确是钻研学问的绝佳地方。记忆中,大部分时间,我都可在研究室找到父亲。①

12月1日,《唐人读书山林寺院之风尚》刊于香港《民主评论》第五卷第二十三期"钱宾四先生还历纪念专号"。

15日,史语所正式在南港旧庄路四十六号新建院区办公。其时,因南港第三期工程史语所研究大楼尚未竣工,研究人员大都是在先前落成的史语所仓库(兼图书馆)中工作。

《北魏地方行政制度》一文刊于台北《学术季刊》第三卷第二期。

○ 1955 年乙未　三十九岁

1月6日,耕望完成《唐仆尚丞郎表》辑考部分的改订工作。

耕望将《唐仆尚丞郎表》的再稿送史语所同人陈槃审阅,得其指正数处。

撰书既竟,耕望深感两《唐书》各有优劣:新书体制完备,而事伤简略,倘无旧书,则事制多湮。旧书叙事详尽,而比次多误,即撰《唐仆尚丞郎表》所考,决然可判其为谬误或夺讹者已逾六百条,除此而外,更不知凡几。沈东甫合钞两书为一编,殊有卓识。唯详者钞之未尽,误者摘发殊少。因颇有意本沈氏《合钞》,钞之益审,纠之益精,又广征他籍为之注补,俾政事制度朗然赅备,学者研寻,取给为便。惟唐籍浩繁,必投入毕生精力与时间始克有成。又自1946、1947年起已开始搜录"唐代人文地理"材料,意欲从地理观点研究隋唐五代人文各方面之发展情况。此项计划亦工程浩大,非投入毕生精力与时间不得成。故此两项

---

①严晓松《永怀父亲》,收入《充实而有光辉》,稻禾出版社,1997年。

工作势难兼顾,取舍之间,甚为踌躇。

春,哈佛大学教授赖肖尔访问新亚书院嘉林边道校区,与钱穆协定:哈佛燕京学社为规模初创之新亚研究所提供奖学金、图书费,并出版一份学报。先前,新亚已得亚洲协会之助,在九龙太子道租楼以作办研究所之用。惟促成其事者不久即离任,事遂再无进展。自获哈燕社协款,始为新亚创办研究所之正式开始。在先入所不经考试,只由面谈,即许参加。或则暂留一年或两年即离去,或则长留在所。至是,始正式聘港大刘百闵、罗香林、饶宗颐三人为所外考试委员,又请香港教育司派员监考。录取后修业两年,仍须所外考试委员阅卷口试,始获毕业。择优留所作研究员,有至十年以上者。

是年,新亚书院择定第一届毕业、时已留为研究生的余英时,以助教名义赴哈佛燕京学社访问研究,是为新亚研究所派赴国外留学之第一人。

6月,《杜黄裳拜相前之官历》刊于《史语所集刊》第二十六本,为耕望唐尚书省职官制度研究的一个个案延续。

1949年后,香港私立大学一时崛兴不止七八所之多。港府既不禁止,亦不辅助。惟新亚书院能独得雅礼协会、亚洲协会、哈佛燕京学社三项美方协款,一时甚受瞩目。在香港教育司高诗雅及香港大学教授林仰山建议下,港督葛量洪乃于港大1955年毕业典礼上授钱穆名誉博士学位。前此,港大仅对胡适及其他一两位中国人有此赠予。

7月,论文《北魏孝文帝尚书三十六曹考》刊于15日出版之《大陆杂志》第十一卷第一期。

26日,耕望完成论文《从南北朝地方政治论隋之致富》的撰写。兹篇以为隋之致富,殆由三端:销兵器,废军府,兵革不兴,节省财富不可胜计;全国统一后,中央政府之组织并未扩大甚多,而兼有原解归其他两个中央政府之赋税,即此一端已远较分裂时代为富裕;精省地方机构,整饬地方吏治,上裕国库,下舒齐民。是亦国家致富之一重大原因。

8月,史语所两层研究大楼完工(后拆除改建为欧美所研究大楼),是为中研院南港院区第一栋研究大楼,植物所、近史所、民族所筹备处借用其二楼办公。据石璋如回忆:

> 有关研究大楼的空间规划,还有个故事可说。朱家骅院长年龄较长,考虑较周详,主张在每层楼设立洗手间,他也知道年轻人会有意见。果然,王宝先就说房子的空间有限,底下留两间洗手间就够了,省一间空间就可以多一间研究室。总办事处也同意修改设计,反正要方便的时候就晓得了。后来大家使用后才知道,每一层楼都有洗手间是方便很多的。这也是因为大家过惯苦日子,凡事都很节俭,也是一种美德,只是对自己很不便就是了。[①]

史语所所长董作宾赴香港大学讲学,辞职。李济继任所长。又耕望所在的史语所第一组的主任陈寅恪1948年未随所迁台,然为尊崇其创建与领导之功,名义上仍以其为该组主任,组务则由研究员陈槃代理。

《新亚学报》第一卷第一期出版。

22日,耕望写成《魏晋南朝都督与都督区》一文。兹篇以为,唐代节度方镇之制脱胎于隋及唐初之总管都督之制,而隋及唐初之总管都督则本之于魏晋南北朝之都督军事制度。惟北朝督区除关中之外,其固定性皆较小,故此文所论以魏晋南朝为限。分“都督”、“都督与属州刺史之关系”、“都督区”三章论述。

9月,新亚研究所正式成立,钱穆兼任所长,旋应张其昀之邀

---

① 《石璋如先生访问记录》七《抗战复员及来台》,中研院近代史研究所,2002年。

赴台北,担任教育部访日代表团团长。

耕望赴台北谒候钱穆,就"两唐书合钞"与"唐代人文地理"之取舍问题向其请教。钱穆稍加思索,谓之曰:

> 你已花去数年的时间完成这部精审的大著作(《唐仆尚丞郎表》)。以你的精勤,再追下去,将两部《唐书》彻底整理一番,必将是一部不朽的著作,其功将过于王先谦之于两《汉书》。但把一生精力专注于史籍的补罅考订,工作实太枯燥,心灵也将僵滞,失去活泼生机;不如讲人文地理,可从多方面看问题,发挥自己心得,这样较为灵活有意义。

耕望深感钱穆这番话极有意义,遂决计放弃整理两《唐书》之计划,专心于唐代人文地理研究。

完成《唐仆尚丞郎表·序言》的再稿,文末云:

> 沈氏合钞已逾四百万字,若加以拨正注补必当逾倍;故此事体大,实非一人之力所能奏功,方今公私财力俱困,实亦无可如何。河清可望,待之而已。

其时,耕望构想中之"唐代人文地理"以经济地理为重心,学术宗教文化地理次之,而将交通问题作为唐代经济地理卷之首要环节[1]。

10 月,论文《魏晋南朝都督与刺史之关系》刊于 15 日出版之《大陆杂志》第十一卷第七期,系前撰《魏晋南朝都督与都督区》中之一章。

史语所于经费极度困难中力谋出版《唐仆尚丞郎表》。耕望又复有所修订。

11 月,应中华文化出版事业委员会之邀撰写的《新罗留唐

---

[1]《我撰唐代交通图考的动机与经验》,收入《严耕望史学论文集》,上海古籍出版社,2009 年。

学生与僧徒》一文,刊于《中韩文化论集》第一册。唐世,四邻诸国与中国邦交最睦者莫过新罗,而接受华化之彻底,倾慕华风之热忱,尤以新罗为最,至于正朔衣冠皆遵唐制,他可知矣。在此亲睦气氛中,最足表现新罗倾慕华风锐意华化者,莫过于青年学子犯骇浪泛沧海留学中华之蔚为风尚。兹篇就此一事实,略征史料,分"一般文士"与"佛教信徒"两节考述之。唐初高句丽、百济及后高丽之初期所有少数材料亦附及。

12月,《从南北朝地方政治论隋之致富(上)》刊于香港《民主评论》第六卷第二十四期。

《从南北朝地方政治论隋之致富(下)》刊于香港《民主评论》第六卷第二十五期。

《北魏尚书分部之演变》刊于台北《学术季刊》第四卷第二期。

○ 1956年丙申　四十岁

1月28日,耕望校毕《魏晋南朝都督与都督区》一文。

3月5日,完成《旧唐书本纪拾误》的撰写,共拾误一百三十八条。

论文《孙吴都督区》刊于31日出版之《大陆杂志》第十二卷第六期。

4月5日,撰毕《唐宋时代中韩佛教文化之交流》一文,分"隋以前佛教东传之概况"、"圆光慈藏之西学及其对于新罗佛教之影响"、"唐代佛教诸宗之东传"、"新罗僧徒留唐学佛之热狂"、"唐宋时代佛教经籍之东传"、"高丽佛教之隆盛及其对于中国佛教之影响"六节论述。

17日,作《唐仆尚丞郎表》校后附记。

《魏晋南朝都督与都督区》刊于《史语所集刊》第二十七本。

5月,《唐宋时代中韩佛教文化之交流》收入中华文化出版事业委员会之《中国佛教史论集》第一册。

7 月,《唐仆尚丞郎表》作为"史语所专刊"之三十六出版,是为中研院迁台后出版的第一部较大的学术论著,循例分赠与史语所有关之人文社会科学界学人,在美院士胡适亦受赠一部。

论文《梁书庐陵王续传脱讹》刊于 31 日出版之《大陆杂志》第十三卷第二期。

8 月,论文《旧唐书食货志盐铁节夺文与讹误》刊于 15 日出版之《大陆杂志》第十三卷第三期。

《旧唐书本纪拾误》刊于《新亚学报》第二卷第一期。

9 月,新亚书院迁入九龙农圃道新建之校舍。新址由港府拨地,耶鲁大学历史系主任卢定代为洽得福特基金会捐款兴建。

钱穆寄来新亚研究生孙国栋的论文《唐书宰相表初校》,嘱耕望覆核。该文校正《新唐书·宰相表》一百二十二条漏误,且多处引用《唐仆尚丞郎表》的考证。耕望覆信孙国栋,指出文中有十余条乃《宰相表》的书法体例,并非漏误。语词恳切,改订精详,孙读后感佩不已。①

接胡适自美来信:

> 耕望先生:
>
> 　　将来加州大学的前夕,收到本所寄赠的大作《唐仆尚丞郎表》四册。百忙中翻阅,甚佩服你的工力的详细谨慎! 将来我若能仔细检看,一定能得很大的益处。
>
> 　　今将偶然记出的"宋鼎"一条,写呈左右或可供证。
>
> 　　我为禅宗史事,曾特别留意宋鼎的材料。岑仲勉先生的《姓纂四校记》(七五四)一条,我已见了,在十多年前,我曾疑兵部侍郎宋鼎作《能大师碑》未必真有其事。后来始信

---

① 孙国栋《一位学术界的楷模》,收入《充实而有光辉》,稻禾出版社,1997 年。

宋鼎曾作兵部侍郎,曾作《能大师碑》。《集古录目》所记,已使我取消旧见解了。岑君与你似均不曾注意《金石录》七,第一千二百九十八,《唐曹溪能大师碑》。注云:"宋泉撰。史惟则八分书。天宝十一载二月。"此宋泉即"宋鼎"之讹,似可无疑。"天宝十一载二月",似可供大作右丞卷及卷十八(九四五)的参证?最可惜的是欧、赵、洪均未有此碑的详记。但赵氏此条已比欧详多了。宋鼎的《能大师碑》,似不曾有传拓本。你若见他种材料,乞示及,至感。

敬祝平安,并问本所同人安好。

昨夜飞来,匆匆不尽。

胡适敬上　四五、九、五夜①

18日,覆信胡适:

适之前辈先生道鉴:

旬前于报端阅悉,尊驾将于明春返台,作较长时期之讲学。国内学子复得聆教机缘,殊为庆幸。

前日得本月五日夜手教,承于百忙中万里飞书对于拙作枉为嘉许,且提示宝贵材料,拜读之余,无任感奋。已记入校本,以备将来改订。拙作几全部在杨梅完成。其时,书籍未全开箱,材料颇多遗漏,来南港后虽稍有补正,然脱漏之病仍将百出。如蒙老前辈抽暇仔细翻阅,于论证方法与材料取舍必能多所惠正。是幸,是祷!

手示疑《金石录》"宋泉"为"宋鼎"之讹,极是。宋绍定中,陈思《宝刻丛编》卷六邢州《唐能大师碑》,本注引《金石录》此条,正作"宋鼎"。又宋末某氏《宝刻类编》,卷三载史惟则所书碑刻,有《曹溪能大师碑》。本注云:"宋鼎撰。八

①《胡适书信集》下册,北京大学出版社,1996年,第1285页。

分书。天宝十一载二月立。邢。"皆其铁证。盖"鼎"俗写作"罪"，极易形讹为"泉"耳。

陈思《丛编》本注又引《集古录目》"唐兵部侍郎宋鼎撰。河南阳翟县丞史惟则八分书。能大师姓卢氏，南海新兴县人。居新兴之曹溪。天宝七年，其弟子神会建碑于钜鹿郡之开元寺。"按欧阳棐《集古录目》原书已佚。后学所见黄、缪两辑本《能大师碑》条，皆据《丛编》此条收录。此条较赵录为详，而手示云，赵氏能大师碑条远比欧《录》为详，岂所见欧阳《录目》为另一本耶？爰并写呈，或许可资参考。

惟据《宋高僧传》中之《慧能传》，神会建宋鼎所撰《能大师碑》于洛阳菏泽寺。而据《宝刻类编》及《丛编》所引《集古录目》，是建于邢州开元寺，与《宋传》不同。岂七年神会建碑于洛阳菏泽寺，十一年又摩刻于邢州开元寺耶？又《丛编》六《唐能大师碑》前又列一条云：《唐曹溪能大师碑》亦在邢州。本注引《诸道石刻录》"唐蔡有邻书"。按有邻亦八分名家，故杜甫以与韩择木并称。岂邢州有史、蔡两家所书《能大师碑》，且几在同时建立耶？抑有张冠李戴之嫌欤？或亦有助于禅宗史之研究，故亦写呈，敬俟鸿裁。至于《能大师碑》文，后学未见有录之者。吴式芬《金石汇目分编》为清末编目之最全者。其卷三之二赵州项下，列此碑于"待访"，恐其碑其文今均不易寻获矣。

肃此敬颂

道安。

后学严耕望谨上

四五、九、一八①

---

①台北中研院近代史研究所胡适纪念馆藏 HS-NK01-168-002 号档案《严耕望致胡适函》。

　　哈佛燕京学社自上年起开始函请史语所派青年学人赴该社访问研究，1957年轮次应当是耕望，但因耕望英语甚差，他人不免有争先之想。时耕望已届哈燕社邀约之最高年龄，故不得不事先向所长李济表示，自己亦有出国看看的意愿。是亦耕望在史语所十九年中，唯一一次为自己的出处表示积极的意见。此外，则一秉初入所时已定原则，专心努力做学问，一切都不计较。至于升级问题，不但不曾向所方有所要求，亦不曾表示有此类意向。

　　耕望在搜集唐代人文地理的材料时，只将资料一条条的写录下来，分交通与其他人文地理两类储存，并不详细分类。因预备先写交通，故凡涉及两方面的材料，则先置于交通一类①。

　　接胡适覆信：

　　耕望先生：

　　　　谢谢你九月十八日的信。

　　　　我那信是在极匆忙的时候写的，手头无书可查，故一定有不少的错误。例如我说《金石录》记《能大师碑》条比欧录为详。其实我行箧里只带了《金石录》，而不及查《集古录目》的两家辑本。我所谓《欧录》，仅指岑仲勉先生和你引的那一部分。这是我的错误。

　　　　我很高兴，《集古录目》，及《宝刻丛编》、《宝刻类编》所记邢州《能大师碑》，都证实了我的一个假设。我特别要谢谢你引此三条。

　　　　关于你问的一个问题，我现在可以作一个答覆。

　　　　①此碑建立在邢州（滑台）开元寺，毫无可疑（看我的《菏泽大师神会传》，《胡适论学近著》页二五五—二五七及页二七六—二七八）。此寺原名大云寺，故我发现的敦煌本

---

① 《我撰唐代交通图考的动机与经验》，收入《严耕望史学论文集》，上海古籍出版社，2009年。

《南宗定是非论》残卷(亚东印本《神会和尚遗集》页一五四——六〇)说:我襄阳神会和尚,于开元二十二年正月十五日在滑台大云寺设无遮大会。……大云寺之名起于武则天时有僧引用《大云经》陈述符命,其时令天下立大云寺(寅恪先生曾在《集刊》论此事)。至开元二十六年,诏改大云寺为开元寺(《金石录》卷二十六,"大云寺禅院碑"条),故《集古录目》记此碑在钜鹿郡之开元寺。

②立碑之年,是在天宝七年?抑在十一年?陈思《丛编》引《欧录》作天宝七年,《金石录》则作"十一载二月"。《宝刻类编》亦作"十一载二月"。古书传写,七与十一最易混淆(例如《高僧传》二,《罗什传》云"什死年月,诸记不同,或云弘治七年,或云八年,或云十一年。寻七与十一,字或讹误")。但依我的看法,似七载为较近史实。因为天宝十一年,神会已在洛阳的荷泽寺了。次年(十二年),他就被贬逐了(看我的《神会传》,《近著》本页二七七——二七八)。

神会在洛阳菏泽寺可能有"八九年",可能从天宝四年到十二年(看我引贾餗的《灵垣碑》——《全唐文》七三一,误作灵坦,《唐文粹》六四,不误)。宗密的《神会传》(见《圆觉大疏钞》卷三下)说:天宝四载,兵部侍郎宋鼎请入东都。……于是曹溪了义大播于洛阳,荷泽顿门派流于天下。……《传灯录》也说神会"天宝四年方定两宗"。但敦煌本《历代法宝记》(《大正大藏》五十一卷,页一八二)《无相传》中则说:开元中,滑台寺为天下学道者定其宗旨。……天宝八载中,洛州荷泽寺亦定宗旨。……

可能是神会到洛阳荷泽寺(菏读去声,高宗去荷恩、荷泽两寺)是在天宝八年,故宋鼎之建碑在邢州开元寺是在天宝七年也(灵垣从神会"八九年",可能是从滑台时起,后其父任洛阳令,又跟去洛阳。可惜我们不知道宋鼎的传记及历官经过,不能考见他和神会是否在邢州已相熟了)。

又《历代法宝记》《能禅师传》尾有这一段:先天二年十一月葬于漕溪。太常寺承(丞)韦(据)造碑文,至开元七年被人磨改,别造碑。近代报修,侍郎宋鼎撰碑文。若如此说,是不但荷泽寺(洛阳)有此碑,韶州亦有宋鼎的碑了?

韦据不见于大作的"通表引得"。此说似因(敦煌本)《坛经》开始有韶州刺史韦琚或韦据,故附会为造碑之说(邢州碑之蔡有邻书,可能是史惟则书的误记)。

王维有《能大师碑》,其文见于《唐文粹》,亦见于旧刻王维的全集。此文中已说:弟子曰神会,遇师于晚景,闻道于中年。广量出于凡心,利智逾于宿学。虽末后供,乐最上乘。先师所明,有类献珠之愿。世人未识,犹多抱玉之悲。谓余知道,以颂见托。……"抱玉之悲",似已指他因指斥普寂等而被贬逐了,贬逐之第三年即有安史之乱。王维此碑似作而未刻,故不见于古石刻的记录。你若知有此记录王维碑的刻本,乞示知。

《宋僧传》所说宋鼎碑建在洛阳荷泽寺,似不足信。欧、赵所记足证此碑实在邢州开元寺。

又尊作考证已引宗密《圆觉大疏钞》"天宝四载,兵部侍郎宋鼎请入东都"之说。我从前也曾信此说,但"四载"之说似与欧、赵所记石刻明说七载(十一载)之文不符。故我近来倾向于用《历代法宝记》"天宝八载"之说,而承认欧录"七载"为不误,赵录"十一载"为"七载"之误写。因为石刻之"七载"或"十一载"皆不能解释"天宝四载入东都"之说,而足以佐证"八载洛州亦定宗旨"之说也(宋遥志亦是天宝七载正月。若他任兵侍历四载到十一载,似太长)。

此信是上周开始写的,今天始赶完。所谈只是一个小

问题,但亦足证石刻之史料作用。匆匆,敬祝

平安。

胡适敬上 四十五年十月二十六日①

12日,覆信胡适:

适之前辈先生道鉴:

奉读十月廿六日手教,论《能大师碑》,长达六纸,足见精神健旺,治学态度之笃实未因年高而稍懈,殊为敬服。

大著《菏泽大师神会传》,后学于二十年前在高中读书时即曾拜读,深感引证博洽,考论精核。近数年来,研治唐史,得暇温读,益感此文立论之困难,功力之深厚,与意义之重大,实为现代学人研治唐史之第一篇文字。后学不敏,得参与此一问题之研讨,殊以为幸。

手示论宋鼎《能大师碑》的撰建当在天宝七年。就本碑有关史料及当时情势看,可为定论,绝无可疑(即就拙作 P.260 看,至少天宝九年冬,李麟与杨国忠同时在兵侍任。故宋鼎卸任决不能迟过九年冬))。惟神会到洛阳年代似应仍从大著《菏泽传》旧说作天宝四年,与邢州《能大师碑》的年代并不相碍。兹述鄙见于次,敬俟鸿裁。

按大著引宗密撰《神会传》既明言"天宝四载兵部侍郎宋鼎请入东都",《传灯录》亦云"天宝四载方定两宗"。贾𫗧撰《灵垣碑》云:"父为洛阳令,……随父至洛阳。闻菏泽寺有神会大师,即决然蝉蜕万缘,誓究心法。……凡操篲服勤于师之门庭者八九年。……而菏泽被迁于弋阳……时天宝十二载也。"亦等于明说自天宝四五载在洛阳从神会也。此诸史证已颇坚强。至于《历代法宝记·无相传》所谓"开

①《胡适书信集》下册,北京大学出版社,1996年,第1287-1290页。

元中,滑台寺为天下学道者定其宗旨。……天宝八载中,洛州荷泽寺亦定宗旨。……"者,盖洛阳为北宗渐门一派的中心根据地,去滑台尚有五百数十里。神会于开元二十二年在滑台向北宗挑战,未必能动摇洛阳僧俗对北宗的信心。天宝四载,神会至洛阳,当须先下一番预备功夫,未必能即时向北宗作决定性定宗旨的大挑战。经过三四年的努力,觉得时机成熟,所以在七年请宋鼎重撰《能大师碑》,八年才正式向北宗作决定性的大挑战。如此解释则《历代法宝记》与《神会传》、《传灯录》、《灵垣碑》都无冲突。

先生此函所以欲据邢州《能大师碑》更改旧见,以为神会之到洛阳当在八年者,盖由于对于滑台、邢州两地望偶有未照故耳。

按《集古录目》、《宝刻丛编》与《宝刻类编》所记《能大师碑》皆为在邢州者。邢州,天宝中名钜鹿郡,在今河北省邢台县治西南。而滑台则即汉代东郡白马县,魏晋南北朝时代有滑台之名,至唐复置白马县,属滑州,为治所。《元和郡县图志》卷八《滑州灵昌郡》节云:始皇初置东郡。汉因之。……东汉时,慕容德自邺南徙滑台,僭号南燕。……宋武平慕容德之后,尽得河南之地,于此置兖州。……其城在古滑台,甚险固。后属后魏。宋文帝使王玄谟攻围二十日,不能取。开皇九年,又于今州理置杞州。十六年,改杞州为滑州,取滑台为名,大业三年,又改为东郡。武德元年,废郡置滑州。

此段所述甚详,检对《晋书》一二七《慕容德载记》、《宋书》三五《州郡志》、同书五《文帝纪》(元嘉七年、八年)、同书七六《王玄谟传》及《水经注》卷五(王校本第十三—十五页)均合,无歧说。唐滑州白马县在今河南省滑县治所东二十里。是滑台与邢州南北相去约四百里上下,并非一地。所以邢州此碑之建立年代,与神会之在滑台抑在洛阳都无关系。

邢州此碑之建立，虽不能据其年代以疑神会到洛阳之在天宝四载。然此条材料在禅宗发展史的研究上仍有崇高价值。盖就大著《荷泽传》所引史料看来，神会活动范围皆在大河以南。又《传灯录》记慧能弟子四十三人，大河以北惟河北智隍禅师与并州自在禅师二人。其后南宗势力之发展亦绝大多数在大河以南。今此碑独在河北，且距河数百里，而其建立又即在神会向北宗大挑战胜负尚未决定的时代（神会既于天宝四载到洛阳，其于七载请宋鼎所撰《能大师碑》，第一次刻石亦应在洛阳，如《宋高僧传》之说。邢州开元寺之建此碑，或亦与洛阳同时上石，或十一年始摩刻亦有可能）。其史料价值可以想见。按滑台紧接白马津，北对黎阳渡，为孟津以东的最大津渡，为自古迄五代（宋以后不知如何？）南北交通要道，亦为自洛阳东通齐鲁的北道必经之地。神会先选择此地驻锡，或亦欲藉其交通便利，以便宣扬顿宗教旨。当时河北僧俗必有服膺其说者。及神会入东都，声势益壮，七载重建《能大师碑》，故邢州开元寺僧亦起响应而建此碑（就当时交通情形言，邢州当洛阳、孟津北通幽州必经之道，亦为自滑州、黎阳渡北通幽州之西道必经之路）。若泥《集古录目》之说，邢州此碑亦为神会所亲自建立者，则神会必曾一度北游河北，然亦必邢州开元寺有忠实信徒始能建立。故此一碑刻即可视为神会势力扩展远至河北之具体表征，亦即其对于禅宗史之研究有崇高价值也。未识先生亦以为然否？

又拙作出版后，承平日所最敬服之老前辈万里飞书有所提示，殊为感奋。乃复就初稿及史料略事翻检，发现脱漏材料二十余条，可补正十余事。尤荒唐者，大部分皆已阅过，折小角，作暗记，而忘抄录。记得先生在某文中曾说过，读书须心到、口到、目到、手到。此即不马上用手之过。今后仍当随时留意，以期续有补正。又拙作 P.149"吏侍"格的崔倕条及"通表引得"P.15 的崔倕条均当删去。盖初稿据《新唐书》一六三《崔邠传》，列倕一任。复据《刘梦得文集》二九《崔公(倕)神道碑》及《金石录》三〇《唐赠太师崔倕碑跋尾》，倕官至吏部郎中，非侍郎，《新传》实误，故写再稿考证时已删去，而通表"吏侍"格忘记删去。此亦一大疏忽处，祈即改正。凡此皆先生前函激发之惠，谢谢谢谢。

　　本所同人都好，惟济之先生于三周前跌损足骨，所幸伤不很重，现已渐见康复，知后特闻。余不一一，肃此，敬请道安。

后学严耕望谨上
十一、十二①

　　30 日，胡适在写给李济(时任中研院代理院长)的信中提到：

　　　　近来与严耕望先生通信，我很得益处，举此一例，可见朋友襄助之大益。②

　　12 月，论文《旧唐书夺文拾补》刊于《史语所集刊》第二十八本(庆祝胡适先生六十五岁论文集)上册，共拾补四十条。

　　接胡适来信：

　　耕望先生：

　　　　今早收到你十一月十二日的长信，改正我十月二十六

<hr>

① 台北中研院近代史研究所胡适纪念馆藏 HS-NK01-168-004 号档案《严耕望致胡适函》。
②《胡适日记全集》第九册，1958 年 1 月 11 日条，联经出版事业公司，2004 年，第 332 页。

日的长信的错误,我很感谢。

我的错误是由于滑台、邢州两地望的误认为一地。你的指正,完全对的,我的长信是在旅馆里写的,手头无书,依稀记得邢州有个邢台县,就认作与滑台是一地,就没有去查书了(旅馆中,连《廿五史》、《水经注》都没有带来)。

十一月二日,房兆楹先生接我去他家小住。他和他的夫人(杜联哲女士)都是爱藏书的。晚饭后回到他们家里,我见架上《廿五史》,就抽出《两唐书》及《宋史》,我说,要查查滑台在不在邢州。我先翻《地名大辞典》,滑台一条,我已知道错了。唐宋的《地理志》的邢州都没有滑台,我更明白我的地理太荒谬了(承你提及"眼到手到"的话,此话实不容易做到)!

你信上说的"滑台与邢州南北相去四百里上下,并非一地。所以邢州此碑之建立年代与神会之在滑台抑在洛阳,都无关系",这是很对的,我完全接受。

来函后半段论邢州此碑之建立"在禅宗发展史的研究上仍有崇高的价值"一大段,很有提示作用,故我曾继续研究神会一生活动的地域,稍有所得,写出来讲你为我更做一番检讨覆勘的工作。

(1)神会初期的根据地在南阳。《宋僧传》说他"开元八年(七二〇)敕配住南阳龙兴寺"。此时他已五十三岁。他在南阳住的时期很久,故时人称为"南阳和上"。北平图书馆藏的敦煌卷子中,有一卷题为《□□和上顿教解脱禅门直(原作真)了性坛语》。"和上"之上的纸残毁了。但本文大致无缺。民国二十三年(昭和九年,一九三四)铃木大拙在北平馆抄出《坛语》,印在《大谷学报》十六卷四号,又放在他的《少室逸书》里,他根据我的《神会遗集》,推断此坛语是神会的语录。

今年我托人照得巴黎敦煌卷子《页二〇四五》长卷,其中有此《坛语》全文,其标题为《南阳和上顿教解脱禅门直了性坛语》,此卷可与北平馆本互勘,我已有校订本,不久可以发表。

此外,《神会语录》中有答王赵公(琚)三车之问,宗密略传中说"又因南阳答王赵公三车义,名渐闻于名贤"。

又《神会语录》中有"见侍御史王维"一条,有"南阳郡有好大守(?),有佛法不议"(我的底本此条有不可读之处,铃木印行的石井光雄藏的敦煌本可以校正),又有"南阳太守王粥(铃木本作弼)问"一条,"内乡县令张万顷问"一条。

(2)他从南阳北迁,开元二十二年在滑台大云寺定南北两宗宗旨。滑台虽在今河南省境内,已在大河之北了。

(3)可能在南阳滑台两时期之间,他曾住"钜鹿郡之开元寺"(即大云寺)。以立碑年月看来,也可能是神会先从滑台迁到邢州,然后由邢州召入东都。邢州更在大河之北了。

(4)他入东都在天宝四年,《灵垣碑》之证据似最可信赖,故我也赞成你的修正,可回到天宝四载入东都之说。

(5)天宝十二载以后贬谪四处:弋阳、武当、襄州、荆州开元寺。

如此说法——特别是假定神会有住邢州开元寺的一个时期——似可说明邢州立碑的原因。你以为如何?

百忙中草此奉覆,不尽所欲言。敬祝

平安。

胡适敬上　四五、十一、二十五夜半①

9日,覆信胡适:

适之前辈先生道鉴:

---

①《胡适书信集》下册,北京大学出版社,1996年,第1292–1293页。

　　奉读上月二十五日夜第三号手教,于后学粗浅之见惠然嘉纳,殊以为幸。承示神会在南阳的诸多史料,断言"他在南阳住的时期似很久",可谓定论。尤以巴黎藏敦煌卷子与北平图书馆敦煌卷子互校一事最发人兴味,希能早日发表,广惠学林。关于神会曾到过邢州,后学亦有此想,惟时间在到滑台以前抑在到滑台以后,甚难断定耳。至于滑台一地,北宋以前实在大河南岸,北对黎阳渡,为自古南北津渡要冲。至金明昌五年(一一九四),河决阳武,河床南徙经开封境(黄河第四次大迁徙),滑台始在黄河以北,且距河道甚远,但在唐世,仍当视为河南之地。如此说来,神会平生活动地区,就可考见者而言,仍惟邢州在大河以北,故邢州此碑益见可贵,未识先生以为然否?

　　又上次第二号手示云:可惜我们不知道宋鼎的传记及历官经过。意思是想推测神会与宋鼎何时相熟。后学近来偶阅《张曲江文集》,其卷二有一诗前叙云:张丞相与余有孝廉校理之旧,又代余为荆州,故有此赠。襄州刺史宋鼎。按此附载宋鼎赠张九龄诗也。复检《全唐诗》及《唐诗纪事》。《纪事》卷二十二有宋鼎一条云:鼎,明皇时刺襄州。云张丞相(九龄)与余有孝廉校理之旧,又代余为荆州。余改汉阳(即襄阳),仍兼按史,巡至荆州,故赠之诗。视《曲江集》多"余改汉阳,仍兼按史,巡至荆州"十余字。按诗云:"汉上登飞櫶,荆南历旧居。已尝临砌橘,更睹跃池鱼。"九龄酬鼎诗亦云:"政有留棠旧,风因继组成。高轩问疾苦,烝庶荷仁明。"则《纪事》所多十余字甚正确。按九龄以开元二十五年四月二十日由右丞相贬荆州大都督府长史(见拙作第二册三七二页。大都督府长史职务与刺史相同),则宋鼎即以此时由荆州大都督府长史改襄州刺史也。据《纪事》"仍兼按史"云云,宋鼎此时为襄州刺史固兼按史,此前为荆州长史似亦兼按史也。按两唐书《地理志》皆云：山南东道采访使理襄州，山南西道采访使理梁州。而《唐六典》卷三述诸道统州，以采访使治所之州领先，其山南东道，则以荆州领先，非襄州，与两书地理志异。复考《册府元龟》卷一六二云：开元八年五月，置十道按察使。八月，以（上略）荆州长史卢逸充山南（东）道按察使。（略）襄州刺史裴观为梁州都督，山南（西）道按察使。二十三（二）年（据两唐书《玄宗纪》及《通鉴》，此为二十二年事，三为二之讹）二月壬寅，诏曰：秦州地震（下略）。辛亥，初置十道采访处置使。命（上略）荆州长史韩朝宗为山南（东）道采访使。……梁州都督宋询为山南西道采访使。按"按察使"、"采访使"先后名，其实一事，故史传常通称之。据此两条，始置山南东道采访处置使时，本以荆州长史韩朝宗兼充（唐刺诸道使职皆以道境一大州长官兼充，不别用人。惟京畿以御史中丞兼充）。宋鼎为荆州长史，当即继朝宗者，时间当在开元二十三四年。参之《唐诗纪事》此条，鼎亦以荆州长史兼充山南东道采访使无疑矣。盖荆州为开元时代五大都督府之一（另四为幽、潞、扬、益），地位高于襄州，以荆州长官兼充本道采访使固宜。及二十五年四月，张九龄坐罪外贬为荆州长史，李林甫素恶九龄，盖不欲假以巡查之权，故鼎由荆州改襄州，仍兼充山南东道采访使耳。当时山南东道采访使督区包括荆、襄、邓、商、复、郢、随、唐、峡、万、忠十六州（见《六典》），荆州太偏在东南，而襄州恰当道区之中，以云督察全境，实以襄州为宜，故自后即以襄州刺史兼充本道采访使矣。

又考《旧唐书》一二四《令狐彰传》，"父濞，天宝中任邓州录事参军，以清白闻，本道采访使宋鼎引为判官"，则鼎为襄州刺史兼充山南东道采访使直至天宝中，可谓久任。然据拙作第二册第四六五页，鼎于天宝二三载已官刑部侍郎，则此所谓天宝中者即天宝初耳。

综上所论,鼎以开元二十三四年继韩朝宗为荆州大都督府长史兼充山南东道采访处置使,二十五年四月改襄州刺史,兼充山南东道采访使如故,至天宝初始入朝,其在山南东道采访使任盖近十年之久。神会大师为襄阳人氏,又曾久居南阳郡,自开元二十三四年,此两地已皆在宋鼎仕宦辖区之内,自二十五年四月以后,鼎更久住襄阳,南阳郡与襄阳比境,二城相去不过一百八十里(据《元和志》)。此时神会虽已北至滑台,然襄阳既其乡梓,南阳又为其久住根据地,必仍常往还其间,殆可断言。且《神会语录》第一残卷有"南阳太守王弼问"一条,官称南阳太守,不曰邓州刺史,是天宝中神会仍至邓州之明证。同卷又一条云:问人□债在南阳郡,见侍御史王维,在临湍驿中……。检《旧唐书》一九〇下《王维传》云:"开元九年进士擢第。……历右拾遗、监察御史、左补阙、库部郎中,居母丧……服阕,拜吏部郎中。天宝末为给事中。"无侍御史一历。然《御史台精舍题名碑》,侍御史有王维之名。此一官历必在监察御史与库部郎中之间,《旧传》省书耳。检明人顾起经《类笺王右丞诗集》卷首年谱,开元二十二年,"张九龄为中令擢公右拾遗"。明年,"公年三十七,历监察御史,出使塞上"。则维为侍御史必在二十三年以后。又赵钺《御史碑考》卷三引校宋本王士源《孟浩然诗集》序云:"侍御史王维与浩然为忘形之交。"据《新唐书》二〇三《孟浩然传》,浩然以开元末年卒。王士源序《浩然集》,称维之官不曰右丞,而曰侍御史,是盖亦称浩然卒时维之具官。然则维官侍御史在开元末叶,即在神会北至滑台以后。是《语录》此条亦为神会到滑台后仍常返南阳之强证。神会当时名声已高,而宋鼎亦崇尚佛教者(据《全唐文》三一九李华《荆州南泉兰若和尚碑》)。又据此碑,南泉和尚对于南北两宗,取中立态度),故后学推想,神会与宋鼎相契,或即在鼎为襄州刺史兼充山南东道采访使任内,或鼎为荆州长史兼充山南东道采访使任内,已与神会相识,亦有可能。

此外,似尚有一可能之机会,续述如下:尊著《荷泽传》引宗密《慧能传》云:神会北游,广其闻见,于西京受戒。景龙中,却归曹溪。按前引宋鼎《赠张九龄诗》叙云:张丞相与余有孝廉校理之旧。此谓同举进士,同官校书郎也。检《旧唐书》九九《张九龄传》,"登进士第,应举等乙第,拜校书郎。玄宗在东宫……"。按玄宗以景龙四年(七一〇)为太子,据徐松《登科记考》卷四,九龄以长安二年(七〇二)第进士,则长安、景云、景龙中,宋鼎在京师,据宗密《慧能传》,此十年中,神会至少亦有一时期在京师。是二人相熟亦有在此时期之可能。然后学以为仍以前考在宋鼎任襄州刺史兼充山南东道采访使任内之可能性为最大。未识先生以为然否? 余不一一,肃此,敬请

道安

后学严耕望谨上
四五、一二、九①

《唐代纺织工业之地理分布》刊于 15 日出版之《大陆杂志》第十三卷第十一期。分"丝织品"、"麻织品"、"毛织品"、"棉织品"、"草织品"之分布稍详述之。

〇1957 年丁酉　四十一岁

2 月 8 日,史语所所长李济在《论"道森氏·晓人"案件及原

---

①台北中研院近代史研究所胡适纪念馆藏 HS-NK01-168-005 号档案《严耕望致胡适函》。

始资料之鉴定与处理》一文中,从1913年发现的英国"道森氏·晓人"伪头骨案谈起,论述了新史学工作者在资料面前应达到的四个境界:第一个境界就是地质学家丁文江先生告诉他的朋友的话,他说:"中国境内作现代学术工作,真是遍地黄金,只要有人拣。"若把中国历史当作全人类历史的一部分处理,垃圾堆里也可以找出宝贵的史料出来。从一堆枯骨、一片碎陶到完整的钟鼎彝器,从最落后地区的陋俗到最文明社会的高尚礼节,从穷乡僻壤的土语到最时髦的演讲词,都是史学家的原始资料。第二境界可以说是"百闻不如一见",靠别人不如靠自己。所需要的工作条件应该以自己动手动脚为第一义。同是资料,而以亲眼看见的为更可信赖;同是看见的,又以自己找出来的更可鼓舞研究的兴趣。第三个境界应该是"宁犯天下之大不韪而不为吾心之所不安"。真的史料与哲学家追求的真理有类似的地方,它们都是无情的、不变的。它们的出现可以为时代风尚加注解,可以把个人的思想习惯纳入正轨;也可以讽刺当代的迷信,不符合统治阶级的利益。细心人处理这些材料,若要把它们各作适当的安排,更需要一种职业上必具的胆量。原始资料遇了这种有勇气的人,庶几乎可以相得相辅了。第四个境界,姑称之为"无用之用是为大用的境界"。原始资料既可分为若干等级,可以作证据的程度显然是不同的。史学家最大的责任,不应该放在用资料解决疑惑和回答问题方面,与其在这方面浪费心力,不如全心全力证明资料本身存在之原始性、真实性的高下之判。这样做的结果,看似一无实效,其实"无用之用是为大用",正是史学所要追求的最高境界。此文可视为李济的"历史语言研究工作之旨趣"①。

3月25日,哈佛燕京学社社长赖肖尔致信李济:

---

① 《论"道森氏·晓人"案件及原始资料之鉴定与处理》,收入《李济文集》卷五,上海人民出版社,2006年。

亲爱的李博士：

想来您已由电报得知，访问学人计划委员会已择定贵所申请者严耕望教授为 1957 至 1958 年度访问学者。

委员会成员对严教授的学术履历深表钦仰，并嘱我向您及贵所同仁在此问题上给予我们的合作致以最诚挚的谢意！

很高兴通过您邀请到严教授加入我们 1957 至 58 年度的学术团队，在此附上聘书一封，亦请您能转交给他。

敬上。

埃德温·赖肖尔社长①

4 月 9 日，耕望覆信赖肖尔：

亲爱的赖肖尔教授：

请允许我告知，您 3 月 25 日的来信已收悉。非常荣幸能受邀担任哈佛大学 1957 至 1958 学年的访问学人，我很高兴接受此项任命。

在等待下一步具体指示的同时，我想告诉您，因为我的英语不好，所以希望下学年能早些抵达美国，从而有可能接受一些英语听力和口语方面的预备训练。如蒙垂允，不胜感激！

敬上。

严耕望②

8 月 4 日（星期六），下午五点多，蒋介石偕同夫人宋美龄、带着随邑莅南港中研院。因事先未有预告，一行人抵达时，院方已经下班，多处房门深锁，卫队遂径往史语所大楼找人。其时，天气炎热，所内又无外人，尤其周末快下班时，同仁常穿拖鞋、汗

---

① 哈佛燕京学社访问学人档案"Prof.Yen Ken-wang"之《赖肖尔致李济函》。
② 哈佛燕京学社访问学人档案"Prof.Yen Ken-wang"之《严耕望致赖肖尔函》。

衫上班。耕望一人上身赤膊正在研究室工作,闻声出来看了一下,进去换上衣服,请一行人先至会议室暂坐,随即去找时正协助李济处理所务的考古组研究员石璋如告知上事。据石璋如回忆:

> 我刚到家脱下衣服,马上穿回衣服出来。我到所时只见到蒋总统一行人已出所的背影,无法对他们有所招待,谁知道这样就出错了。中央研究院有固定的上班时间,蒋总统来所时已属下班时间,不能说中研院偷懒不上班。后来不知道有谁说了什么话,朱家骅院长就在十一月辞职。[①]

9月,耕望抵哈佛大学,入住麻省剑桥达纳街11号公寓[②]。以"唐代人文地理"为访问研究期间的第一中心课题。

9日,致信胡适,并将带给胡适的茶叶寄往其纽约寓所。

接胡适来信:

> 耕望先生:
>
> 我早知道你可以来美国的消息。昨天收到你九月九日的信,十分高兴!
>
> "既聋且哑,又兼半瞎",这是人生最难得的境界,可以充分利用作争取不聋不哑的鞭策,想在短时期中就可以做到"视听稍有进步"的地步了。千万不要失望,也不必着急。
>
> 去年几次和你通信,使我得益不浅,至今回想,还觉神往!最后一信,因料理行装的匆忙,竟未及奉答。不久就大病了。半年来函件堆积,尚未能继续去年通信的乐事,想能蒙谅解。
>
> 承寄赠茶叶,想日内即可寄到,先此道谢。杨联陞兄明

---

① 《石璋如先生访问记录》九《对中研院、史语所重要活动的回忆》,中研院近代史研究所,2002年。参廖伯源《回忆与怀念》,收入《充实而有光辉》,稻禾出版社,1997年。

② 哈佛燕京学社访问学人档案"Prof.Yen Ken-wang"之《约翰·佩泽致严耕望函》。

日(十二)可到康桥。济之先生已去欧洲,九月尾可到纽约。

　　匆匆,敬表欢迎,并祝

平安。

　　　　　　　　　　　　　胡适　一九五七、九、十一

　　去年贱寿,承你作文祝贺,感谢之至! 顷见《新亚学报》二卷一册有你的《旧唐书本纪拾误》,尚未及细读。《旧唐书》是最有用的史书,今得你的校正校补,功绩真不小。①

12 日,胡适在致杨联陞②的信末特嘱其关照耕望:

　　严耕望先生已到康桥,来信说他"既聋且哑,又兼半瞎"。此君的校史工作,能见其细,又能见其大,甚不易得。望老兄特别指导他,使他的时间可以用在最有益处。③

　　参观哈佛燕京图书馆,见所藏日文图书丰富,对唐代人文地理之研究极为有用。

　　在史语所同人周法高④的陪同下,走访其时正于哈佛做研究生的同门学弟余英时。余日后回忆:

　　有一天回家,我的父亲陪着两位客人在谈话,一位是两年前逝世的周法高先生,另一位不相识,但说一口道地的桐城话。我进客厅的时候,父亲也没有为我介绍这位同乡,而我则

①《胡适书信集》下册,北京大学出版社,1996 年,第 1322-1323 页。
②杨联陞(1914-1990),河北保定人,国际知名汉学家。1937 年毕业于清华大学经济系,1946 年在哈佛获博士学位后留校任教。著有《晋书食货志译注》、《中国制度史研究》、《中国的货币与信用》等。
③《论学谈诗二十年》,安徽教育出版社,2001 年,第 400 页。
④周法高(1915-1994),江苏东台人,语言文字学家。中央大学中文系毕业,北京大学文科研究所中国语言学硕士。1941 年起任职中央研究院历史语言研究所,1953 年升任研究员。1955-1958 年在哈佛大学以访问学人身份研究三年。主要著作有《中国古代语法》、《颜氏家训汇注》、《金文零释》等。

认定他是来探望父亲的。不过我有点奇怪,为什么周法高先生会在座呢?因为我虽已和周先生很熟,但我知道周先生和父亲并不曾见过面。这位生客并不擅言辞,在最初十几分钟之内,也一直没有说清楚他的来意。我只好坐在一旁纳闷。再听下去,我忽然大悟了。我情不自禁地向这位生客大叫一声:"你是严耕望!"他笑了,我们也都跟着大笑起来。这是相当戏剧性的一幕,我生平再也没有过第二次这样的经验。但这次初晤也十足地显露出耕望的性格:他质朴无华,根本不知道怎样表达自己的意思。其实他是来找我的,因为他从宾四师处知道有我这个师弟在康桥。我现在记述这一段往事,心中有说不出的凄怆,因为当时主客四人,今天只剩下我一个人了。

我们初见虽在一九五七年,但我知道耕望其人其学则早在五六年前。我在新亚读书的时代,常有机会在课外听宾四师畅谈当代学术界的人物和轶事。有一次我问他,在他过去教过的许多学生之中,究竟谁是他最欣赏的。宾四师毫不迟疑地说,他最看重的是中央研究院史语所的严耕望,现已卓然有成。宾四师还补充一句说:他是你的同乡,安徽桐城人。从此我便留心,想读他的论著。但耕望不写通论性的文字,我最早读到的是《唐人读书山林寺院之风尚》一文,刊于一九五四年香港《民主评论》为宾四师六十岁祝寿的专号上,深赏其运用史料之广博与生动。后来又在史语所《集刊》上读到关于唐代尚书省演变和汉代地方行政制度的长文,更佩服他的功力深细而又能见其大。在我们相见之前,我对他的认识仅此而已。但我已完全信服了宾四师鉴赏的准确。①

将收有《汉书地志县名首书者即郡国治所辨》一文的《中国

① 余英时《中国史学界的朴实楷模》,收入《充实而有光辉》,稻禾出版社,1997年。

中古政制史论丛》一册寄赠胡适。

为求通解日文,耕望临时加入研究生《初级日文》班,每天一小时。任课老师为哈佛燕京学社社长赖肖尔,由于是用英语讲授,遇有不明白处,即找余英时一同讨论①。

10月8日,胡适致信耕望:

> 耕望兄:
>
> 　　谢谢你寄赠的《中国中古政制史论丛》一厚册!这些日子我很忙——十月五日在华盛顿开"中华教育文化基金董事会"的年会,昨夜才回来——还没有能够细读这些文章,只看了"汉书地志县名首书者即郡国治所"一篇,我很赞成你的说法。阎百诗以来,两百多年的疑案至此得一结论,可谓快事!何时能来纽约?望先期见告。中研院近有骝公辞职的大风波,想已有所闻。此是大不幸事。
>
> 胡适敬上
一九五七、十、八②

赴纽约拜谒胡适。胡适在门铃电话中听到耕望的桐城口音,立即高兴地向夫人说,"客人还是同乡呢!"进门,见客堂、书房所有桌椅茶几上,到处横竖摆满了图书,且很多是翻开的。胡适兴高采烈地与耕望大谈禅宗史事,几达三小时之久。中午邀耕望出外进餐后始别,彼此均感十分投契。

11月4日,中研院代理院长朱家骅获准辞职,胡适被特任为中研院院长。

12月12日,史语所所长李济受命在胡适到任前暂行代理院务。

---

①余英时《中国史学界的朴实楷模》,收入《充实而有光辉》,稻禾出版社,1997年。

②台北中研院近代史研究所胡适纪念馆藏 HS-NK05-138-010 号档案《胡适致严耕望函》。

在哈佛,耕望每天早晨九点不到,即在哈佛燕京图书馆前等待开门。进馆后,遍阅有关唐代人文地理的中日文书籍,并作详细的笔记。下午五点,图书馆关门,方始离开。回寓所赶看日文书,因时间有限,往往读至深夜两三点钟,是为平生唯一的例外。

是年,哈佛燕京学社发给耕望生活津贴1730美圆,赴美旅费1223.20美圆①。

○ 1958年戊戌　四十二岁

1月,史语所研究员全汉昇②代理中研院总干事。

杨联陞夫妇好客,中国学人留访哈佛时间较长者,几视杨府为俱乐部,假期佳节常去聚会。杨夫人盛肴招待,极为热闹,使友朋忘其异乡之感。杨府常置一签名簿,友朋初次来访者,例行签名留念,耕望到时已满八九册。一日,与周法高、李定一等数人到杨家玩。众人要玩麻将,只耕望一人不会,被罚作一首麻将诗。耕望虽爱诵诗,却不会作诗,只得胡诌打油四句:"初观方城,南北西东,九丘八索,乐在其中。"

2月14日,访问学人委员会成员约翰·裴泽③教授致信耕望:

亲爱的严先生:

我很高兴的通知您,访问学人委员会认为可以为您延

---

①哈佛燕京学社访问学人档案"Prof.Yen Ken-wang"之《玛丽·耶茨致R.T.艾伦函》。

②全汉昇(1912-2001),广东顺德人。著名历史学家,专长研究中国经济史。早年毕业于北京大学史学系,历任中央研究院历史语言研究所研究员、台湾大学经济系教授兼系主任、香港中文大学教授、新亚书院校长、新亚研究所所长,1984年当选中研院院士。著有《中国行会制度史》、《明清经济史研究》、《唐宋帝国与运河》及《中国经济史论丛》等。

③哈佛大学人类系教授,日本皇权和社会结构问题专家。1963年出任哈佛燕京学社第三任社长。

长一年的访问身份。这项提议自然很大程度上出于对您研究工作的认可,接下来我还会说到这一点。我们真诚的希望,该提议很快就能得到批准,这样我们也能尽快确认可以为您提供的一切。正如我此前声明的那样,您留在这儿,绝不会影响史语所提名一位新的访问学人来此工作。

访问学人委员会认为,即将过去的这一年非常成功,这在很大程度上归因于您高质量的参与和配合。我同样希望在未来一段时间内,您能继续畅所欲言的将自己的想法告诉我们,以便研究计划能更好的得到执行。来自团队成员的批评和意见,对于我们的工作是最有助益的。

敬上。

约翰·裴泽①

3月2日,杨联陞自哈佛致信纽约的胡适,报告了耕望的近况。4日,胡适回信杨联陞:

严耕望再留一年,很好。他起劲学日文,是更可喜的。②

4月初,胡适返台就任中研院院长。

11日,中研院第三次院士会议选出第二届新院士14人,史语所研究员劳榦、通信研究员姚从吾③当选人文组院士。

---

①哈佛燕京学社访问学人档案"Prof. Yen Ken-wang"之《约翰·佩泽致严耕望函》。
②《论学谈诗二十年》,安徽教育出版社,2001年,第409页。
③姚从吾(1894-1970),河南襄城人。著名历史学家,专长辽宋金元史和中西交通史的研究。1917年考入北京大学文科史学门,1922年留学德国柏林大学,1934年回国,历任北京大学、西南联大史学系教授、系主任。1946年出任国立河南大学校长。1949年,护送故宫第三批文物至台湾,转任台湾大学历史系教授。姚从吾提出的着眼于民族融合的"国史扩大绵延观"有重大学术影响,教学生涯中培养了杨志玖、方龄贵、札奇斯钦、陶晋生、萧启庆等一批史学人才。遗著由门人辑为《姚从吾先生全集》。

耕望参加哈燕社一次野餐会,座中谈到中国学问。杨联陞说,若列举一百个研究中国学问的学者,日本人要占五十个或以上,意谓中国人对于中国学术的研究成就远不如日本人。当时耕望和李定一、周法高听了都不免有些反感,日后仔细分析此一问题,觉得杨联陞的话不无道理:

> 就深度而言,日本学人自然比不上中国学人,但在成绩表现方面,中国学人就显得比日本学人要落后。例如史学家,像陈寅恪、陈援庵与宾四师的造诣,在日本学人中显然找不到;但次一级成就的学人,成绩表现很显著为人所重视的,在中国实在比日本人为少。我想这不关乎学问的深浅与程度的高低,而关乎研究方向。中国人做学问喜欢兴之所至,不管问题是否重要,不管对别人是否有用,只就个人癖好去做,有时所涉问题与历史大势毫不相干,而一字一句的去钻牛角尖,用功极大,效果极小,自得其乐,而别人从大处看历史,就根本用不上。这类论文在中国人著作中占相当大的比例,自然就被埋没,不为人所重视,在国际上更得不到一席位。反观日本学人的研究,大体上都就中国历史上国计民生方面的重大问题下细密功夫。最显著的成绩,如经济史、佛教史、边疆史等,中国人在这些方面,经济史在较早期只有一位全汉昇兄可与他们相抗衡,现在也慢慢有些人跟上;佛教史尽管有一位汤用彤先生,成就之高,非日本学人所能比拟,但毕竟太少。我们要想对于中国佛教史有个概括性观念,还得要看日本著述,至于边疆史更瞠乎其后,说来岂不惭愧? 日本学人的工作,主要是肯下功夫,就其成就而言,不但境界不高,而且往往有不少错误,甚至很有名的学者,引用材料,断句有误,也有根本不懂那条材料的意义而加以引用者,闹出笑话。我最近看到一位研究唐

宋史的日本名学者引用李白《系寻阳上崔相涣诗》"邯郸四十万,一日陷长平",作为唐代邯郸人口殷盛的证据,不知此句是用战国时代秦赵长平之战,秦大胜,坑赵卒四十二万的典故。我相信一位中国学者,尤其有很高学术地位的学者,断不会闹出这样大的笑话。而在日本学人中就经常见到,并不出奇。然而这不能深责异国学人。因为语文不同,文化背景不同,他们读中国古书,在速度上,在了解深度上,究竟赶不上中国人读自己的书,假若易地而处,我们更当惭愧万分。

日本学人研究中国史,虽然境界不高,常常出错,但他们的工作成果却很有价值,能引起人注意,供大家参考利用,进而在国际上居很高地位。原因是他们研究的多是关涉国计民生的重要问题,专治琐细不相干问题的比较少。国际学术界所以重视日本学人的成绩,固然因为日本是亚洲先进强国,西方人学日文远在学中文之前,他们多是通过日本人的著作来了解中国学问,所以看重日本人的成就。但日本人的实用性也有绝大关系,不能一味说是西方人有偏见。就如我研究中国历史上的人文地理,牵涉到政治、经济、社会、民族、宗教、文化种种问题,参考近代人的著作,日本人的成绩,可能不比中国学人的成绩为少。如果日文好,取用的地方可能更多。这总不能说我也有偏见。①

6月下旬,胡适返美治疗,并打点藏书运台。

30日,耕望赴纽约晋谒胡适。

7月2日,胡适致信耕望:

耕望兄:

前日畅谈,甚快慰!

---

① 《治史经验谈》之三《论题选择》,台湾商务印书馆,2006年,第73-75页。

寄上关于邵二云的短文一篇,乞指正。杨联陞兄可能曾见此文,如他未见此文,乞转给他看看。敬问剑桥诸友好!

适

一九五八、七、二①

8月19日,胡适致信杨联陞,阐述对《水经注疏》稿本问题的见解,并嘱将信转给耕望一看②。

9月,耕望在哈佛的第二学年访问研究开始,迁寓邓斯特街16号公寓③。

6日,致函胡适:

适之前辈先生道鉴:

顷由杨联陞先生交来长信两叠,拜读两过,获益甚多。函中虽谦称"跑野马",但论断揣测理据甚精,殊为拜服。后学尤感兴趣者,为关于中研院藏本各段。尊札第九页及第二十九页论此本的时代以及经过李子魁涂改并经杨家人回改再归中研院之经过极有理据,当为定案。但关于李子魁所藏的"誊清正本",尊札第十页及第二十六页均猜测是与徐行可藏本为同一时期的抄本。是则李子魁原获有两种稿本,一为早期的与徐行可藏本同时期的稿本,一为熊先生最后稿本,经李氏涂改后,复归杨家,再归中研院。但后学的想法,李子魁所谓"誊清正本"可能是他自己的"誊清正本",他将熊先生的最后稿本涂改了之后,不好以留有涂改

————————

①台北中研院近代史研究所胡适纪念馆藏 HS-NK05-138-011 号档案《胡适致严耕望函》。

②《论学谈诗二十年》,安徽教育出版社,2001年,第422页。

③台北中研院近代史研究所胡适纪念馆藏 HS-NK05-341-071 号档案《通讯录的一页》。

之迹的稿本示人,所以自己另抄一本,称为"誊清正本",事为杨家所知,乃愤而将原本索回,涂去"李子魁补疏"并回改案语仍属守敬。不识先生以为然否。

自然李子魁得获两种稿本,亦属可能。他既涂改了后期稿本,未及誊清,已为杨家索回,后来即将手中尚存之前期稿本在湖北师范学院刊物上发表。如此亦未始不可能,要当检视湖北师院刊物始能证实究竟耳。关于湖北师院所在地,尊札第九页末行及第二十六页第三行,湖北下附注"宜昌"二字,尊加疑问符号。按此院本在恩施,民国三十五年仍在恩施,复员以后很可能迁到宜昌,尚待访查。又第五页第四行之句读,后学亦同意联陞先生的意见,似仍当从郑氏句读,未识先生以为然否,肃此,敬颂

道安。

后学严耕望谨上

九月六日①

10 月,胡适函邀耕望与史语所同人杨希枚②列席 11 日至 12 日在纽约举行的中研院院士谈话会③。耕望覆函表示能够成行。

7 日,胡适致信耕望:

耕望兄:

---

① 台北中研院近代史研究所胡适纪念馆藏 HS-NK05-138-012 号档案《严耕望致胡适函》。
② 杨希枚(1916-1993),北京人,考古人类学家。1942 年毕业于武汉大学生物系,1943 年进入中央研究院历史语言研究所工作,先后担任研究员、人类学组主任,并兼任台湾大学考古人类学系教授。主要从事先秦史和体质人类学研究,著作有《先秦文化史论集》等。
③《胡适之先生年谱长编》第 7 册第 2734 页,10 月 11 至 12 日条,联经出版事业公司,1984 年。

示悉。兄与杨希枚兄能来与会，好极了。

今寄上支票两纸，各一百元，乞留作费用。

通讯研究员两位，洪先生与杨先生都不能来，因使我失望，但此次须讨论到"提名"问题，可能有人提到他们两位，他们在座反不方便。

我想，你若能向联陞先生取得他的重要著作论文目录（不必提是为"提名"之用）带来供参考，最为感谢。

谈话会在 Hewly Hudson Hotel，353 West 57TH 8F.

你们两位的房间，即在此旅馆内，已代定了。十月十日夜，可能我住此旅馆。不幸元任先生临时不能来。他因举重，受了微伤，须养息。

适之
一九五八、十、七①

11日和12日，耕望在纽约列席中研院院士谈话会，议题之一为提名第三届院士人选②。

返哈佛。耕望告知杨联陞，胡适与另四名院士有意提名其为下届院士候选③。

12月14日，致信胡适：

适之前辈先生道鉴：

纽约一别，行复两月。时从报端得悉佳况，至为快慰。而日前读《中央日报》，院士提名将于本月底截止，使后学想起一事，试为先生陈之。

院士选举本为团结全国学术界而设。乃南京第一次选

①台北中研院近代史研究所胡适纪念馆藏 HS-NK05-138-013 号档案《胡适致严耕望函》。
②《论学谈诗二十年》，安徽教育出版社，2001年，第429页。
③《论学谈诗二十年》，安徽教育出版社，2001年，第431页。

举之后,向达氏曾有"诸子皆出于王官"之讥,盖针对傅先生而发也。彼未入选,故有此讥,本不足重视。而上次谈话会时,竟有自然科学家某院士,亦有同样看法,彼身为院士,且非史学界中人,竟亦持此见,则殊堪重视。惟傅先生本以才智绝伦显,不以德量宽宏称,而当时主持院务者又非学术界之真正领袖,虽有此偏亦事理必然,未可苛议。

先生德量素著,近三十年来全国学术界群趋于旗帜之下久矣,今以全国学术界真正领袖之盛誉,当全国学术界最高领导之职位,群情喁望,自属异常。然先生事太烦忙,鉴照容不能周。后学秉知无不言之旨,敢为禀陈一事,则此次选举如无特殊困难,必当延揽钱宾四先生是也。钱先生治学方法与吾史语所一派固自异趋,议论亦时见偏激,然其在史学上之成就与在史学界之地位,自属无可否认者。而道路传言宾四先生与先生之间稍有隔阂,在此种情形下尤须首先延揽,以释群疑而显胸襟,此其时也。盖上次选举虽由先生主持,然提名却早之办过,故亲自主持提名,此为首次,即先举群情(若迟到下次则意义大减)所疑之钱先生,此汉高封功自雍齿始之义也。况度两位先生之间决不会有甚大之隔阂耶!后学深感此一举措极为重要,盖先生及钱先生将皆为中国学术史上有地位之人物,千百年后史家论断必不能放过此一关键。先生试思,以为然否?

后学久欲呈献此议,惟曾受业于钱先生,故有所顾虑而迟疑犹豫,未便具陈。然后学敬爱先生决不在敬爱钱先生之下,而友朋传言,先生对后学之奖誉亦不逊于钱先生,故终不敢缄默而直率陈之,当不见疑为钱先生作说客也,一笑。其实站在钱先生之立场,愈孤立则愈光荣,惟站在先生之立场与中央研究院之立场,则必须延揽此唯一持异见之学人于一帜之下,始能象征领袖群伦团结一致耳。至于方法异同,论议相左,固不妨也。先生试思以为然否?

　　以后学度之,先生德量恢宏,对于此一献议必欣然嘉纳,至于是否有其他困难,则非后学所知耳。惟无论可行与否,皆请绝勿为他人吐露后学曾有此献议。盖一则必有很多人士不能了解后学之本意,而有所误会。再则,若钱先生闻之,亦必以后学为多事也。肃此,敬请
年安。

后学严耕望
一九五八 十二 十四①

　　21日上午,中研院文史组院士谈话会后,胡适留王世杰、董作宾、劳榦、姚从吾等午餐②。

　　29日,胡适有致朱家骅一函:

骝兄:

　　送上钱穆先生提名表一纸,已有从吾、彦堂、贞一和我的签名,尚缺一人。可否请老兄签名加入提名人之一?倘蒙赞同,乞签名后即交来人带回,或邮寄给万绍章兄。(下略)③

　　是年,哈佛燕京学社发给耕望生活津贴共计3560美圆④。

---

①台北中研院近代史研究所胡适纪念馆藏 HS-NK05-138-014 号档案《严耕望致胡适函》。
②《胡适之先生年谱长编》第7册,1958年12月21日条,联经出版事业公司,1984年,第2778页。
③台北中研院近代史研究所胡适纪念馆藏 HS-NK05-014-049 号档案《胡适致朱家骅函》。
④哈佛燕京学社访问学人档案"Prof.Yen Ken-wang"之《玛丽·耶茨致 R.T.艾伦函》。

○ 1959 年己亥　四十三岁

耕望在哈佛燕京图书馆续获若干有关"新罗留唐学生与僧徒"的韩日材料。

在哈佛,耕望偶尔也参加中国同学聚会。当时,张光直已修完哈佛人类学系的博士课程,进入论文撰写阶段,有较多自由支配时间。张与妻子李卉住研究生宿舍,二人皆热情好客,常于周末招待一些单身同学。颇有烹饪功夫的张光直,偶尔且下厨一显身手。此类聚会主要为纾解学业压力,排遣旅居愁闷,故大家都尽量轻松,打麻将和谈武侠小说为其基本消遣。自持严谨、从来不看闲书的耕望,在大家的感染下,竟也对武侠小说发生了好奇心①。

3 月 21 日,中研院评议会审核通过第三届院士候选人,计数理、生物、人文三组共 29 人,杨联陞入围人文组院士候选。惟因院内少数有力人士门户之见仍深,提名钱穆为院士候选人一事终未果行。

牛津大学教授、教育专家富尔顿赴香港考察高等教育状况,建议香港大学开设中文部,被港大拒绝。随又向港府提议,合并包括新亚、崇基在内的三所中文专上学院,于港大之外成立一所新大学,获港督柏立基准许。

4 月尾,耕望收到胡适寄赠其新校订敦煌写本神会和尚遗著两种单行本一册②。

5 月 1 日,致函胡适:

---

①余英时《一座没有爆发的火山》,收入《现代学人与学术》,广西师范大学大出版社,2006 年。

②《胡适之先生年谱长编》第 8 册,1959 年 2 月 13 日条,联经出版事业公司,1984 年,第 2822 页。

适之前辈先生道鉴：

承惠赐大著，已再度拜读，归国后百忙中仍能增订数节，足见精神健旺，兴致甚浓，殊为欣慰。

顷闻因肩部小恙入院治疗，未识已迅速痊愈否？为念为祷。

前天在友人处，见到罗尔纲先生所写《师门五年记》，假归一气读完，深感罗先生真朴可尚，而先生之遇青年学子，亲切，体贴，殷殷督教，无所不至其极，读之令人神往。深感此书不但示人何以为学，亦且示人何以为师，实为近数十年来之一奇书！不识先生手头尚有存余否？如有存者，乞预留一册惠赐为荷。

书中引先生民国二十五年六月廿九日一函云：

凡治史学，一切太整齐的系统都是形迹可疑的，因为人事从来不会如此容易被装进一个太整齐的系统里去。

后学于此亦具同感。常思治史极非易事，必当精深而又能见其大。精为基本功夫，然并不顶难，能深入而又能见其大，则甚难。若于大问题下断语能恰到好处，则极难矣。盖在此分际，最易犯先生所谓"太整齐的系统"化之毛病也。后学常常反省，即觉时有此病。不但浅薄如后学者，即笃实如寅恪先生，遇大问题亦常常犯此毛病，乃知"允执厥中"实殊难做到。读此一函，盖思自勉矣。

此间工作已在结束中，拟六月初首途，七月初当可返院晋谒。肃此，敬请

康安。

后学严耕望谨上

五月一日

联陞兄已于上周出院，数日前曾访晤畅谈一小时，不见

倦容，足见精神甚佳，知后特闻。又及。①

6日，钱穆致信余英时：

英时吾弟英鉴：

即日获来书，甚慰想念。

此次中央研究院推选院士，台北方面事先亦有人转辗函告，窥其意似亦恐穆有坚拒不接受之意，惟最后结果据闻乃提出鄙名而未获多数通过。穆对此事固惟有一笑置之。穆一向论学甚不喜门户之见，惟为青年指点路径，为社会阐发正论，见仁见智，自当直抒己见。凡属相邀作公开讲演，此事亦当有一些影响，穆岂能坚拒不应，又岂能自掩其诚，为不痛不痒不尽不实之游辞。而俗人不察，却以私关系猜度，穆亦惟有一笑置之而已。穆之著述数十年来本是一贯与世共见，谈中国文化、谈儒学精微、谈历史大统，岂有受人挑拨而能然者。吾弟若能将穆生平著述三十年来从头细诵，上所云云，岂当有所不信耶。数月前严君耕望来信，亦甚道胡君对穆著书极表同意云云，其意似亦谓穆于胡君或有所误会。实则穆之为学向来不为目前私人利害计，更岂有私人恩怨夹杂其间。弟与严君与穆关系不得谓浅，而仍以此相规，则在穆惟有更自内省，自求无疚神明而已。道路之言穆自更不能对之有所辩白也。年前张君劢、唐君毅等四人联名作"中国文化宣言书"，邀穆联署，穆即拒之，曾有一函致张君，此函曾刊载于香港之《再生》。穆向不喜此等作法，恐在学术界引起无谓之壁垒，然心之所是不得不言，学有所见不得不自信，知我罪我，亦以待之天下后世而已。

①台北中研院近代史研究所胡适纪念馆藏 HS-NK01-168-006 号档案《严耕望致胡适函》。

穆自问数十年来绝意入政界,此下亦将如是,历年赴台邀讲
演者多与政府有关,然如台大、中研院岂闻有邀之讲演之事
乎。有此机会,久郁心中者不得不发,然讲演辞亦多有纪
录,并多刊布,自问实并无他心也。匆匆不尽。

穆白 五月六日①

6 月 2 日,港府正式宣布将成立一所以中文为主要授课语言
的新大学,并以新亚书院之参加为创办新大学之一主要条件。

耕望结束在美访问研究工作,返台。临行,特向余英时借了
一部武侠小说,以为旅途中读物②。截至是月,哈佛燕京学社发
给生活津贴共计 1800 美圆③。

耕望返途经停日本,为胡适寻购《续藏经》,未得④。

7 月 1 日,中研院第四次院士会议选出第三届新院士 9 位,
史语所通信研究员杨联陞当选人文组院士。

3 日,胡适赴美准备中华教育文化基金董事会第三十次年会
事宜⑤。

耕望返史语所工作。所方要其拟一计划,以申请洛克菲勒
基金会(Rockefeller Foundation)的补注。其时,耕望的研究重心
虽是《隋唐人文地理》,但因涉及问题太广,材料尚未搜集略备,

①《素书楼余沈》第 414-415 页,《钱宾四先生全集》卷 53,联经出版事业公
司,1998 年。
②余英时《一座没有爆发的火山》,收入《现代学人与学术》,广西师范大学
大出版社,2006 年。
③哈佛燕京学社访问学人档案"Prof.Yen Ken-wang"之《玛丽·耶茨致 R.T.
艾伦函》。
④《胡适之先生年谱长编》第 8 册第 3060 页,1959 年 11 月 20 日致芮逸夫
函,联经出版事业公司,1984 年。
⑤《胡适之先生年谱长编》第 8 册,1959 年 7 月 3 日条,联经出版事业公司,
1984 年,第 2953 页。

还不能动笔撰述;而关于魏晋南北朝时代地方行政制度的材料,则搜录得相对完备得多,因而先提出《魏晋南朝地方行政制度》的撰述计划。

二十年来,耕望兼治中央制度、政治人物、历史地理,研究范围愈扩愈广,对于地方行政制度之兴趣渐见冲淡。友朋间或以其致力于此一问题之研究既久,如不及时整理,一俟兴趣尽失,将无能为。耕望深惕斯言,重感二十年来中外学人对于此一方面之贡献仍有不足,无奈一方面要研究历史地理,一方面又须顾到生活问题,无暇再研治制度史。此时,能得洛氏基金补助,使生活安定,可专心做研究工作,遂决定重贾余勇,分出部分时间重理旧业,欲上起春秋战国之际,下迄隋唐五代,就"地方行政制度"这一课题撰为一书。因不拟续撰两宋以下诸朝,故初欲名之为《汉唐地方行政制度》。

收到胡适秘书胡颂平赠送《师门五年记》一册①。

8月,耕望升任史语所专任研究员。与劳榦和1956年进所的助理研究员许倬云三人共享两间研究室。据许倬云回忆:

> 他们两人做功课、讨论问题时,我在旁边甚得益处。严先生吭吭巴巴,讲话讲不清楚,劳先生讲得太快太多,但两人都能抓住要点,所以听他们两人谈话满有意思的。严公吭出几句话来的时候,一定是要紧话;劳先生一听到这几句要紧话,一拍桌子:"对!"就拿自己的话盒子打开了。他们两人讨论的问题都是自己看了书问对方,或是忽然间想起来:"贞一啊,昨天我想到一个问题……"或是劳先生有问题在脑子里烦:"严公啊,有个事情,我昨天想到了,我解决不了……"真解决不了问题时,他们会说:"找李孝定!"、"找

①台北中研院近代史研究所胡适纪念馆藏 HS-NK05-051-008 号档案《胡颂平致胡适函》。

周法高!"有时候也会说:"这个事情不是害你,找高晓梅!"就这么去找高晓梅来了。那时没电话,撒开两只脚丫子,把高晓梅从仓库里拖过来。我在这种课堂上得到的益处无法计数! 但是今天的史语所没有这种气氛了。[1]

18日,完成旧作《从南北朝地方政治论隋之致富》之再稿,标题改为《从南北朝地方行政之积弊论隋之致富》,交付《新亚学报》第四卷第一期(钱宾四先生六十五岁祝寿论文集上册)发表。

史语所编辑三十周年纪念刊,耕望不暇撰述新稿,遂就近数年所获之新材料,补订旧稿《唐人读书山林寺院之风尚》以应之。

9月,开始撰写《魏晋南朝地方行政制度》。

10月5日,耕望完成《唐人读书山林寺院之风尚》一文之补订。

14日,胡适自美返台。

20日,史语所所长李济赴哈佛大学进行访问研究,芮逸夫暂代所务[2]。

耕望前往晋谒胡适。胡适曾欲与耕望谈及提名钱穆事,却又默然中止;后来,姚从吾将事情原委简略告知耕望。据姚的学生李敖说:

> 院士提名会议之前,胡适曾经自己拿钱搜集钱穆的著作,而且提名他竞选院士,可是人文组开审查会议时,李济负责审查,他说钱穆反对胡适,我们不能提名他竞选院士,胡适当时解释说:"我们今天选举院士,是根据他的学术著作,不应该扯到个人恩怨上去。"结果李济又用钱穆没有正

---

①《家事、国事、天下事:许倬云院士一生回顾》拾贰《为海峡两岸培养菁英》,中研院近代史研究所,2010年。
②《李济先生学行纪略》,收入《李济文集》卷五,上海人民出版社,2006年。

式大学毕业的资格提出否决，因此钱穆不得提名。①

月尾，耕望就于哈佛访问研究时所获之新材料，写成旧作《新罗留唐学生与僧徒》的再稿。

11 月 7 日，致函胡适：

适之前辈先生道鉴：

大著《注汉书的薛瓒》一文已拜读，一千数百年争论不决的臣瓒问题，至此才得到一个明确而绝对可信的解答，至佩！

当我读到下篇所举十二例，不觉欣然拍案。这是最笨拙的工夫，其实也是最聪明的方法，因为只有用最笨拙的工夫，求最具体的证据，所得到的结论才能站得住，不被任何人推翻，这一篇文章可谓真正的做到了。

闻先生近日甚忙，我又别无材料可贡献，所以今日不再晋谒打扰。再谈，祝
晚安。

后学严耕望谨上
七日晚②

13 日，胡适致信耕望：

耕望兄：

顷检《铁琴铜剑楼书影》及《藏书目录》，始知宋刻《旧唐书》每叶廿八行、行廿四字、廿五字、廿六字不等。平均行廿五字，则每叶约有七百字。

---

① 《从李济的悲剧看中央研究院的几个黑暗面》，收入《李敖大全集》卷 2，中国友谊出版公司，1999 年。
② 台北中研院近代史研究所胡适纪念馆藏 HS-NK05-138-019 号档案《严耕望致胡适函》，原件未记年月。

瞿氏校《旧唐书》(《目录》八，二二)指出卷廿一《地理志》脱七十八字，乃是三行，行廿六字。又卷一百四十下《李白传》脱廿六字，也是一行。

昨试估每叶四百八十字，是错的。上元二年的九四三字，大概是卅八行。

适之
四八、十一、十三①

12 月 4 日，就《新罗留唐学生与僧徒》之再稿复加改订。

8 日，将《新罗留唐学生与僧徒》之再稿寄呈胡适，并附一信：

适之前辈：

兹呈上拙稿一篇，乞指正。文分上下两节，下节牵涉佛教史问题，我是个门外汉，述论必多谬误处，如有些和尚应归何宗，即毫无把握。请特留意指教为感！敬颂

晚安。

后学严耕望谨上
十二月八日②

11 日，胡适覆信耕望：

耕望兄：

大作已读了，甚佩服你的功力。

已夹了几条小笺条，供你参考。

鄙意以为上篇比下篇为佳，下篇毛病在于分宗派而不依年代先后。十宗之说，实无根据。南北宗之分，不过是神

①《胡适书信集》下册，北京大学出版社，1996 年，第 1442 页。
②台北中研院近代史研究所胡适纪念馆藏 HS-NK01-168-008 号档案《严耕望致胡适函》。

会斗争的口号,安史乱后,神会成功了,人人皆争先"攀龙附凤",已无南北之分了。其实南宗史料大都是假造的。"传衣"之说是假的,"二十八祖"也全是中唐晚唐先后捏造出来的,故敦煌石室所保存的廿八祖名单与日本从唐代请去的文件里的廿八祖相同,而与《传灯录》及契嵩的廿八祖不相同。

日本入唐求法诸僧请去的法宝绝大多数是密宗资料(约占百分之九十七八以上)。我很奇怪的是新罗入唐之僧人传密宗者何以如此之少!岂皆是后来"学时髦"而改节了吗?

其实日本治中国佛学史的学者,并未懂得中国佛教史的真相,因为他们都不肯去检查九世纪的日本求法僧从唐土带回来的许多当时争法统的史料。所以他们分的宗派也是不可信的。

其实"十宗"、"十二宗"之说都不可靠。例如"楞伽宗",我曾作详考,这是的的确确的一个宗派,以苦行(头陀行)为常,有不少史料可据(唐人诗里也常提到楞伽僧)。然而此宗并不在"十宗"、"十二宗"之列!可见此种分派都不可依据(看我的《楞伽宗考》)。

宗密的"三宗"、"七家"说,以唐人说唐时的佛教思想,最值得我们参考(原见《禅源诸诠集都序》及《圆觉大疏钞》。最方便的节抄在忽滑谷快天的《禅学思想史》第三编,及冯友兰《中国哲学史》下册七八〇以下。冯书最便检查,但不列原书所举僧名,最为无识)。其中第二家即大文中提及之无相和尚也。

关于无相和尚及其所出无住和尚(宗密所谓"第三家"),我有金九经排印本《历代法宝记》,有我的校记,你要看吗?

其实马祖(道一)也出于成都净众寺门下。此可见所谓南北宗之分者,不过一时(神会的时期)作战的口号。在贞元以后,各宗各派都争先恐后自附于南宗,人人都是菩提达摩派下的嫡传了!

怀让、行思都不见于最古本的《六祖坛经》。此可见《传灯》的世系之完全不可靠。你屡次称及六祖门下弟子若干人,其中有西印度之崛多,这就是捏造的一个!

故我劝你把下卷分宗派的办法改为与上篇的一律,也依年代先后为主,而不以宗派分。其有高丽碑传文可依据者,可充分引用。其仅有《传灯录》可据而无其他旁证者,能不用最好。《宋僧传》是比较可信的。天台一派的史传也比禅宗史料可信的多。如圆侧,《宋僧传》既说氏族莫详,则存疑为是。

匆匆写就,不尽所欲言,或可供参考耳。

送上《历代法宝记》一册,忽滑谷快天《禅学思想史》上册,备你检查。敬祝

平安

适之
四八、十二、十一①

15 日,完成《新罗留唐学生与僧徒》再稿之初步修正。"禅宗"一节,耕望本以《传灯录》为主,而据碑铭等材料加以补正。至此,始参考胡适之意见,改以唐五代碑铭等材料为主,退《灯录》材料于存疑之地位,俾研究态度更加谨严。

18 日,完成《唐人读书山林寺院之风尚》排样的初校。参影印谈本《太平广记》补入扫叶山房本所阙之三四条材料,惜未得终卷。

22 日,致函胡适:

---

① 台北中研院近代史研究所胡适纪念馆藏 HS-NK05-138-016 号档案《胡适致严耕望函》。

适之前辈：

　　本月十一日手教提示宝贵意见与材料，至以为感。上周已据以改订增补。惟闻先生近日极忙，不便打扰，好在此文不急付印，拟稍迟再请教。另有《唐人读书山林寺院之风尚》一文，写成于十月初，迫促缴卷，不及请教。本拟俟初校时再说，今初校样本已送来数日，又值先生极忙，只好又俟异日！

　　书二册奉还，谢谢！敬请
道安。

后学严耕望谨上
十二月二十二日①

　　月底，再将《新罗留唐学生与僧徒》之改定稿送呈胡适审阅。

1960 年庚子　四十四岁

　　元旦，耕望阅毕影印谈本《太平广记》，复得材料三条。

　　2 日，再校《唐人读书山林寺院之风尚》排样，因不便增改太多，乃将补得材料三条附记于后②。

　　5 日，胡适致信耕望：

耕望兄：

　　连日太忙，尊文不及细读。甚歉！

　　第①页偬改一字，此文法所关，乞审正。九华山的地藏，你的考证似是对的。他名"地藏"，后来九华山就把他当

---

①台北中研院近代史研究所胡适纪念馆藏 HS-NK01-168-009 号档案《严耕望致胡适函》。

②《唐人读书山林寺院之风尚》附记，《历史语言研究所集刊》第 30 本下册，台北中研院。

做"地藏王菩萨"了!

适之

四九、一、五

在新罗诸僧中,无相为最有特色。值得详说。当看金九经铅印本《历代法宝记》(如卷中,页 9-10,又卷下 4-5)。①

无相一条,再稿原文仍存初稿原形,仅据《宋僧传》与《历代法宝记》略述其行事,而引《四证碑》以见其地位,以其为唐代极有名之高僧,人皆知之,无需赘言。至此,始详加述说,且爱胡适提供之材料作进一步之探讨,乃知无相在禅宗传授史上所占之地位实远在一般人所已了解者之上②。

18 日,钱穆应邀赴耶鲁大学远东系讲学半年。

2月5日,耕望致函胡适:

适之前辈:

昨午晋谒,先生谈到《全唐文》、《全唐诗》中佛教史料问题。兹检上《日华佛教研究会年报》第二年一册,内有春日礼智编《全唐诗佛教关系撰述目录》,未识有用否? 据此册目次页,本年报第一年册中有春日编《全唐文佛教关系撰述目录》,我在日时惜未搜到。但该册内载有先生之《楞伽宗考》,未识可设法搜求否? 敬颂

早安。

后学严耕望谨上

---

①台北中研院近代史研究所胡适纪念馆藏 HS-NK05-138-017 号档案《胡适致严耕望函》。
②《新罗留唐学生与僧徒》再稿附记,收入《唐史研究丛稿》,新亚研究所,1969 年。

五日晨①

19 日,再致函胡适:

适之前辈先生道鉴:

顷在所外发表一文,兹奉上,乞指正。

又往读大著《荷泽大师传》引《圆觉大疏钞》卷三下《神会传》"天宝十二年,被谮聚众,敕黜弋阳郡,又移武当郡",下文释云:弋阳在今江西弋阳。当时颇疑其地,盖后学旧印象中,弋阳郡似不在江西也。然江西实有弋阳县,遂未详查。顷再读《太平寰宇记》卷一二七《光州》条略云:魏分江夏郡置弋阳郡,两晋南北朝多仍之,唐初置光州,"天宝元年改为弋阳郡,乾元元年复为光州"。检《新唐书·地理志》亦云光州弋阳郡(《通典》当即作弋阳郡,手边无书,未查)。至于江西之弋阳县虽始置于隋唐时代,但县属信州上饶郡,不曾置弋阳郡。则宗密此传所谓"弋阳郡"当指光州而言无疑,即今河南东南隅潢川县地,非今江西弋阳县也。小小意见,聊供参考。匆此,敬请

年安。

后学严耕望谨上
二月十九日夜②

《唐人读书山林寺院之风尚》刊于《史语所集刊》第三十本

---

①台北中研院近代史研究所胡适纪念馆藏 HS-NK01-168-007 号档案《严耕望致胡适函》,原件未系年月。按据台北胡适纪念馆 1970 年影印《胡适手稿》7 集卷 2,1960 年 2 月 11 日有《全唐文里的禅宗假史料》一稿,主要讨论"鉴别《全唐文》《全唐诗》中佛教史料的真伪"问题,且举日本学者误用个中假史料为例。耕望之"检上《年报》"实为其研究提供便利也,据此推断时当在 1960 年 2 月。参见《胡适之先生年谱长编初稿》第 9 册,第 3188-3190 页。

②台北中研院近代史研究所胡适纪念馆藏 HS-NK05-138-018 号档案《严耕望致胡适函》。

(集刊三十周年纪念专号)下册。

钱穆在耶鲁用中文授课两门。学期中,哈佛燕京学社邀其去作学术讲演,得晤时任社长赖肖尔。钱穆亲谢其对新亚研究所之协助,赖肖尔谓:"哈佛得新亚一余英时,价值胜哈佛赠款之上多矣,何言谢。"钱穆在哈燕社所作讲演的讲题为"人与学",以欧阳修为例,说明中国学问主通不主专,故中国学术界贵通人,不贵专家。苟其专在一门上,则其地位即若次一等。钱穆讲时,杨联陞为作口译,恰巧当天在美讲学的史语所所长李济亦在座。李济乃狷介之士,为人率性,爱憎分明。当天余英时从旁注意到,李济听讲时白眼多青眼少。事后,杨联陞告诉余英时,翌日李济盛赞他的译才,把原讲者的"语病"都掩盖过去了,杨付之一笑①。

4月,胡适将钞校的《云谣集杂曲子三十首》送耕望过目。12日,耕望致函胡适:

适之前辈:

读这三十首杂曲很感兴趣,但我于文学艺术可谓一窍不通,至于诗韵更是不懂,签具了几条小意见,未识可供参考否?又此曲何时所作可略推考否(是否为唐末)?敬颂晚安。

后学严耕望谨上
四月十二日②

①余英时《中国文化的海外媒介》,收入《现代学人与学术》,广西师范大学大出版社,2006年。

②台北中研院近代史研究所胡适纪念馆藏 HS-NK04-005-018 号档案《严耕望致胡适函》,原件未系年份。按据台北胡适纪念馆 1970 年影印《胡适手稿》10 集卷 2,1960 年 4 月 8 日有《云谣集杂曲子共三十首伦敦本》钞校稿,4 月 9 日有《云谣集杂曲子共三十首巴黎本》钞校稿。且《三十首》为用巴黎本补伦敦本,两本合并所得之全本,耕望所读想即此合钞本,故系年于1960。参见《胡适之先生年谱长编初稿》第 9 册,第 3226-3229 页。

钱穆在耶鲁讲学结束,获赠名誉博士学位。

7月,《魏晋南朝地方行政制度》初稿除第八章《任用杂考》、第九章《官佐品班表》及第七章《州郡察举与地方学官》之上篇《州郡察举》外,大体完成。《魏晋南朝地方行政制度》共分九章,首论行政区划。州郡县制,前人已详,故述之甚略,而特详于都督区域之研究。第二章至第六章考都督与州郡县府之组织,而特致意于都督刺史之关系,与州府僚佐之双轨制。第七章述察举与学官,皆沿汉代之旧而式微。第八、九两章,考任用,表官品,则承汉制而有衍革者。

21日,开始改写《秦汉地方行政制度》旧稿,以作为《中国地方行政制度史(上编)》的上卷。此次改订,增加的材料并不多,主要改变原书的纲目体式,尽量使行文格式正常化,不失于俭。并对文字加一番修饰,使更便于阅读。

8月18日,赴美出席"中美学术合作会议"和"中华教育文化基金董事会"年度会议的中研院院长胡适,在纽约寓所与执教英属哥伦比亚大学历史系的华裔学人何炳棣①晤谈。时何正准备代表加拿大参加在莫斯科举行的第二十五届国际东方学者大会,并宣读《明清统治阶级的社会成分》一文,即其1958至1959年度任纽约哥伦比亚大学东亚研究所高级研究员期间的成果《明清社会史论》的主要统计部分。该书运用近百种明清两代进士登科录、进士三代履历、进士同年齿录和晚清若干举人和特种贡生三代履历等鲜为人注意的科举史料,辅之以政府律令、方

---

①何炳棣(1917-2012)浙江金华人,旅美华裔史学家。1934年入清华大学,1943年获清华庚款公费留美,师从英史巨擘John Brebner研修近代英国农业经济史,1952年以〈英国的土地与国家(1873-1910):土地改革运动与土地政策研究〉获得哥伦比亚大学博士学位。1965年芝加哥大学聘为汤普逊(James Westfall Thompson)历史讲座教授,1975年当选美国亚洲研究学会首位亚裔会长。

志、传记、家谱、社会小说及观察当代社会与家庭事务的著作,运用社会分层化和社会流动理论,解释明清科举制度与中国社会身份意识的紧密联系。据何炳棣回忆,当日谈话间胡适突然严肃的说:

> 炳棣,我多年来也有对你不起的地方。你记得你曾对我说过好几次,傅孟真办史语所,不但承继了清代朴学的传统,并且把欧洲的语言、哲学、心理,甚至比较宗教等工具都向所里输入了;但是他却未曾注意到西洋史学观点、选题、综合、方法和社会科学工具的重要。你每次说,我每次把你搪塞住,总是说这事谈何容易……今天我非要向你讲实话不可:你必须了解,我在康奈尔头两年是念农科的,后两年才改文科,在哥大研究院念哲学也不过只有两年;我根本就不懂多少西洋史和社会科学,我自己都做不到的事,怎能要求史语所做到?①

9 月 1 日,钱穆离美转赴伦敦,会晤前向港府提议创办新大学的牛津大学教授富尔顿,坚持新大学之首任校长必须由中国人担任。

10 月,钱穆结束欧游,提前返港。

21 日,耕望完成《秦汉地方行政制度》的改订工作,恰巧费时三个月。其后仍陆续作局部修订。

12 月 20 日,傅斯年夫人俞大綵向史语所捐赠傅斯年遗书一万二千余册。中研院院长胡适乃将由"国科会"辅助建造的史语所图书馆定名为"傅斯年图书馆"。

---

① 《读史阅世六十年》第十六章《英属哥伦比亚大学(下)》,允晨文化实业公司,2004 年,第 329 页。

何炳棣(左)在美国与胡适(右)晤谈①

————————

①图片选自《追求卓越:中央研究院八十年》卷一《任重道远(全院篇)》,台北中研院,2008 年,第 99 页。

○ 1961 年辛丑 四十五岁

1 月，《秦汉地方行政制度》完成最后增订。正文十三章，另作《前论：郡县制度渊源论略》，及卷末《约论》并附《汉代地方行政组织系统图》和《政风述要》。

钱穆来信：

> 归田老弟大鉴：
>
> 久未通音问，每以为念。顷获来书，欣快难言。从地理背景写历史文化，此是一大题目，非弟功夫，殆难胜任，如能着手撰述，实深盼望。际兹学殖荒落之世，吾侪筚路蓝缕以开山林，只求先指示一大路向，探幽凿险待之后来继起之人，不必老守一窟，尽求精备也。不知弟意以为如何。穆留美期间以数月之时光，匆匆写成《论语新解》之初稿，本意返港后再自校阅，而人事冗杂，两月中只看过一遍。私意拟再看第二第三遍，恐到本年暑未必如意。来台并无确期，可免则免，实不愿多此一行。所以之故，甚难宣之笔墨耳。李君定一寄来新著《中美关系史》，事冗未能阅读。有一友人取去读之，颇加称道，如晤面盼转述相念之情，并致赞勉之私。至嘱至嘱。尊作《唐人读书山林寺院之风尚》，预期于旬日内当可匆匆一阅。专此顺颂俪祉，并祝
>
> 年禧。
>
> 穆启
二月一日①

《秦汉地方行政制度》付印前夕，又承陈槃审阅一过，并提示

---

① 《素书楼余渖》第 384—385 页，《钱宾四先生全集》卷 53，联经出版事业公司，1998 年。

数条有关于春秋战国时代郡县制度之材料。

4月4日,作成《中国地方行政制度史(甲部)》序言,冠诸《秦汉地方行政制度》卷首。

6月,《新罗留唐学生与僧徒》之再稿刊于《史语所集刊外编》第四种《庆祝董作宾先生六十五岁论文集》。

史语所"傅斯年图书馆"落成启用。

是月,港府正式成立新大学筹备工作委员会。

7月,耕望在东亚学术研究计划委员会的资助下,开始撰述《北朝地方行政制度》。史语所为其配备书记员一名,协助做些文字抄录工作。通常是耕望用小签条写明自某页某行某字起,至某行某字止,插在书页中,交书记员抄写。抄好后,自己再看一遍,用不同颜色的笔加以标识。

8月6日,撰毕《秦汉地方行政制度》之《成书后记》。

秋,牛津大学富尔顿赴港,访钱穆,就新大学之校名问题征询其意见。其时,英文校名已定为"The Chinese University",而中文校名或主取"中山大学",或主名"九龙大学",其他尚有多名,久不决。钱穆谓,不如径取已用之英文名直译为"中文大学",众议乃定。

11月26日,中研院院长胡适因左心房血管硬化住进台大医院①。

12月17日,胡适七十岁生日。耕望往台大医院探视,于病房前的祝寿册上签名②。

《秦汉地方行政制度》(《中国地方行政制度史》甲部)作为

---

①《胡适之先生年谱长编初稿》第10册,1961年11月26日条,联经出版事业公司,1984年,第3819页。

②《胡适之先生年谱长编初稿》第10册,1961年12月17日条,联经出版事业公司,1984年,第3835页。

《史语所专刊》之四十五 A 出版。

年终考绩,耕望获史语所第一。

○ 1962 年壬寅　四十六岁

2 月 24 日上午,中研院第五次院士会议选出第四届新院士 7 位,史语所研究员陈槃当选人文组院士。

傍晚,胡适于院士会议酒会结束时心脏病突发,逝世于蔡元培馆。据当天在场的石璋如回忆:

> 下午茶会的时候,胡先生身体不佳,但精神不差,亲自主持酒会、讲了一段话,众人情绪皆佳,凌鸿勋、李济、吴健雄、吴大猷、刘大中就接着讲话,胡适再作结语。茶会散会之后,我跟高去寻、陈槃两位先生一起走,走过现在的胡适纪念馆一带,只听到"哗"一声,就未再听到声音,我们没有深究,继续走回家。李济先生由于吃得不多,就找了董先生、我一起去吃晚餐,李先生就说胡先生不好了。后来又听人说,胡先生倒下、不行了。我们赶回去一看,胡先生已经倒在地上了,因为胡先生常住台大,也在台大医院看病,就赶紧找到台大校长钱思亮,请台大医生来诊治,医生急救到十一点多,就宣布没有救了,送到医院去吧。因此胡先生就在二十四日过世。这天天气晴朗,没想到也是胡先生的忌日,真是悲哀。[1]

史语所所长李济暂代中研院院长一职。

3 月 2 日下午四时,胡适灵榇于当日公祭结束后回到中研院,停放于史语所对面的会议室,史语所同人轮流支援守灵。

---

[1]《石璋如先生访问记录》九《对中研院、史语所重要活动的回忆》,中研院近代史研究所,2002 年。

　　4日,耕望和汪和宗负责后半夜的守灵①。时耕望非常悲痛,乃至认为自己亦当对胡适之去世负一分责任。据耕望的学生谭宗义日后回忆:

　　　　先生不止一次在与我私下谈话中露出其对胡先生内疚之意。……曾言胡先生想不到在台湾竟然还有这样的学人(指耕望)跟他讨论学问,而在美这许多年,最大痛苦就是没有人与他论学,后来决意应聘回台主持中研院,此恐亦原因之一。先生尝言,果若因此而打动先生(指胡适)之心,则胡先生后来因主持院务过劳而心脏病发去世,自己亦应负一间接责任,所以每想及此,常有疚意。②

　　耕望深感一个真正的学人办行政,实在不合适。因想到钱穆亦已高龄,应当放下行政工作。自信师生间当无不可谈,遂于三月中旬毅然致信钱穆,大意为:

　　　　新亚书院虽然办得有声有色,成绩卓著。但总感先生天才横溢,境界亦高,是学术界一位不世出的奇才,五十岁前后送出几部极有分量的著作,如《先秦诸子系年》、《近三百年学术史》、《国史大纲》、《庄子纂笺》,皆为不朽之作。五十岁稍后,正是学养成熟而精力未衰的阶段,正当更有高度发挥,但时局不安,被迫到香港办学,十余年间,耗尽心力,虽有述作,但多讲录散论之类,视前期诸书远有逊色。兴学育才虽有功教育文化于一时,但只要中人之资即可胜任,先生奇才浪掷,对于今后学术界是一项不可弥补的损

----

①《石璋如先生访问记录》九《对中研院、史语所重要活动的回忆》,中研院近代史研究所,2002年。

②谭宗义《星沉大地——敬悼恩师桐城严耕望归田先生》,收入《充实而有光辉》,稻禾出版社,1997年。

失,此所以深为惋惜也。新亚既已办上轨道,有了基础,宜可摆脱,仍回到教研工作的老岗位,期能有更好的成就。

3月21日,接钱穆19日覆信:

耕望老弟大鉴:

即日奉来书,相念之意溢于纸外,颂之感慰。惟儒家处世必求有一本末终始之道,穆在此办学,亦是一时之不得已,惟既已作始,应有一终,此刻尚非其时。弟缄云云,穆实无时不在筹虑中也。此刻只有力求护摄之道,不使精力过于浪掷,人事应酬已省无可省,内部只问大体,此外分层负责,亦不多操心。自问多已做到。只是年岁日迈,精力有限,即复摆弃百事,亦恐不足副相知如吾弟者之深望耳。回顾廿六年后,此二十五年全在乱离窘迫中过去,岂能无慨于中。匆复,顺颂

近祉。

穆启

三月十九①

4月29日,完成《北朝地方行政制度》第十一章"北魏军镇"初稿。分上篇"军镇名称及其分布",下篇"镇之种类、地位与镇府组织"。

5月15日,王世杰②就任中研院院长。

---

①《素书楼余沈》第385页,《钱宾四先生全集》卷53,联经出版事业公司,1998年。

②王世杰(1891-1981),字雪艇。湖北崇阳人。著名教育家,法学家。英国伦敦大学政治经济学学士,法国巴黎大学法学研究所博士。1929至1933年担任武汉大学首任校长。后转入政界,历任国民党宣传部长、教育部长、外交部长,1948年当选中研院院士。1949年后历任台北总统府秘书长,行政院政务委员等。

论文《北周东南道四总管区》刊于《大陆杂志》特刊第二辑，是为《北朝地方行政制度》第二章"州郡县与都督总管区"第三节"北周总管区"中，徐州、仁州、扬州、吴州四总管府的相关内容。

王世杰接长中研院不久，看到耕望刚出版的《中国地方行政制度史》第一、二册（秦汉之部），颇为欣赏，约耕望谈话，询及出身院校，方知就是自己一手创建的武汉大学的学生。当即微笑，似颇感快慰。后又屡次约耕望谈话，备极关怀。耕望在中研院，有些主管虽对其成绩也相当了解，但主张"权利要自己争"；而耕望的禀性，只要生活可过，有书可读，一切听其自然，绝不愿积极的为自己争取什么。王世杰则每当关键时机，论成绩应有耕望一分的时候，总不忘记耕望。但似又因为有师生关系，不便直接处理，往往兜着圈子，间接的达成自己意见。

6月，史语所所长李济在所务会议上提出，要检讨本所传统是否还能维持，以及究竟是何标准。作为虔诚的历史实证主义者，李济从来便强调原始资料的整理、考订和出版。早在北海静心斋时期，傅斯年有一次说起史语所整理午门档案的成绩，认为没有什么重要发现，李济大不以为然，反问什么叫重要发现，难道要找到满清不曾入关的证据才算重要吗？傅斯年听后，哈哈大笑，没有再说一句话。李济认为，傅斯年当时的一笑，表示他也同意"史料的价值完全在他本身的可靠性；可靠的程度愈高，价值愈高"①。显然，李济是把史料学等同为历史学，且比前任傅斯年更走极端。因此，李济领导史语所期间，历史组、考古组一如既往以全部精力整理、考订和出版殷墟甲骨、居延汉简、敦煌残卷以及明清史料，却很少以这些资料为基础写出综合性历

---

①《傅孟真先生领导的历史语言研究所》，收入《李济文集》卷五，上海人民出版社，2006年。

史著作,发掘资料背后的历史意义,在重大问题的认识上取得突破。同样,语言学方面也累积了大量调查资料,却始终未发展出新的研究方法。基本上仍是西方的一套和传统的一套两不相涉,且与社会相距甚远。何炳棣评价史语所的研究时,就认为他们的出版品考证精详,但是论点零细琐碎,缺乏综合,尤其没有西方社会科学的视野①。所内一位年长耕望十岁的朋友曾很坦白的说,他很佩服耕望能不断写出大书,而自己却苦于无问题可作。耕望认为,实际差别只在于自己来史语所前有过一段通识性的训练,看问题总从大处、广阔处着眼,这一方面得益于高中历史老师李则纲在社会科学理论方面的引导,而受钱穆通识观的影响则尤大。同事黄彰健②也说,耕望虽在史语所,而所写论文实与所内一般同人大异其趣。

　　7月5日,耕望向东亚学术研究计划委员会报告《北朝地方行政制度》撰述进程,除第三章"都督总管与刺史"、第八章"州郡察举"、第十五章"任用杂考"、第十六章"官佐品阶表"及第二章"州郡县与都督总管区"之"司州"节外,大体完成。计划分十六章,首述永嘉乱后五胡诸国之地方行政制度,旨在粗略说明五胡诸国之制度已胡汉并行,为北魏胡汉制度参合运用之渊源所自。第二章至第六章,考北朝州郡县与都督总管制,此皆承袭或模仿汉人制度而建置者。第七章至第十章,考地方中正、州郡察举、学官、僧官,以及三长之制。此中除察举与学官外,皆为魏晋南朝所未有,然实亦师仿汉人制度之法意而增置者。第十一章,

①《追求卓越:中央研究院八十年》卷一《任重道远:全院篇》,台北中研院,
　2008年,第31页。

②黄彰健(1919－2009),湖南浏阳人,历史学家。1943年毕业于国立中央
　大学历史系,后入中央研究院历史语言研究所,历任助理员、副研究员、
　研究员。主要研究明清政治史与法制史、中国上古史、经学与宋明理学,
　整理辑校《明实录》、《明代律例汇编》等重要史料。

考北魏军镇制度,此则适应军事需要,参合胡汉屯营制度而创置者。第十二章至第十四章,考魏齐行台、护军与领民酋长之制。行台者,因魏晋之故事以符鲜卑之旧俗;护军者,统治汉人以外被征服民族之制度也;至于领民酋长则全属鲜卑旧俗矣。第十五、十六两章,亦考任用,表官品,而内容与南朝无大差异者。最后就全卷二十五章考论所获综合述之为约论,并附组织系统图。

院长王世杰约谈,希望耕望编撰一部《中国政治制度史》,经费由其全力筹措。耕望考虑之下,未敢应承。因其时虽在写《地方行政制度史》,而实际兴趣已转至历史地理方面,如欲两者兼顾实无可能。外加平时写作,纵只一篇论文,立意至少也在三五年前,慢慢搜集史料,然后一气写完。编撰一部大书且需限期完成,实在毫无把握。

断续补写《北朝地方行政制度》所缺章节,及《魏晋南朝地方行政制度》第八章"任用杂考"、第九章"官佐品班表"、第七章"州郡察举与地方学官"上篇"州郡察举",并补绘《刘宋都督区略图》。间或对已成诸章作修订。

10月6日,第二届亚洲历史学家会议在台北省立博物馆举行。

9日,上午耕望于亚洲历史学家会议上宣读论文《北魏六镇考》[1],是为《北朝地方行政制度》第十一章"北魏军镇"上篇"军镇名称及其分布"第一节"六镇及其以南以东诸镇"的相关内容。后收入《第二届亚洲历史学家会议论文集》。

---

[1]《石璋如先生访问记录》九《对中研院、史语所重要活动的回忆》,中研院近代史研究所,2002年。

11月6日,上午九时半,耕望与史语所同人屈万里[1]、陈槃、黄彰健等出席在傅斯年图书馆举行的"胡适遗著整理委员会编辑委员会第一次会议"[2]。

12月,自《北朝地方行政制度》中抽出第十一章"北魏军镇"全文,付《史语所集刊》第三十四本《故院长胡适先生纪念论文集》上册刊发,名为《北魏军镇制度考》。以考论烦琐,篇幅遂多,故作约论冠诸篇首,俾阅者能先得其要旨。

年终考绩,耕望再获全所第一。

○ 1963年癸卯　四十七岁

1月8日,再对《北魏军镇制度考》一文作修订。

2月,《魏晋南北朝地方行政制度》全书初稿完成,原拟请史语所于1964年度印刷费项下拨款印行,后所方改请"国科会"补助付印,可提前一年出书,遂于月底开始排印。因出版时间提前,而该年度耕望撰述隋代地方行政制度之工作又必须进行,同时亦要准备下年度撰述工作之材料,遂不及再将原稿全部仔细改订一过,只能约略检查一遍稍加修改,再利用校稿机会作若干修订。《北朝地方行政制度》第十五章"任用杂考"第八节"韩信传'推择为吏'解"因牵涉先秦、汉初史事,商请史语所同人陈槃看过。陈槃提出补充材料,并作短札《"推择为吏"补义》一则,耕望附之于原文之后。

---

[1]屈万里(1907-1979),山东鱼台人。一生专长经学、文字学和文献学。早年任职山东省立图书馆、南京中央图书馆。1949年,随中央图书馆疏迁善本赴台,后由傅斯年聘往台湾大学任教。1957年,任中研院历史语言研究所研究员。著作有《尚书集释》、《诗经诠释》、《图书版本学要略》等。

[2]台北中研院近代史研究所胡适纪念馆藏 HS-NK05-365-002 号档案《中央研究院胡故院长遗著整理委员会编辑委员会第一次会议》纪录。

22日,下午四时出席"胡适遗著整理委员会编辑委员会第二次会议"①。

4月5日,完成《隋代总管府考》初稿。兹篇取《隋书·地理志》及杨守敬著《隋书地理志考证》、岑仲勉著《隋书求是》与《旧唐书·地理志》,参以《北朝地方行政制度》第二章第三节《北周总管区考》,以及若干列传、碑刻史料,考定州之曾置总管府者,凡六十四。述其建置及各府管区。各府所管之州,虽不能如周制及唐初制度之可详考,然可考定者亦得半数,取与周、唐制度参校,尤能得其仿佛。此则杨、岑两家所未措意者。更就所考结果表列于后。是为耕望关于"隋代地方行政制度"研究的第一篇专题论文。

中研院院长王世杰与史语所所长李济商定,仿英国《剑桥历史丛书》之体例(专家写专题,集体著作),由史语所着手编撰一部《中国通史》,分上古、中古和近古三卷②。

5月,李济承担《中国通史》上古卷的编撰领导工作,期于四年内完成③。院长王世杰属意耕望领导中古史卷的编撰工作,盖其论著范围不出秦汉至隋唐也。耕望退而思之再三,虽感难辞其责,而又实难从命。其一,是项工作需邀集海内外众多学人共同努力,自度在学术研究上是"强兵"而非"良将",毫无行政领导能力;其二,集体撰述工作本身即有缺陷。纵能勉强凑成篇幅,而内容势必不能连贯一气,必将各持所见,矛盾重重,只能算作一部中古史论文集,而不能算是一部中古史,难以如期取得满

---

① 台北中研院近代史研究所胡适纪念馆藏 HS-NK05-365-003 号档案《中央研究院胡故院长遗著整理委员会编辑委员会第二次会议》纪录。

② 《王世杰日记》第7册1963年4月14日条,并参同年3月19日条,中研院近代史研究所,1990年。

③ 《王世杰日记》第7册1963年5月2日条,并参同年5月9日条,中研院近代史研究所,1990年。

意的成果;其三,自己的工作实已太繁重,照多年来已定的计划,非再写三四百万字不能解决。若再承担另一重大项目的领导责任,实非能力与精力所能负荷。

6 月 18 日,清晨得老同事董同龢病逝的噩耗。耕望入史语所近二十年,同辈友朋的不幸事件,此为第一次。哭死伤生,不禁怅然悲怆不能释。下午自台北吊唁归来,振笔写完《魏晋南北朝地方行政制度·引言》,聊当纪念。《引言》指出,中国中古政治制度有秦汉与隋唐两大典型,其组织与运用截然不同,然秦汉型如何一变为隋唐型,则由魏晋南北朝三百数十年间政治社会情势之积渐演变有以致之,非出某一人物之特意革创者。故就历史观点而言,其重要性实不在汉唐制度之下。而在此制度演化之大潮流中,地方行政制度如何由秦汉型演化为隋唐型,其轨迹步骤尤属彰著,可视为两型制度交替演化之显明例证。

19 日,完成《魏晋南北朝地方行政制度·成书后记》初稿,中谓:

> 我写《引言》,常常记个日期,代表一部书或一篇论文的完成。一翻案头日历,是六月十八日,却正是晓松的生日。这样一来,这卷书无意中又作了她十五虚岁的生日纪念品了。回忆十四年前,此女刚生时,豌兰体弱,婴儿的食眠洗沐,都由我分操其劳,所以当时情景记忆尤为真切。十四年的时光已匆匆过去了,襁褓小儿已苗壮长大,而我的身体却已有日衰之感。豌兰常常劝我多散步,多出游,不要伏案过度,以免伤害身体。然年近知命,而平生志业所就十才一二,若不及时努力,再过十年,恐更徒唤奈何了。思念至此,岂不更当奋发耶!

据严晓松回忆:

> 虽然父亲醉心于历史研究工作,可绝对不是个书呆子。

他心思细腻，手脚灵巧，不但是个标准的丈夫、慈祥的父亲、合意的女婿，更是位万能的师傅。举凡缝纫、烹调、木工，以至打杂，真是件件皆能，虽不精通，倒是非常实用。他曾为我钉造小木床，又为他的书架做设计，并亲手缝制窗帘；粉蒸肉排更是父亲得意的拿手菜，每次回港省亲，他总会烧好这道菜来让我品尝。

一般人常说"严父慈母"，这话并不适用于我的身上。父亲对我一向宠爱有加，在这情形下，我就顺理成章的被宠坏了。自我有记忆以来，父亲就时常为我梳辫子，或整理书包，或帮我温习课本。更甚的，有时为我背书包，送我上学，直到高中毕业。我小时候每有病痛，就蛮横地要父亲陪伴在身旁，我觉得唯有如此，我的痛苦才可以减轻。现在回想起来，我真是耽误了他许多做研究的宝贵时间，他却从无怨言。许多人都尊敬父亲的学问与为人，但对我来说，他真是一位了不起的模范父亲。①

28日，制成《魏晋南北朝地方行政组织系统图》，分"魏及西晋"、"东晋南朝"、"北魏前期"、"北魏后期"、"北齐"、"北周"六图。

7月14日，写完《魏晋南北朝地方行政制度》卷末"约论"，对魏晋南北朝时代地方行政制度显异于秦汉时代之重要现象作一罗列。

16日，复就《魏晋南北朝地方行政制度·成书后记》作修订。

是月，《魏晋南北朝地方行政制度》（《中国地方行政制度史》乙部）作为《史语所专刊》之四十五B出版。

---

① 严晓松《永怀父亲》，收入《充实而有光辉》，稻禾出版社，1997年。

8 月,中研院院长王世杰拔擢耕望为"国科会"研究讲座。照章可请两人协助工作,此前李济和陈槃已为耕望配有书记一名,帮其抄录材料。此时,乃在书记之外,另加请一位助理研究员,代为节译几篇日本学人论文。至于材料搜集、论著撰写则从未假手他人①。

好友李定一赴香港联合书院任教,劝耕望也去。然耕望对史语所之研究环境极为留恋,以其为做学问之天堂乐土。外加已两次婉辞院长王世杰之授命,此种情势下离开,未免太伤感情,故对李定一之建议未予考虑。

《魏晋南北朝地方行政制度约论》一文刊于 31 日出版的《大陆杂志》第二十七卷第四期。

10 月 17 日,香港中文大学正式成立,旅美学者李卓敏出任校长。新亚书院、崇基学院和联合书院为其成员书院,钱穆仍任新亚书院校长。

年终考绩耕望又获第一,乃推予他人,以免显得太突出。

○ 1964 年甲辰　四十八岁

春节前,李定一前议重提,力邀耕望赴港任教。耕望表示,正在撰述《隋唐地方行政制度》,待完成后再考虑。一则《地方行政制度史》计划可告一段落,再则时间推后,亦好向院方有个交代。

2 月中旬,李定一与牟润孙谈起此事,意谓耕望于来港任教一事心意已动,旋复告知钱穆。

---

① 其时,有日本学人看到已出版的《唐仆尚丞郎表》四册、《秦汉地方行政制度》二册、《魏晋南北朝地方行政制度》二册,以为史语所有一组研究人员协助耕望工作。因类似规模的著作,在日本很难凭个人之力出此成绩。见陈万雄《粹然一代学者的风范——敬悼严耕望师》,收入《读人与读世》,北京:中国民主与法制出版社,2011 年。

19 日,"胡适遗著整理委员会编辑委员会第三次会议"决定,原则上由耕望同屈万里、徐高阮负责胡适遗著中《水经注》和思想史以外部分的编校工作①。

24 日,完成《括地志序略都督府管州考》初稿,考得唐初属府之州二百六十余。

25 日,得钱穆 21 日手书:

> 弟驾有来港之意,惊喜交并。……研究所本欲增一导师名额,久欲延弟来任此职,而所请经费,至今尚未决定。

26 日,复得钱穆 24 日手书:

> 已加紧再与港府商量研究所增一导师事,如获通过,则务望弟决心前来,因穆即以延聘吾弟为理由,要求港府从早增此名额。如弟不来,使穆出言失信,此后遇其他交涉,将受影响。

得此信后,耕望深为惶恐。因一旦应聘,非但院长王世杰、所长李济将深惜其决然离去,且长子晓田亦已将满十八周岁,接近兵役年龄,出境亦有困难。故立即去函并发一电报,请钱穆勿为其特向港府要求增加导师名额。

27 日再上钱穆一函,详细说明不能即时赴港的理由。

29 日复得钱穆函告:

> 来电已悉。惟此间为申请研究所导师增名额事,获得意外快速之成功。……务盼弟就此职名,千万千万(最后两句并打了三个圈)。

同时得李定一两信,一云:

---

① 台北中研院近代史研究所胡适纪念馆藏 HS-NK05-365-004 号档案《中央研究院胡故院长遗著整理委员会编辑委员会第三次会议》纪录。

　　宾师此次大费周章,始有此一缺;若兄不就,则宾师颇
难过。

一云:

　　此事宾师系硬向中文大学特要之导师,并郑重申明,已
有极佳人选。……若兄不来,则宾师不能下台。

　　不数日,即收到新亚研究所导师聘书。事已至此,再无回环
余地,若仍坚持不去,自感有负二十余年心神俱契之恩师,赴港
一事乃不得不就此决定。

　　是时亦传来消息,史语所研究员、时在耶鲁任客座教授的周
法高,已应聘香港中文大学中文系讲座教授。耕望决计尽早向
所方提出申请,以免事实已传开,而自己尚未坦白说出,反而被
动,但又总想取一既能获批准而又不伤感情的方式,大费心思。

　　3月中旬,耕望至李济寓所请假,并声明几点:第一,事非得
已,并非自己应征要去。第二,只是请假,将来一定会回所。第
三,请假期间,暑假中仍回所工作。第四,重要著作仍带回史语
所出版。李济虽感惋惜,但亦不好不让其请假。惟表示,别人请
假自可直接答覆,而耕望为院长王世杰极欣赏之人,须先征得其
同意。

　　耕望又晋谒王世杰,说明不得已之情形,王世杰说:我们老
一辈人总希望培植几个年轻有为的人才,你与周法高都走了,令
我们一班老辈人感到丧气!最后希望耕望考虑,是否可缓一年。
言辞之恳切,神情之沮丧,令耕望亦觉黯然,深感有负老人一片
为公为私之美意。只得暂告段落,以俟其情绪平复。

　　然事态发展至此,赴港几成定论,故过后耕望为此再度晋谒
王世杰。

　　期间,撰成《唐代行政制度论略》一篇,主要论旨本自《论唐
代尚书省之职权与地位》一文,系为第三届亚洲史学会议而

准备。

一日，偶与艺文印书馆创办人严一萍语及石刻史料之重要，严一萍嘱耕望拟目，由其试搜求底本编为丛刊。耕望乃择史料价值较高者，拟一目予之。计有文录 33 种 666 卷，目录跋尾 26 种 303 卷，传世重要之石刻史料已十得七八。

4 月底，终获王世杰之同意，准假两年，并为耕望办理出境手续。

5 月，《唐代方镇使府僚佐考》初稿撰就，是为研究唐代后期地方行政制度一篇力作。唐代方镇使府之组织有文武两系统，《通典》与《新唐书·百官志》皆仅记文职僚佐，而于武职军将之组织皆不触及。兹篇则分别考论之，以见唐代方镇使府僚佐组织之全貌。

论文《魏晋南朝郡府组织考》收入《香港大学五十周年纪念论文集》，为《魏晋南朝地方行政制度》第四章"郡府组织"之全文抽刊。

长子晓田将满十八岁，接近兵役年龄，一般已难出境。幸好距兵役年龄尚有四五个月，在法令上尚有可为。经钱穆恳托相关人士协助，顺利获得批准。

7 月，钱穆向新亚董事会正式提出辞职，并于 2 日致信耕望：

> 穆已决意辞职，惟仍留港，当仍在研究所作名义之导师，弟来正可多获从容商讨之机会。

突闻此变，耕望虽颇有迟疑，但亦不便两头反复。

11 日，上午九时，出席"胡适遗著整理委员会编辑委员会第二次会议"①。

---

① 台北中研院近代史研究所胡适纪念馆藏 HS-NK05-365-006 号档案《中央研究院胡故院长遗著整理委员会编辑委员会第四次会议》纪录。

8 月，史语所第一组主任陈槃请耕望担任新入所之助理研究员毛汉光①的导师②。

16 日，重订先前所作《景云十三道与开元十六道》一文，为关于唐代前期地方行政区划设置之研究。史家叙事例云，唐太宗贞观元年分天下为十道，至玄宗开元中分天下为十五道。贞观十道事，史无异说。然耕望以为彼时之十道仅为地理名称，对于施政无大关系。而玄宗时代之道则为监察区域，对于施政颇具影响。惟开元时代之道，其建置之年份与道名、道数，颇有歧异，兹篇乃略考论之。

月尾，举家赴港。自 1945 年 8 月入史语所，至是恰 19 年整。期间，每年至少写一两篇论文，外加专著四部，总出版量已近三百万字。又来台 16 年间（含哈佛访问研究两年），大部分时间皆潜心研究，仅赴港前在台大兼课（唐史）两周，因该课由数位教授合授，每人两三星期，屡辞不得，始破不兼课之戒③。

其时，香港中文大学给高级讲师的举家旅费标准为坐飞机，而耕望一家则改坐轮船赴港，节省下旅费以贴补家用。船至上环码头，有新亚研究生汤承业、助理研究员金中枢等奉研究所导师牟宗三之命迎候，并留合影一张以为纪念④。

---

①毛汉光（1937-　），原名毛革，浙江江山人。1949 年随父（国民党陆军上将毛森）迁台，1960 年台湾大学历史系毕业，1964 年台湾政治大学政治研究所硕士班毕业。历任中研院历史语言研究所助理研究员、副研究员、研究员。曾任哈佛大学研究访问员、台湾师范大学历史研究所兼任教授台湾大学历史研究所兼任教授、文化大学史学研究所兼任教授、中正大学历史研究所教授兼所长。著作有《中国中古政治史论》、《中国中古社会史论》、《唐代墓志铭汇编附考》等。
②毛汉光《中晚唐南疆安南羁縻关系之研究·绪言》，收入《严耕望先生纪念论文集》，稻乡出版社，1998 年。
③廖伯源《回忆与怀念》，收入《充实而有光辉》，稻禾出版社，1997 年。
④金中枢《永怀严师》，收入《充实而有光辉》，稻禾出版社，1997 年。

9月1日,中研院第六次院士会议选出第五届新院士6位,史语所研究员周法高当选人文组院士。

3日,耕望至港大参加第三届亚洲史学会议,宣读论文《唐代行政制度论略》。中研院派出张贵永、石璋如、李亦园、许倬云四人为与会代表。耕望虽还是中研院的人,但因其时已去了新亚,故不能领院方的公费补助。

4日,下午的亚洲史学会议,耕望担任主席,牟润孙等数位香港学者发表论文,由于论文数不多而提早结束会议①。

新学期,耕望在新亚研究所任导师,同时亦在香港中文大学新亚书院历史系开授"中国政治制度史"及"中国历史地理"等课。历史系主任孙国栋为新亚研究所首届毕业生,此前曾受耕望书信指导,见面尚属首次。对耕望的印象是:话不多,但有一种亲切真挚之情,使人亲近。走路的姿态庄重稳健,总待前一步踏稳后,迈出后一步,一如其治学的态度——稳健而踏实。

耕望讲课时乡音颇重,学生初听时很难明白,但经两三星期之后,都非常喜欢他的课,敬佩他运用资料的丰富,更为他循循善诱的态度所感动②。在台期间,耕望不曾正式教过书,且一向不大说话,口才显得较差。来港后讲授几门课程,须事先作充分准备。故不得不暂时搁置论文写作,全力准备讲稿。

《括地志序略都督府管州考略》刊于《史语所集刊》第三十五本《故院长朱家骅先生纪念论文集》。

其时,吴俊升接替钱穆出掌新亚研究所,仍仿齐鲁研究所旧规,每月举行学术讲论会一次,由研究生、助理研究员轮流讲演。

①《石璋如先生访问记录》九《出国研究与参与的国际会议》,中研院近代史研究所,2002年。
②孙国栋《一位学术界的楷模》,收入《充实而有光辉》,稻禾出版社,1997年。

钱穆虽已辞职,然经新亚董事会决议,任其休假一年后始得真正离任,故仍常出席论评。

12 月 3 日,耕望在新亚研究所第八十一次学术讲论会上主讲"谈唐代地方行政区划",认为历代讲唐代地方行政区划,都据《新唐书·地理志》为说,其实不很妥当。因《新志》体例,以开元天宝盛世为轮廓,而州府条目与县的隶属,又常以唐代末年为定,故前后往往参差矛盾。况唐代近三百年,前后疆域变化极大,既不能以开、天盛世为代表,亦不可以唐季为代表。故耕望所讲唐代地方行政区划不采《新唐书·地理志》,而别据《括地志·序略》、《唐六典》户部卷、《通典·州郡典》、《元和郡县图志》和《旧唐书·地理志》叙文,分述初唐、盛唐、中唐和晚唐的政区。

卷四　1965－1981 年

○ 1965 年乙巳　四十九岁

时已执教芝加哥大学历史系的何炳棣寄来论文《北魏洛阳城郭规划》，由于中、日学人对此课题已有不少论著，外加文中涉及汉晋洛阳旧城、官署、制度、掌故之处甚多，特呈请耕望评正。该文用考古资料与传世文献相比对的方法，解决了北魏洛阳城垣的尺度和面积问题；考订出洛阳内城外郭"里"的总数，肯定了《洛阳伽蓝记》记载的准确和可靠；进而指出，北魏洛阳的坊里制决不仅是京都土地利用的制度，而是根据统治阶级及被统治阶级不同社会经济性能的全盘都市设计；主要结论是，北魏帝国最后 40 年间划出面积约 30 方英里的"大洛阳"全部城郭，即被隋、唐都城设计者采为城垣所圈的总面积。耕望读毕叫好，未与何商量即代投《庆祝李济先生七十岁论文集》①。

完成旧稿《唐代方镇使府僚佐考》的改订。

指导新亚研究生汤承业完成学位论文《隋文帝政治事功之研究》②。

7 月，钱穆正式离职，应邀赴马来西亚讲学。

---

①《读史阅世六十年》第十八章《芝加哥大学（中）》，允晨文化实业公司，
　2004 年。
②新亚研究所历届毕业论文硕士班第九届。

暑期,耕望返史语所工作。

31 日,晋谒院长王世杰,王又谈及《中国通史》中古部分的编纂计划①。

9 月,《唐代方镇使府军将考》一文收入《庆祝李济先生七十岁论文集》上册,是为《唐代方镇使府僚佐考》下篇"军将"之全文抽刊。

钱穆自马来西亚来信:

> 耕望老弟大鉴:
>
> 　　七月卅日在台来信,中秋夜在港来信,均已到。晓田侄能进浸信书院亦是佳事。中文大学此后演变恐亦未能尽如人理想耳。穆之右目最近一月来殊不见有显著之进步,只能说较之离港前为佳,如此而已。
>
> 　　此间屡次表示盼穆能继续留此,惟此间气候长年炎热,久居终感厌倦。穆此次之来,只求暂时休息,此殊合适。预计再过四五月,应可照常工作。而留此一年仅可当别处半年工作,在穆桑榆晚景倍觉时光之可惜,因此迟疑不欲遽允。
>
> 　　然穆返港只拟杜门作朱子研究,不拟参加学校任何工作。吾弟前在台时,学校来信欲穆在研究所担任一名义,穆已覆函拒绝,并誊副本遍寄出席所务会议、校务会议诸人,兹附上一份,虽是明日之黄花,然弟试细读一过,亦知穆纵有意仍与新亚保持一接触,其事亦不易。故穆亦并无此想法也。
>
> 　　来书提及研究所未如理想,此亦无可奈何之事。穆自美归后,学校行政杂务日益有增,即不再在研究所任课,亦

---

①《王世杰日记》第 7 册 1965 年 7 月 31 日条,中研院近代史研究所,1990年。

少与研究所诸生有私人之接触,虽心知其日趋下流,然竟少精力顾及,今则更所不论耳。

在此为节省目力,专看《朱子语类》,每日或看一小时,多则两小时,极少至三小时者,并尽慢,细看一二条,即略作休息。虽每日所看不多,然颇有新得。以前未深切体会者,此次多所晓会,老来获有此进境,亦大快事也。

此间气候长年无变,惟三、四、五诸月较热。今年中秋月色特佳,穆夫妇移桌椅在园中品茗赏月,直过十二时。方欲于十六晚继续一晚,而是夜月色即为浮云所掩矣。匆此,复颂

俪祉。

> 穆启
> 九月十八日①

担任研究所新生谭宗义的导师,谭以在《珠海学报》发表之《诸葛亮南征考》就教。耕望阅后批语:第一资料太少,间接又间接之资料太多。其中又夹以想当然之推论,某君之"中国人发现美洲"先作一肯定,然后滥用间接、附会之史料,夹以想像,逐步求证其所作之肯定,此一治学方法,最要不得。乃建议谭多读钱穆、陈寅恪、陈垣、吕思勉四家的著作②。

初至中大,就有朋友告诉耕望,来到新地方,环境比较复杂,"害人之心不可有,防人之心不可无"。然耕望自譬是座不设防的城市,不会有人来攻。纵有人攻,亦不在乎!继而,又有朋友提醒,像耕望这样也该有人嫉妒了,盖有所闻有所指而言。耕望

---

①《素书楼余沈》第386—387页,《钱宾四先生全集》卷53,联经出版事业公司,1998年。

②谭宗义《星沉大地——敬悼恩师桐城严耕望归田先生》,收入《充实而有光辉》,稻禾出版社,1997年。

虽也有察觉,但也只付之一笑,若无所知,不予计较。据时任新亚书院历史系主任的孙国栋回忆:

> 当年,香港学术界的风气有点浇薄,教授之间时互相訾议批评。惟独严先生未受到一句闲言。他淡泊名利、待人淳厚、治学精勤,而温良恭俭,实在无可訾议。大家都说:"严先生是无人敢訾议的,因为谁批评严先生,谁便会被视为坏人。"能够在众人心中受如此尊敬的,恐怕除严先生之外更无他人。①

秋,耕望应台湾政治大学政治研究所所长邹文海之邀,担任该所博士生王寿南的论文指导教授。其时,王准备以唐代藩镇问题作博士论文,而导师王云五却非唐史专家,邹文海认为应聘专研唐史的耕望共同指导。自是起,王每月将搜集资料的进度和草拟的论文纲目向耕望作书面报告,耕望则覆信指点该阅读哪些资料,该从哪些角度来思考问题②。

11月,《谈唐代地方行政区划》一文刊于19日出版之《新亚生活双周刊》第八卷第九期。

12月,《景云十三道与开元十六道》刊于《史语所集刊》第三十六本《纪念董作宾、董同龢两先生论文集》上册。

○ 1966年丙午　五十岁

1月6日,耕望在新亚研究所第一○四次学术讲论会上主讲"唐代方镇使府幕僚组织",讲稿系就《唐代方镇使府僚佐考》上篇"文职僚佐"之结论作成。

---

①孙国栋《一位学术界的楷模》,收入《充实而有光辉》,稻禾出版社,1997年。

②王寿南《怀念归田师》,收入《充实而有光辉》,稻禾出版社,1997年。

2月，钱穆返港，在哈佛燕京学社资助下开始撰述《朱子新学案》。

3月，《唐代方镇使府幕僚组织》一文刊于4日出版之《新亚生活双周刊》第八卷第十五期。

耕望为新亚研究所诸生讲"史料"一题，连续数讲，重在考古器物与石刻文字，并涉及佛藏、本草、方志、族谱、小说各方面，意欲诸生于一般史料外能扩大眼界于此等各方面也。

4月，中研院几位年长院士有所觉悟，拟提名钱穆为第六届院士候选人，史语所同人函请耕望就近征询钱穆意见。但钱穆拒绝提名，且相当愤慨地说："民国三十七年第一次选举院士，当选者多到八十余人，我难道不该预其数！"耕望笑说，先生讲学意趣与他们不同，门户之见，自古而然。现时彼等既已幡然改图，为表示学术界的团结，似亦不必计较。然终不得钱穆认可，只好通知史语所撤销提名。

5月，得严一萍信，云石刻史料各书已搜集将备，即日付印。书成，希耕望能为一序。乃就为新亚诸生所讲"石刻文字"一节内容，约而述之以为《石刻史料丛书》序言。指出，石刻内容实极繁富，儒佛道经、公文、章约、盟誓、图绘、界至、医方、书目、诗文、行状、题记、纪功，以及各种兴建之纪事等等悉有之。秦汉以降，诸凡政治、经济、宗教、学术各方面之研求，亦莫不可取资于石刻，固不限于边疆民族之文字与史事也。至若石刻本身亦为最宝贵最可信之艺术史料，研治中古绘画、书法、雕刻之艺术，舍石刻外，可用之资料当无多矣！又此丛书之编纂重在石刻本文，不在昔贤研究之成绩。故以文录为甲编，而以目录与跋尾为乙编，纯粹研究石刻之著作不收。受材料与版式所限，不能将图绘一并刊入。29日撰毕。

指导新亚研究生赖坤维完成学位论文《五代政治人物出身

之分析》①。

有关唐代交通问题的材料,至是已搜录逾十万件。诸凡正史、《通鉴》、政书、地书、类书、杂著、诗文、碑刻、佛藏、科技诸书所见及考古资料,凡涉中古交通,不论片纸巨篇,皆搜录详密,几近陈援庵所谓"竭泽而渔"。乃将材料按地区及水运与交通制度分为十大类,即三都、关内、河陇碛西、秦岭、山南剑南、河东河北、河南淮南、江南岭南、河运海运及交通制度十类。拟分区撰写,以路线为篇。每区为一卷,每卷包括若干条路线。

7月,返史语所工作。就搜录到的唐代交通史料,分区逐题开始撰述。首作秦岭区《唐蓝田武关道驿程考》。长安东南出武关,自古为秦、楚间之交通孔道。其在军事上之重要性不言而喻。然唐代承平二百数十年,长安东南甚少军事行动,此道在唐史上之重要性,不在军事之形势,而在政治经济文化之沟通。中叶以后,因经济文化中心之南移,加以汴河交通常为东方军阀所困扰,此道之重要性益增,直为南北交通之大动脉。兹篇乃就唐人文史典籍中保存之丰富史料,对蓝田武关道全线驿程、增修工程与丹水漕运、行旅之盛详为考论之。因有两年未事论文写作,加之历史地理问题与前此偏重制度或人事者性质有异,故写来颇为吃力,浪费稿纸不少。赴港任教前,耕望每年至少写一两篇论文,总出版量已近三百万字,写作经验不可谓不丰富。不意停了两年,就显得颇为生疏。乃感论文写作亦当"拳不离手,曲不离口",不能中断。

24日,中研院第七次院士会议选出第六届新院士8人。芝加哥大学历史系教授何炳棣和史语所研究员高去寻当选人文组院士。

耕望与政治大学博士生王寿南通信已久,是年暑期始得见

① 新亚研究所历届毕业论文硕士班第十届。

面。王对耕望的第一印象是：温文儒雅的谦谦君子，对人和颜悦色，谈学问则认真严谨。据王寿南回忆：

> 暑假结束，严老师又返香港，我又恢复和严老师写信。我的博士论文写了三年，最后把论文一章一章写出来，当时没有复印机，只好用很薄的纸垫着复写纸，每张复写三份，一份寄给严老师，一份送给王老师，一份自己留底。严老师每次都是在我手写的稿子上直接批改，有时会附一张便条加以说明。从严老师的批改中可以看出严老师治学的严谨，使我不得不更加谨慎小心。①

8 月，耕望完成《唐骆谷道考》、《唐上津道考》两篇初稿。唐骆谷道，由盩厔县南三十里谷道北口之骆谷，至兴道北三十里谷道南口之傥谷（一名骆谷），凡四百四十里，于长安通汉中诸道中最为迳捷，然险阻尤甚；上津道北通商州，西通洋（今洋县）梁（汉中，今南郑）。东晋、十六国时代，已为关中与江汉流域通商之重要孔道。唐安史乱后，中原多故，汴河运输受阻，江淮物资输贡上都，多由江汉水运至荆、襄，再溯汉水、取上津路西经洋、梁，北输扶风，以济国用。凡此二道，兹篇皆详其沿线驿程与行次，并及道路兴废、行旅盛衰之考述。

《唐代方镇使府之文职僚佐》刊于《新亚学报》第七卷第二期，是为《唐代方镇使府僚佐考》上篇《文职僚佐》之全文。

中研院批假两年行将到期，本拟如期回院供职，惟儿女赴港后，即无法回台升学。因来港不足五年，不够侨生资格，但若回台参加联考，又一定不能录取，故只得继续留港。

---

① 王寿南《怀念归田师》，收入《充实而有光辉》，稻禾出版社，1997 年。

1966 年 8 月 12 日，与夫人段畹兰摄于香港
九龙，是年为结婚二十周年。

9月,新亚研究所因不愿隶属新成立的香港中文大学研究院,致使所内部分人员的学位不被认可。助理研究员金中枢为求再获一官方硕士学位,不得不加读中文大学研究院课程,耕望任其论文《北宋科举制度研究》的指导教授①。

香港"难民潮"骤起,治安恶化。钱穆夫妇决计迁居台北,先于外双溪东吴大学左近择定一地筑居。

《石刻史料丛书序》刊于30日出版之《新亚生活双周刊》第九卷第六期。

新亚研究生谭宗义以"汉代交通"为论文题,欲仿耕望撰唐代交通诸文,采用纲目体。耕望告之,唐代交通材料丰富,且搜集又极细密,可考出各路之详细行程,故可用亦必须用纲目体。汉代材料太少,无法详考行程,每条路仅能考得少数一二据点,则每节往往只一两条纲文,不成体式。因劝谭仍只用一般常行体式。

10月25日,耕望完成《汉唐褒斜道考》初稿。汉唐时代,褒斜道为秦蜀交通干线,以其险峻为全国诸道之冠,久为史家所称述。此道之路线,在汉魏时代无可致疑,然考之唐史,往往不能通解。兹篇详考史传、志书、政典、诗文、石刻、杂著,乃知唐世所谓褒斜道绝大多数指褒城至凤州(今凤县)道而言,实为北魏所开之回车道,攘褒斜之古名耳。前人未察,因名同而误为一道,致唐史典籍反多可疑,故为之辨,并详其驿程。

12月7日,完成前作《唐上津道考》的再稿。

23日,《唐蓝田武关道述略》刊于《新亚生活双周刊》第九卷第十二期,约述《唐蓝田武关道驿程考》一文之结论。

完成《唐子午道考》初稿。唐人志书云,自长安至洋州,六百三四十里,盖就子午道而言,实为长安、洋州间之最捷径道。观

①金中枢《永怀严师》,收入《充实而有光辉》,稻禾出版社,1997年。

其路线,可分汉魏古道、梁开新道、今子午道,其中梁开新道即唐人所纪录子午道之行程。唐初曾置驿,开元时代已不置驿,而天宝间又置驿,贡荔枝。安史乱后,此道在交通上之重要性不但不如褒斜道与蓝田道,亦不如骆谷道。然行旅者亦颇多。兹篇乃分别考述之,兼及子午谷道之东,库谷、义谷、锡谷三道之行程。

○ 1967 年丁未　五十一岁

1 月,完成前作《唐骆谷道考》的再稿。

2 月,《汉唐褒斜道考》刊于《新亚学报》第八卷第一期。

3 月 18 日,完成《通典所记汉中通秦川驿道考》初稿。《通典》一七五,汉中郡"去西京,取骆谷路六百五十二里,斜谷路九百三十三里,驿路一千二百二十三里",简称散关、凤、兴道,为唐末五代时期南北交通要道。兹篇详其行程以次,考获驿名凡十。

4 月,《通典所记汉中通秦川驿道考述略》刊于 14 日出版之《新亚生活双周刊》第九卷第十九期,约述《通典所记汉中通秦川驿道考》一文之结论。

指导新亚研究生谭宗义完成毕业论文《汉代国内陆路交通考》。

指导新亚研究生胡耀辉完成毕业论文《魏晋时代之洛阳邺都与长安》①。

7 月,返史语所工作。

15 日,完成山南剑南区《唐金牛成都道驿程考》初稿。唐世入蜀,或由汉中向西南,或由兴州向东南,皆经金牛,为入蜀咽喉。兹篇自北而南考金牛成都道全线行程,计凡一千零七十里,历州治四,县治一十三,驿名可考者一十七。就标准驿距而言,略得其半。

---

①新亚研究所历届毕业论文硕士班第十一届。

10 月,钱穆迁居台北,先住市区金山街。外双溪之新居由阳明山管理局公费建筑,时尚未竣工。

11 月 9 日,耕望完成《唐代岷山雪岭地区辐射交通图考》初稿。陇西地区逾岷山山脉南至岷江流域,战国时已有通道。至南北朝时代,岷山雪岭地区为西域、吐谷浑交通南朝之孔道。北周更极力经营,开置州县。隋唐承之,乃能真正控制此一区域。会吐蕃强盛,此地区遂成为重要战略地带,屯军运粮,实为要政。是则此地区虽极险阻,然交通运输必仍相当发达。惟唐中叶以后,此地区什九陷蕃,史家记述遂多残阙,后世学人自更模糊,且病疏误。至于交通路线,更历千载无复人知。兹篇乃综合各方史料详为考述之。

12 月,《唐金牛成都道驿程考述略》刊于 22 日出版之《新亚生活双周刊》第十卷第十一期,约述《唐金牛成都道驿程考》一文之结论。

28 日,撰毕《责善半月刊再版书后》一文,系香港龙门书店约作。文中回忆齐鲁研究所时期的学习生活,兼及当年为《责善》撰稿的一班师友。

是年,耕望所编《石刻史料丛书》正式由台北艺文印书馆据原刻影印出版,计收文录、目录跋尾 59 种 969 卷,上等毛边纸精印线装 420 册 60 函。

○ 1968 年戊申　五十二岁

1 月,《唐上津道考》刊于《史语所集刊》第三十八本。

春,完成山南剑南区《阴平道辨》初稿。阴平道因邓艾伐蜀著称于史,故凡涉阴平道,一若即邓艾所行者,此观念殊不正确。考中古史乘,阴平道实分阴平正道、阴平偏道、阴平捷道三路线,兹篇分别详其行程、辨其同异。

4 月 14 日,中研院评议会审定第七届院士候选人 27 位,钱穆再度被提名。

18日，中研院院长王世杰接钱穆来信，请辞院士候选人。王覆函劝其勿辞，并告以选举结果乃依法产生，院长无权变更①。钱穆未再坚持。

26日，耕望应《大陆杂志》之约，综合前撰《唐蓝田武关道驿程考》、《唐骆谷道考》、《唐子午道考》、《汉唐褒斜道考》、《通典所记汉中通秦川驿道考》五篇之结论，作成《唐代长安南山诸谷道驿程述》。

5月，《责善半月刊再版书后》一文收入香港龙门书店影印《责善半月刊》。

6月，《唐代长安南山诸谷道驿程述》刊于15日出版之《大陆杂志》第三十六卷第十一期。

24日，完成《唐代府州僚佐考》初稿。《唐六典》记府州僚佐组织至详，然往往仅存形式；至于天宝以后之演化，更非《六典》所能限。大抵前期府州政府之僚佐皆中央任命之品官，宋人称之曰"州院"。后期之制颇有衍革，中叶以后乃增置军事僚佐，皆为使职非品官。此为另一系统，可与"州院"对称为"军院"。属州军院之职即方镇使府之具体而微，惟属州政事以民事为主，行政核心仍在"州院"。州、军两院诸职又各有佐史。兹篇分"上佐"、"纲纪"、"判司"、"参军事以下诸州职"及"军院"五节分而考述之。

吴俊升任期满，唐君毅出任新亚研究所所长。

指导新亚研究生陈松龄完成学位论文《唐代广州社会各阶级的分析》②。

---

①《王世杰日记》第8册，1968年4月18日条，中研院近代史研究所，1990年。

②新亚研究所历届毕业论文硕士班第十二届。

指导台湾政治大学博士生王寿南完成学位论文《唐代藩镇与中央关系之研究》。

7月，返史语所工作。会新亚研究所有刊印个人论文集之议，期各举所业，俾相观摩。拟以唐史为范围，选录旧作之可增订者，参取新稿之未付刊行者，都为一集，名为《唐史研究丛稿》。

钱穆迁寓外双溪新居，因幼居五世同堂大宅第三进素书堂侧，故以"素书楼"名新居。庭园小楼，背山临溪。

12日，耕望完成前作《阴平道辨》的改订。

28日，中研院第八次院士会议选出第七届新院士9位，钱穆以百分之九十之最高票当选人文组院士。

8月，《通典所记汉中通秦川驿道考》刊于《新亚学报》第八卷第二期。

8日，耕望订正前作《唐子午道考》，收入《唐史研究丛稿》。

9月，《唐代松州驿道述》刊于9日出版之《新亚生活双周刊》第十一卷第五期，系就《唐代岷山雪岭地区辐射交通图考》第一节"松州南通成都驿道"、第二节"松州东北通散关驿道"之结论作成。

《唐代茂州西通吐蕃两道考》刊于《香港中文大学中国文化研究所学报》第一卷，是为《唐代岷山雪岭地区辐射交通图考》第六节"茂州西通吐蕃两道"全文。

10日，完成《唐代成都清溪南诏道驿程考》初稿。唐代成都通南诏有两道，就相对方位言，石门道为川滇东道，清溪道为川滇西道。二道之中，尤以清溪道最为重要。终唐之世，此道皆为西南入蛮之孔道，唐诏屡次用兵之主线，通使往还亦多取此道，故自始即置馆驿。当时多有记其驿程者，如《蛮书》、《新唐书·地理志》，又宋人《武经总要前集》等。唐代驿道中，以此道之史料记述为最丰富。前在台湾，中研院院士、台大历史系教授姚从吾托人自日本购得向达著《蛮书校注》，以示耕望。读之狂喜，以其大有助于唐代西南地理之研究也。及耕望来港,是书为首先搜购之对象。向氏于《蛮书》川滇西道驿程校注颇详,初以为来日撰及此道时可迻录其文,不必再费工夫。不意临作前发箧检视历年累积之资料,大多为向注所未及,且《蛮书》本文亦有可增补处,爰复奋力为文,发前贤未发之覆。

18日,补订前作《唐代成都清溪南诏道驿程考》,收入《唐史研究丛稿》。

23日,校订旧作《唐人习业山林寺院之风尚》,收入《唐史研究丛稿》。补入该文再稿刊布后续获之材料若干条,并稍改引文体式。

27日,增订《唐代方镇使府僚佐考》再稿,收入《唐史研究丛稿》。下篇"军将"增补最多。

10月17日,完成旧作《括地志序略都督府管州考》之再稿。增列府州治所,作地图;并据地图所示,对原稿作若干订正。旧稿原有近百州不知属所,颇疑为失考者。经此订正并作地图观之,除京畿中原地区及少数较远地区外,各府管州比接无隙,亦无插花现象,自信置府管州已无大问题,其诸州之不属府者,盖当时制度本未置府,非失考也。收入《唐史研究丛稿》。

22日,订正《唐骆谷道考》的再稿。

是日,史语所四十周年所庆。台大文学院院长沈刚伯莅所演讲"史学与世变",含蓄指出史语所的新史学是与社会脱节的纯史学,固有其可贵之处,但与时代社会隔离的纯之又纯的史学如何维持不断的创新力以免于枯竭,如何接受外界不断的刺激以产生新观念;写作新史书,如何从时代社会的转变中寻找灵感以开展研究的新路径或新境界,是史语所同人不能不认真思考的问题。此文刊于《史语所集刊》第四十本《恭祝总统蒋公八秩晋二华诞暨历史语言研究所成立四十周年纪念论文集》上册①。同册收入耕望的《唐金牛成都道驿程考》。

11 月 7 日，耕望完成旧作《论唐代尚书省之职权与地位》的再稿，收入《唐史研究丛稿》。

17 日，校订旧作《唐代纺织工业之地理分布》，收入《唐史研究丛稿》附篇。此文粗具梗概，未为成熟，本拟撰《唐代人文地理图志》时再详论之。然其时为诸生讲授《中国历史地理》，颇感此类文字最适合初学参考之用，故殿附焉。

21 日，拟定《唐史研究丛稿·序言》初稿，谓自编文集有积极、消极两重意义。"自觉学有所成，已可集结提供他人参考，此积极之意义也。自审不能再有进境，集结旧作，期广流传，此消极之意义也。虽年逾知命，然绠短汲深，志业所就，什才一二，方贾余勇，力争寸进"。文末附记：余少乐山水，尝期遍游海内名山，而环境未许。二十年来研究中古地理，聊当神游而已。今日小恙初痊，草此小序竟，举首青山在望，顿兴故国登临之思。"人情同于怀土兮，岂穷达尔异心？惟日月之逾迈兮，俟河清其未极！"仲宣此感，异代同悲。迁逝怀乡，今逢何世，有不知其所以凄怆伤心者矣！前撰《唐代府州僚佐考》亦收入《丛稿》。

12 月 6 日，校订旧作《新罗留唐学生与僧徒》，收入《唐史研究丛稿》。增补材料若干条。

9 日，增订旧作《旧唐书本纪拾误》，收入《唐史研究丛稿》。初稿拾误一百三十八条，至是乃增为一百五十五条。

18 日，就《唐代岷山雪岭地区交通图考》一文约述其结论，作成《唐代岷山雪岭地区辐射交通述》，收入《唐史研究丛稿》附篇；订正前作《唐代金牛成都道驿程述》、《唐代长安南山诸谷道

---

① 杜正胜《史语所的过去、现在与未来》，收入《学术史与方法学的省思》，中研院史语所，2006 年。

驿程述》二文,收入《唐史研究丛稿》附篇。

另有《阴平道述》一篇,疑亦于此时作成。凡此皆属研究唐代交通诸新稿未收入《丛稿》者之结论,虽不具研究性论文之体裁,然特便于一般读者参考之用。

○ 1969 年己酉　五十三岁

1月,《唐骆谷道考》刊于《史语所集刊》第三十九本《庆祝李方桂先生六十五岁论文集》上册。

2月5日,完成《唐史研究丛稿·序言》的再稿,增订颇多。

钱穆来信:

> 归田老弟大鉴:
>
> 　二月八日函早到,所寄茶叶乃小事,聊表愚夫妇相念之意,不足挂齿。所居小园,半年来栽种花木略成格局。意外获得古松四枝,一逾两丈,双干竞挺,余三枝亦得一丈五尺,苍奇硕大可爱。尚有五松,则颇平常也。又得三十年竹柏一枝,大榕一枝,枫树、樱花、山茶各二三十枝,杜鹃逾百五十枝,盘桓顾盼,大可怡神。《学案》急切难完,当到暑中或可毕事,此乃穆晚年一惬意之工作也。匆颂
>
> 俪祉。并贺
>
> 新禧。
>
> 穆启
> 三月一日①

12 日,增订前作《汉唐褒斜道考》。

17 日,完成三都区《唐代长安洛阳道驿程考》初稿。汉唐两

---

①《素书楼余沈》,《钱宾四先生全集》卷53,联经出版事业公司,1998年,第387-388页。

代都长安，而建洛阳为东都，两都间之交通至繁。称为大路驿，为唐代第一重要驿道。唐人韦述有《两京道里记》三卷，记两京间之驿程甚详，惜其书已佚。兹篇详征史料，考证陕、洛间路线所经及长安、洛阳间全线驿程。乃知长安至陕东崤坂间置驿二十二三，驿名无考者仅三四而已。崤坂以东，分南北二道。北道唐世不常置驿，惟军事急行，多所取途；唐人公私旅行多取南道，是为崤坂、洛阳间交通之主线，置馆驿十所，失考者仅一驿而已。庶几近于韦《记》旧观。

4 月 22 日，订正前作《唐代长安洛阳道驿程考》。

复就此文之结论作《唐代长安洛阳道驿程述》，收入《唐史研究丛稿》附篇。

5 月 2 日，完成《唐两京馆驿考》初稿，拟收入《唐史研究丛稿》。前撰《唐代长安洛阳道驿程考》，篇幅过长，乃将此驿道两端即长安东郊与洛阳西郊诸馆驿之考证文字全部抽出，益以两京近郊其他诸馆驿，编为此篇。大略以长安、万年、洛阳、河南四县境域为范围，考其馆驿名称与位置，以见两京馆驿布署之梗概。

《通判不始于宋说》刊于《新亚生活双周刊》第十二卷第二期，指出五代后期中原及南唐皆已有以中央官通判诸州之制，不始于宋也。盖至宋乾德元年始定制通行全国。

更订旧稿《唐代行政制度论略》。

6 月 5 日，致信新亚研究所毕业生谭宗义：

宗义弟：

五月十二日信早悉，你又回纽约工作，待遇较好，且有较多读书之暇，甚慰。宋代都市问题既决心作长期努力，不愁没有成绩。但研究一代专门问题，其根基须将整个时代作全盘了解，然后始能不漏洞百出。目前在餐馆、在家中休

息时,即可读宋代几部基本大书,注意都市材料,其他问题
如发生兴趣亦可注意(看基本书不可专翻都市材料,那是查
书,不是读书)。久之自然多方通解,不限于都市一问题也。
今人研究宋史者甚多,然极少将《宋史》从头到尾看一遍,故
少有真正的大成就。我这学期功课已结束,还看诸生论文。
下年假期将于十月初开始,拟去台湾及日本,只是一游而
已。就学术言,不抱太大希望。《唐史研究丛稿》正排印中,
希能于九月间出版,及其他论著皆尝寄弟存阅,不过为学贵
在博览,自己老师的文章固须看,也要多看他人著作。各有
门径,多所窥涉为佳。小儿暑期本拟到纽约工作,但又改变
到芝加哥。小女出国尚有待一份薪入,甚难同时供两人在
美读书也。新亚研究所虽有问题,但问题只在研究助理员
的生活费,研究生部门则无问题也,知后特闻。余不一一。
即祝

客祯。

严耕望

一九六九、六、五①

是年,谭宗义曾将纽约市立图书馆东亚部所藏大陆出版之
《文物》杂志,影印寄给耕望参考。耕望去信,告其赴美不久且家
累甚重,不当为此花费甚钜。谭乃回信报告,彼处科技发达,所
费不多,因知六零年代初期之《文物》,耕望在港难以看到,故特
影印寄之②。

耕望前作《唐代长安洛阳道驿程述》一文刊于 13 日出版之

---

①《充实而有光辉》附录"严耕望致谭宗义函"影印件一,稻禾出版社,1997
年。
②谭宗义《星沉大地——敬悼恩师桐城严耕望归田先生》,收入《充实而有
光辉》,稻禾出版社,1997 年。

《新亚生活双周刊》第十二卷第三期。

指导新亚研究生唐小敏完成毕业论文《魏晋黄河中下游陆路交通考》①。

7月2日，就续收入的两篇新作，更订《唐史研究丛稿·序言》相关文字。

17日，完成《唐代洛阳太原道驿程考》初稿。中古时代，中原北通北塞主要干道有二，西为洛阳北通太原、雁、代道，东为洛阳、汴州北通邯郸、燕、蓟道。东道坦，西道险。唐都长安，而建洛阳为东都，太原为北都，故西道交通尤显重要。然其行程无能具体言之者，兹篇乃考而出之。复就此文之结论作《唐代洛阳太原道驿程述》，收入《唐史研究丛稿》附篇。

8月4日，增订前作《唐两京馆驿考》。

14日，再更订《唐史研究丛稿·序言》。

休假一年，耕望计划回中研院工作。

9月，《唐代行政制度论略》修订稿刊于《新亚书院学术年刊》第十一期《新亚书院成立二十周年纪念号》。

《唐代岷山雪岭地区交通图考》刊于《香港中文大学中国文化研究所学报》第二卷第一期，是为前作《唐代岷山雪岭地区辐射交通图考》之前五节。

23日，迁寓狮子山下霞明阁新居②，系笔架山上一座12层楼房的第二层，以7万港元购得③。通信地址为九龙义本道霞明阁D2座2楼④。

---

①新亚研究所历届毕业论文硕士班第十三届。

②《唐史研究丛稿·序言》，新亚研究所，1969年。

③严伯高《我的四叔——严耕望先生》，收入《安庆文史资料》第27辑《香皖两江情》，中国文史出版社，1997年，第107-108页。

④李卉、陈星灿编《传薪有斯人》，夏鼐致张光直信，生活·读书·新知三联书店，2005年，第213-214页。

10月,新亚书院创校二十周年,钱穆赴港出席庆典,莅耕望新居,但见斗室虽小,而高朗空阔,面朝狮峰,稍显峻拔凌虚,苍翠有生意。乃自移小凳于骑楼观赏良久,颇为惬怀。据耕望的女儿严晓松回忆:

> 旅居香港三十年,父亲的健康之道(也是娱乐之一),要算是每日清晨从不间断的散步了。他常为自己选择的居所而得意,这房子不但客厅及两个卧室面对狮子山,而且附近共有九个大大小小的公园,可供他散步,供他在里面吟诗及冥想。每次回港省亲,我都尽量早起,陪父亲晨运,走一段路。我们每日走往不同的公园,然后到茶楼吃早餐。每个早晨,我们都有讨论不完的话题。爱说话的我,学无所长,却喜欢大发谬论,虽是胡言乱语,却往往逗得父亲笑呵呵。这就是我最怀念的父女情。①

《唐蓝田武关道驿程考》刊于《史语所集刊》第三十九本《庆祝李方桂先生六十五岁论文集》下册。

22日,《唐史研究丛稿·序言》最后定稿。

《唐代长安太原道驿程考》初稿将近完成,拟休假中带至台北续完。

月尾至台北,适逢武大校友集会,赵保轩、徐叙贤两位学长促耕望写一点在校时期的回忆录,但自感文思滞涩,加之疏懒,迟迟未能应命。

返史语所工作。李济欲为叙薪,耕望婉谢。只靠哈佛所赠少量研究费维持生活,寓中研院蔡元培馆。

晋谒院长王世杰。王旧事重提,希望耕望承担《中国通史》中古卷编纂工作,且屡次告以"事在人为,并无不能解决的困

---

① 严晓松《永怀父亲》,收入《充实而有光辉》,稻禾出版社,1997年。

难"。然终未能鼓起勇气。自感一项工作开始就没信心,将不可能做得好。如勉强承诺,日后把钱用了,却拿不出满意的成绩,是将更辜负老人的知遇。

钱穆撰毕《朱子新学案》正文部分。

12 月,《唐代成都清溪南诏道驿程述》刊于 19 日出版之《新亚生活双周刊》第十二卷第十二期,约述前作《唐代成都清溪南诏道驿程考》一文之结论。

传闻史语所第一组主任陈寅恪已于广州中山大学家中去世,陈的妹夫、时任台北总统府资政俞大维受李济之邀莅史语所演讲陈氏治学方法。讲辞以《怀念陈寅恪先生》为题,发表于翌年 3 月 31 日的《中央日报》副刊。

29 日,耕望完成《唐史研究丛稿》最后一校。此书《序言》先后承牟润孙、潘重规、陈槃三位友好润饰文字。

〇 1970 年庚戌　五十四岁

1 月 15 日,完成旧作《隋代总管府考》的再稿。

《唐史研究丛稿》正式出版,是为耕望第一部学术论文选集。共收正文十篇,附文七篇,都约四十五万言。

3 月,《唐子午道考》收入《饶宗颐教授南游赠别论文集》。

4 月初,耕望收到台北武大校友会会刊《珞珈》第二十六期,是为祝贺首任校长王世杰八秩寿辰而编辑。因事前不知有此特别之意义,故未能撰文恭祝校长嵩寿,心感歉疚。适当日下午史语所开所务会议,决议出版《庆祝雪公院长八十岁论文集》,乃有弥补之机会。

12 日,中研院评议会选出第八届院士候选人共 20 名,耕望入围人文组院士候选。

20 日,修订《唐代洛阳太原道驿程考》一文,拟付《庆祝雪公院长八十岁论文集》。

5月，王世杰正式辞去院长职务，台湾大学校长钱思亮接任，为中研院第五任院长。

接武大校友会徐叙贤通知，嘱为《珞珈》第二十七期撰稿。适王世杰刚刚摆脱行政职位，乃思略述与老校长相识相知之经过，兼亦谈及对武大第二任校长王星拱之认识，藉以表达对此前后两位王校长之感念。

指导新亚研究生童和君完成学位论文《盛唐诗人行踪》①。

指导中大研究生黄浩潮完成学位论文《北魏宰辅制度》②。

史语所确认陈寅恪已于上年去世，正式任命陈槃为第一组主任。

7月，完成《我与两位王校长》初稿。

26日，中研院第九次院士会议选出第八届新院士8人。耕望当选人文组院士，同时当选者有台大文学院院长沈刚伯。

8月，《唐代府州上佐与录事参军》一文刊于台北《清华学报》第八卷第一、二期合刊，是为前作《唐代府州僚佐考》一文中"上佐"、"司录、录事参军"两节之增订新刊。

是年，女儿晓松曾为托福考试到台北居钱府一段时间；此前此后亦屡到钱府谒候，深获钱穆钟爱，前后七八信都有提及。晓松考后回港，钱穆来信说："彼骤然离去，却不无寂寞之感。"一次晓松自台回家说，"太师母把钱公公当做孩子照顾。"耕望夫妇觉得女儿很聪明，一语形容尽至。一日，耕望笑着向钱穆说，"先生奋斗一生，艰苦备尝，但晚福不浅，是人生最大快事！"钱穆怡然自得。

结束在台工作，返港。

---

① 新亚研究所历届毕业论文硕士班第十四届。

② 《当代香港史学研究》，三联书店（香港）有限公司，1994年，第195-196页。

开学,担任中文大学新亚书院历史系 1967 级班主任。班长潘国键听人说,耕望的国语带有浓厚的安徽桐城口音,不易听懂。但既为班长,也唯有硬着头皮,拿着纸笔,往耕望的办公室禀报班中杂事,并候吩咐。初次见面,耕望的温文和善,笑容可掬,及对学生处处关怀之意,使潘心中的惶惧一扫而空。师生俩在语言沟通上虽确有困难,但在纸笔帮助下,大致亦不成问题。

来港六年,耕望于中文大学开设有"中国历史地理"、"中国中古史研究"、"中国政治制度史"和"中国中古史料"四门课。每年讲授其中的两门,皆为高年级课程。耕望治学严谨,所授史地和政制课程,尤其艰深难习。至于给分,也从不松手。普通学生,自然避之则吉。潘国键三年级时便已看破成绩,但仰耕望之学问和为人,是年(1970—1971 学年)一口气修了"中国历史地理"和"中国政治制度史"两门功课,成绩竟也幸运地都得了 A级(甲等)①。

9 月 8 日,校毕《唐代洛阳太原道驿程考》,增补"盘陀驿"一条。

新亚研究所首届毕业生、时已执教浸会学院史地系的章群,引介新近考入新亚研究所的浸会弟子廖伯源到耕望的研究室拜谒,希其能得耕望指导而治中国政治制度史,并呈上廖已发表之论文两篇:《京师大学堂筹设始末》及《强学会》。章与耕望闲话十余分钟,与廖辞出,耕望对廖之请求未置可否。

数日后,耕望至廖伯源之研究室归还论文。谓文章既属近代史范畴,何以欲转治中国政治制度史。廖答以前读近代史,尽是列强欺侮中国,常为之心情不佳,故不欲以近代史为以后之研

---

①潘国键《恩师严耕望教授与我》,2009 年。http://www.douban.com/group/topic/21829076/? type=like#sep。

究专业。乃嘱有问题可随时到其研究室来①。

《阴平道辨》刊于《新亚学报》第九卷第二期。

《元和志所记凉州至长安两道试释》刊于 15 日出版之《大陆杂志》第四十一卷第五期。凉州地当长安通西域道之要冲。唐世陇右富庶，凉州繁荣，西域商侣往来不绝，其与长安之交通状况，遂得与幽、并、荆、益并举。兹篇考定《元和志》所记凉州通长安南北两道之确切名称、大致路线及里程，并以唐人诗篇证得两道皆置驿。

其时，耕望以新当选院士之故，校外演讲邀请甚多。乃于课堂上以身示范，勉励学生勿以外务妨碍研究工作，并谓邀请讲演者皆慕名而来，非为追求学问，若答应一个，其他亦难于推辞，日后恐不胜其烦。莫如一概回绝，以息事宁人。

28 日，在《试释》一文基础上，开始考述长安西通凉州南北两道之详细行程，此路线属河陇碛西区。唐世长安通西域道可分长安凉州道、凉州安西道、安西更向西通西域诸国道三段。安西以西之行程，贾耽所记颇详，《新唐书》录附《地理志》之末，中外学人已多所测论。而安西东至长安之行程则殊少论究者，惟陈沅远《唐代驿制考》略有所述，然颇多谬误。兹篇乃综合史传、地志、诗文、政书、杂著，旁搜本草、佛藏，兼采敦煌残卷及宋代地图石刻拓本，详为考论，凡途程所经州县军镇关津馆驿，有可考者，皆表而出之。惟长安通安西道，里程太长，材料亦丰富，故以凉州为断，先述长安凉州道耳。

《我与两位王校长》刊于《珞珈》第 28 期。

《唐代洛阳太原道驿程考》刊于《史语所集刊》第四十二本《庆祝王世杰先生八十岁论文集》第一分。

廖伯源至研究室，谓读《汉书·百官公卿表》难察丞相与九

---

① 廖伯源《回忆与怀念》，收入《充实而有光辉》，稻禾出版社，1997 年。

卿间之统隶关系。耕望曰,此正《百官公卿表》之缺失,对廖如此快即能有此认识甚为满意。

在新亚研究所的课上言及彭信威所著《中国货币史》,谓是一本好书,虽不治财政史、经济史者,亦当参阅。课后廖伯源向耕望借得该书,见封底贴有耕望手书之便条,大意谓:1949年后内地所出版之史学研究著作,其与夫人段畹兰咸以彭信威所著《中国货币史》为最佳。

10月16日,增订前作《唐代长安洛阳道驿程考》,刊于《香港中文大学中国文化研究所学报》第三卷第一期。

廖伯源又至研究室,谓日后将治宋代地方行政制度史。盖读《中国地方行政制度史》,知耕望仅计划写到唐代,故欲接续之。耕望笑谓:“我写到唐代,你接下去写,那也很好。”廖谓自感制度史基础太差,若以在研究所之两年治汉代制度,他日再治宋代地方行政制度,则此两年功夫是否会浪费?盖课堂上曾听耕望言,中国政治制度,先秦制度所知甚少,秦汉制度则为此后两千年制度之基础,治制度史当先对秦汉制度下功夫也。耕望答曰,“怎么会浪费,两年不够,多几年更好。”此后更于课上表示过“治制度史之时代应稍长,最好是跨越两个朝代或更长,盖此较易看出制度之演变,而比较之下,各朝制度之特色亦较为明显”之意。至此,廖乃决定在新亚研究所治汉代政治制度史,并依耕望所示,从头到尾点读《史记》、《汉书》、《后汉书》,并用卡片抄录与政治制度有关之文字。

时新亚研究所之教授研究室在六楼,学生研究室在五楼。耕望每日清晨到校,晚八九点始回家,除上课外,皆在研究室读书写作。学生问学,叩门即进。遇有较大之问题,常谓“此问题我未作过研究”,即不复他言。若无其他问题发问,则师生对坐无言,静默片刻,但绝不令学生有压力感。及学生有所述作,呈其审阅,耕望习惯在有问题的地方用铅笔划线,或写数字,然后召至研究室逐页指正解说①。

12月1日，完成《唐代长安西通凉州两道驿程考》初稿。

新亚书院院规，班主任每学期至少须与学生聚会一次。耕望爱好登山，中文大学历史系1967级班第一次和他约叙，就是请他同往太平山顶远足，并约定在缆车站集合，一道登山。该日，全班在车站等了逾半个钟点，犹未见耕望踪影。班长潘国键心急之余，派人往山上车站察看，才发现耕望早已等候在那儿！潘乃恍然，先前未向耕望交代清楚是在山上还是山下的车站集合，颇感惭愧②。

○ 1971年辛亥　五十五岁

1月6日，增订前作《唐代长安西通凉州两道驿程考》。

得杨联陞4日来信，拟推荐耕望为高级访问学人，再到哈佛研究一年。且云：

> 我兄对于唐史及魏晋南北朝史之贡献，充实而有光辉，确已超迈同辈，连大陆及日本学人在内。

耕望自度"充实"可当之无愧，但"光辉"尚不敢自信。其时岳母病重，无法抽身，且刚休假一年，短期内不能再有假期，故未能应邀。

五十多岁后，有血压高及中耳不平衡之症状，在医生建议下服药控制。按耕望对健康之态度，一如对研究工作般严谨科学，自是乃愈加节制饮食起居。其在九龙塘笔架山上的寓所，门前道路坡度甚陡，住家多以自用车或计程车代步，惟耕望每天徒步

---

① 廖伯源《回忆与怀念》，收入《充实而有光辉》，稻禾出版社，1997年。参同著者《严耕望传》，收入《严耕望先生纪念论文集》，稻乡出版社，1998年。

② 潘国键《恩师严耕望教授与我》，2009年。http://www.douban.com/group/topic/21829076/？type＝like#sep。

上下数个来回，藉此锻炼脚力。

20 日，前作《唐代长安太原道驿程考》续写完毕。长安太原道，沿渭水北岸东行，渡黄河，又略循涑水接汾水河谷而上，此地理条件所限，古今殆略相同也。惟历代驿程，与运用状况，则不尽相同。《隋书·经籍志》二《史部》有《并州入朝道里记》一卷，记当时此道途程当甚详，惜久佚。兹篇乃勾稽旧史、诗文，参取圆仁《入唐求法巡礼行记》，表出此道之行程，并附《唐代长安太原道驿程图》。

3 月 25 日，《唐代长安西通凉州两道驿程考》一文誊补完毕。

4 月，完成河陇碛西区《唐代甘瓜北取居延海花门堡通回纥道》初稿。居延道为西汉以来北塞进出主要大道之一，唐代与北方敌国之南北军道，主要者有凉州、灵州、代州、幽州诸道。凉州道即居延道也。唐代疆域远届碛西天山南北，赖凉州为西域统治之基地。凉州西北走廊地带甘、肃、瓜、沙一线排列，而南北两侧皆有强邻伺隙而动，北侧突厥、回纥之进出与中国之守御即以居延道为主线。兹篇乃就此道之行程详为考论。

5 月 3 日，完成《唐代凉州西通安西道驿程考》初稿。凉州（今武威）为盛唐时代西北地区政治军事经济文化之中心，极为繁华。安西都护府（今库车）则唐代前期中央政府控制西域之总部。其间相去五千里，有道通达，为唐代西通西域中亚之交通孔道，亦唐代前期控制西域中亚之工具也。故此道允为当时国际交通之第一重要路线，全程皆置驿。兹篇乃就此道所经，凡州、县、军、镇、关、戍、馆、驿，有可考者，皆表而出之，以明此道之正确路线，并略及交通繁荣之概况。取与前撰《唐代长安西通凉州两道驿程考》参看，长安西至安西之交通情况皆可了然。其间行程七千里，急行一月可达，此即丝绸之路之东段。篇末附《唐代凉州安西道驿程图》。

史语所为纪念已故第一组主任陈寅恪,特将其在所期间出版的专书、发表的论文结为《陈寅恪先生论集》,作为史语所特刊之三出版。专著含《隋唐制度渊源略论稿》、《唐代政治史述论稿》两种;论文含《大乘义章书后》等三十一篇。刊布时间始于1931年,迄于1948年。专书两种,本由商务印书馆发行,至是始收回自印,特请耕望为之校阅,改正误字,并增加人、地、书名标号;论文三十一篇,径由《集刊》抽出影印,未有改动①。

27日,《唐代凉州西通安西道驿程考》增订完毕。

指导新亚研究生尹达明完成学位论文《唐代前期御史制度略论》。

指导新亚研究生胡国慧完成学位论文《唐代京兆尹》②。

按耕望指导学生写论文,惯例由学生自定题目。且在课堂中明言:老师给题目,学生仅就题目读书找资料,范围局限,往往见树不见林,不容易写好文章;而因背景知识之缺乏,可能提出外行的错误论断。其次,只阅读与题目相关的史料,论文写完,研究也就停止,因为对题目以外的问题全无涉猎,不可能在题目之外发展出新的研究。若老师不给题目,学生自己读相关朝代之正史,对该朝代之历史有较全面之了解,会发现很多问题都可以研究,再选择自己有兴趣又合适之问题作为论文题目。因为是读书有得而撰写,结果常是令人满意的好文章;而对该研究朝代已有较全面之了解,则较不会发外行之谬论。更重要的是,阅读史料时凡是有兴趣之问题都加以注意,学位论文写完之后,可以继续研究其他问题,学问可以越做越大③。

6月24日,为《唐代凉州西通安西道驿程考》增写第五节

①《陈寅恪先生论集·前言》,中研院史语所,1971年。
②新亚研究所历届毕业论文硕士班第十五届。
③廖伯源《回忆与怀念》,收入《充实而有光辉》,稻禾出版社,1997年。

《长安安西道在交通上之重要性》。

时廖伯源已开始撰写毕业论文《汉代爵位制度试释》,第一章论先汉爵制,高论过度。耕望发回原稿,谓文章不应如此写,无复他言,似甚为不悦。廖乃修改退稿,尽去无据之大言浮论,篇幅仅余原文十之二三,即为论文之前论"二十等爵渊源略论"。此后,乃渐臻于为文之道,虽仍常被耕望指出其中之错误,然谓整篇文章"不应如此写"的情况,则不再发生①。

9月,《唐代长安西通凉州两道驿程考》刊于《香港中文大学中国文化研究所学报》第四卷第一期。

21日,起草京都关内区《唐代长安灵州道及灵州在西北交通上之地位》一文。灵州灵武郡在唐都长安之直北微西一千二百里,边疆诸郡之去长安,以此为最近,且无高山险阻,大河隔限,故与中央之关系亦视其他边州为切。加以地当黄河上游水运之要冲,北出塞外之坦途,故中古以来,北方强敌入寇,中国大军出击,皆以此为重要孔道。自盛唐始,灵州与朔方军于西北交通与军事形势上极具重要性。兹篇目的,即在究明灵州至长安及灵州向外四方通达之孔道,以明此州在唐代交通军事上之形势。

11月,《唐代凉州西通安西道驿程考》刊于《史语所集刊》第四十三本第三分。

6日,《唐代长安灵州道及灵州在西北交通上之地位》初稿完成。

30日,完成《唐代长安灵州道及灵州在西北交通上之地位》的增订。

12月,《唐代长安太原道驿程考》刊于《新亚学报》第十卷第一期上册。

得钱穆17日来信,云《朱子新学案》出版,已寄耕望一部,并

---

①廖伯源《回忆与怀念》,收入《充实而有光辉》,稻禾出版社,1997年。

谓"最近选宋明理学五家诗,藉此玩诵,聊以忘忧"。

〇 1972 年壬子　五十六岁

1月,《元和志所记凉州至长安两道之研究》刊于香港大学亚洲研究中心《东方文化》第十卷第一期,是为前撰《唐代长安西通凉州两道驿程考》第一节之增订新刊。

钱穆来信:

归田老弟大鉴:

读来书深为欣慰,弟乃性情中人,故能欣赏诗篇。古人论诗,必曰陶杜。陶乃闲适田园诗而实具刚性,境界之高,颇难匹俦。杜有意为诗,陶则无意为诗,傥两家合读必可更增体悟。古人治学本无文史哲之分,如读《通鉴》,温公于两书外多增唐人小说笔记,不仅有关史事,其间有甚深蕴蓄属于义理方面者。温公此书,实已文史哲三者兼顾。专论文与史,班不必不如马,若论义理,则所差远甚。

穆教人治理学须从年谱、诗文集入手,再及其语录,则易于启发也。晦翁诗能化,中年后极少理学气味;阳明早年曾刻意吟咏,而中年以后诗反多理学气;两家高下于斯可见。东莱《古史》,一见便是史;温公《通鉴》,史中兼容文哲。弟试从此两义参入,学问必可更上一层。连日拜年者不绝。今晨始得闲,聊此奉告。并颂

俪祉。兼贺

春釐。

穆启

二月二十日[1]

---

[1]《素书楼余渖》,《钱宾四先生全集》卷53,联经出版事业公司,1998年,第388-389页。

3月,完成河陇碛西区《唐代河湟青海地区交通军镇图考》初稿。唐代河湟青海地区地当唐与吐蕃之主要通道,亦为唐通西域孔道之一,故地处要冲,成为唐蕃交兵之主要战略地带。及安史之乱,边防军悉数内撤,自陇以西,东西数千里之地陷属蕃境,北宋虽曾一度经营,然时暂,终弃,故唐、宋史家记述疏落,河曲、湟源、青海地区之名都重镇更多渺焉莫晓,致后世读史,于当时形势,战略运用,乃至使臣僧侣之行经,商业贸易之市场,皆曚然莫解。兹篇以交通路线为经,军镇建置为纬,广罗唐世史料诗文杂著,凡涉此一命题者悉力征考,辨其经图,明其地望。务使当时军事进退,使臣往还,商贸出入,宗教传播,皆得按图指证也。

14日,为《唐代河湟青海地区交通军镇图考》撰写引言。

指导新亚研究生廖伯源完成学位论文《汉代爵位制度考释》①。

7月,岳母病逝。

15日、16日,中研院第十次院士会议选出第九届新院士8人,史语所研究员屈万里、张琨②当选人文组院士。

29日,完成京都关内区《唐代长安北通丰州天德军驿道考》初稿。唐初威服大漠南北,置安北、单于两都护府于黄河之北,分统诸部。而于河南河套北境,西置丰州,东置胜州,内以巩固国疆,外以支援两府。中宗景龙二年,朔方大总管张仁愿渡河筑定远城及中、东、西三受降城,拓地三百里。后复置振武军于金

---

① 新亚研究所历届毕业论文硕士班第十六届。
② 张琨(1917—),字次瑶,河南开封人。语言学家。1938年毕业于清华大学中文系。后入中央研究院历史语言研究所担任助理研究员,1947年发表论文《苗瑶语声调问题》,奠定了苗瑶语声调比较研究的基础。1955年获耶鲁大学语言学博士学位,历任西雅图华盛顿大学、加州大学伯克利分校中国语言学汉藏语教授。

河县。迄玄宗盛世,北疆防御,以灵州灵武郡与夏州朔方郡为根本基地,而置经略军于榆多勒城,统大军以支援丰、胜二州及河外诸城,形成一伞状防御系统。天宝末年,又于中、西二城间黄河之北筑天德军城,拟为朔方根本,其意以中城、东城连振武为左翼,以西城、丰州连定远为右臂,南制党项,北制突厥。河外诸城通长安之道有三,其中天德、夏州入长安道一千八百里,居中最捷,故最为主道,然驿程所经,前史不详,兹篇乃为之考论。

钱穆来信:

> 归田老弟大鉴:
>
> 　　廿四日书奉到,弟妇心情就平为慰。穆与弟性格微有不同,穆偏近刚劲,弟似为柔退,故于陶杜各有爱好。高明柔克,沉潜刚克,正是各于自己偏处求补,曾文正特爱闲暇恬退诗即是此故。今年写一小书,取名《双溪独语》,至今约得六万字,预计在本年中完成,当得十万字上下。此书费思多而着笔少,并多撮举古书前言往行。近来士不悦学,于古书多未经目,率陈己意,恐读吾书难入,然亦自娱而已,并稍立标格,欲使真向学者,知有一规模耳。院士选举如沈某,岂非一索即得? 言之增慨,匆复,顺颂
>
> 俪祉
>
> 　　　　　　　　　　　　　　　　　　　　穆启
>
> 　　　　　　　　　　　　　　　　　　　　廿七日[1]

8月,完成《唐代长安东北通胜州振武军驿道考》初稿。唐世防御北方强邻以北护黄河为第一要著,故于河套地区屯重兵、置驿道,经营不遗余力。河外诸城通长安有中、东、西三线,前考

---

[1]《素书楼余渖》,《钱宾四先生全集》卷53,联经出版事业公司,1998年,第389—390页。

长安北通丰州天德军驿道为中线,兹篇乃续考东线(由长安向北经坊州、鄜州、延州,东北行经绥州、银州、麟州至胜州及振武军所在)之详细行程。

9月4日,完成《唐代安北单于两都护府考》初稿。唐代前期,边疆经常建置之都护府有安西、安东、安南、安北、单于、北庭诸府,《唐六典》仅列其四,且几无一句不误。后此史家所记亦错落互见,尤以北疆之安北都护府置废迁徙不恒,后世学人更茫然不晓。兹篇乃就安北都护府及与此府地理相近且有相互关联性之单于都护府,考其置废改易与地望迁徙如次;而观其置废迁徙之情形,亦足见当时中国与北疆民族盛衰进退之大略。

6日,增订前作《唐代长安北通丰州天德军驿道考》。

10月,《隋代总管府考》收入日本东京《中国学志》第六本。

钱穆来信:

归田老弟大鉴:

十九日书奉悉。穆不作诗而好读古人诗集,去年选钞理学六家诗尚未付印。弟亦好读古人诗,大是佳事,惟此为到晚年来最好消遣也。《双溪独语》于孔子诞辰暂告一段落,共分四十五六节,约十万字上下,平均每篇不超两千五百字上下,此下或续撰一二十篇,刻尚未定。能治宋史极佳,将来撰历史地理能下及宋代自较合适,治史不及宋,终是与下面少交涉也。匆颂

秋祺。

穆启

九月卅日①

---

① 《素书楼余沈》,《钱宾四先生全集》卷53,联经出版事业公司,1998年,第390页。

20 日,完成《唐代关内河东东西交通线》初稿。唐代关内、河东两道以大河为境,河上置关甚多,联络两道交通。兹篇自北而南考此段河上诸关津,及其东西交通线以次。

11 月 9 日,订正前作《唐代长安东北通胜州振武军驿道考》、《唐代安北单于两都护府考》二文。

17 日,前作《唐代关内河东东西交通线》增订毕。

22 日,钱穆来信云:

> 《国史大纲》,商务以字模不清,拟予再排。……穆……欲趁此机会将全书通读一过,或有增改。意欲吾弟亦拨冗为穆阅一过,遇弟意认为当增删改动处,逐条见告,穆当酌量采用。又……或欲穆一一增写出处。其实书中似有交代;其未交代者,今欲一一补入,则颇费精神,不知弟意如何?

25 日,于香港中文大学中国文化研究所演讲"唐代河套地区军事防御系统",讲稿分"河套地区的自然环境"、"唐初时代的军事部署"、"开元天宝时代的军事部署"、"安史乱后中晚唐时代军事形势的演变"四节。

中大研究生黄长生以"北朝都市"为论文题,涉及都市人口问题。耕望告之,僧传中有好材料。黄翻查一过,并无发现。耕望乃检《续高僧传》一〇《释靖嵩传》示之:

> 及登冠受具,南游漳邺。属高齐之盛,佛教中兴。都下大寺,略计四千。见住僧尼,仅将八万。讲座相距,二百有余。在众常听,出过一万。故宇内英杰咸归厥邦。

并谓此条极其重要,一个都市及其郊区有僧尼八万人,可以推想邺都人口之多了。

28 日,再订正《唐代关内河东东西交通线》。

29日,覆信钱穆,重提三十年前旧议,认为《国史大纲》于写作上仍存讲义形式,宜当加工,增补修饰,臻于完美,并愿尽力协助。至于增补出处一节,则以为并不足以挂怀。盖此书以通识擅胜,与考证之作大异。考据之作,重在实证,必须一字一句明其来历。通识之作,重在综合,重视章节布局,提出整体意见。固然也要以考证功夫为基础,但不能要求其叙事论说之尽合乎考证标准。有些大问题,只能凭作者的才智与深厚学力,提出简要的慧解,很难再有限篇幅中原原本本加以证明;只有让看书多、程度深的读者,循此慧解的线索,自己体会,获得了解。此等处,一点一滴的考证方法,几难有用武之地,何能事事注明出处?因向钱穆建议,与其再逐句寻出处,费大事而就小功,不如在大处加工,完成一部通体融会的通史读本。并提出校补意见数条。

12月6日,校订前作《唐代长安灵州道及灵州在西北交通上之地位》。

接钱穆函:

归田老弟大鉴:

接读上月二十九日来书,愿为拙著《国史大纲》尽校补之劳,不胜欣感。兹再就弟来书所述各点,略申鄙意。

一、拙著侧重上面政治,更重制度方面;下面社会,更重经济方面;中间注重士人参政,于历代选举考试制度及时代士风,颇亦注意。弟意学术思想、文学、艺术方面嫌分量稍少。鄙意不拟在此上多及,只为语焉不详,辞不尽意,不如付阙,较少毛病。若需增补,则恐篇幅大增,反使读者意绪易纷,不能集中。

二、拙著采纲目体,弟意改双行夹注,尽量排大字,并愿代任其劳。惟此事穆别有顾虑,一则原书排行甚密,恐改动不易清楚,有许多处须重行钞写,此事太麻烦。穆自己少此精力,亦不欲弟为此多费时日。二则此书本在上海排字,那时上海商务排字工人有训练,又排样经吕师诚之思勉通体代校,迄今重读,差误不多。此次重排,在台工人,当远不如往年上海商务工人之有训练,傥更张多,付印后校时费力。如穆之《朱子新学案》由何佑森君助校,穆复亲校两遍,仍不免有误。三则傥弟在台,晤面易,穆固甚愿弟代任此劳,今隔阔太远,若要再斟酌,又须邮递费时,此层为此顾虑,似亦不如一仍其旧,保留原写时模样。

三、本书有许多出处未一一注明,此层由前陈君寅恪相告,惟非注明不可者,原稿实多随文提及。未提及者,如看正史某传某志,十九可以以意推知。其必须添补注明出处者实不多。弟意谓不必要,决一仍旧。

四、补地图一事,穆久有此意,穆素极欣赏西方学者所为历史地图,其插入历史书中者,能曲折达出书中精要处,着墨不多,而活泼变动。王恢于史事未能会通,恐其看拙著,未能把握穆之着意处,则甚难落笔。彼只能绘沿革图,古地名、今地名分颜色注出,如是而止。彼来台后,穆曾告其代绘拙著插图,久未有应。此事已曾当面告之,彼虽竭意担承,恐其不能胜任,彼亦从未见过西史插图,指说为难。弟若能有兴趣担任此事更佳,或由弟绘草,由王恢君依草作图,如香港学生中能由弟面示绘成则更佳。前函未提及,恐弟无意为此事多尽力,今承弟提及,故敢相烦。

五、大事年表,就近嘱一青年为之,此事甚难。今之青年,能通晓全史者,绝难物色,彼既不知事情之大小轻重,删则易,有须再补处反更易忽过。穆已转变意志,且勿补此一项。弟意如何?

六、弟意欲穆撰此书后有不少新意见随此增入。穆亦未尝无此意,但拙书本有体裁,亦须顾及,若欲多为增补,详略甚难安排,只能就原书补原书较省力,若欲将以后新书中意见补进,此事较不易。穆顷已将拙著看过上册,计补入者并不多。如第五页论历史传说,补入一节论燧人氏、有巢氏、伏羲氏,火食与巢居与畜牧三阶段之演进,极合近代西方人意见,可见中国古史传说,极富理性,此三氏合说见《韩非子》,后世沿用,而拙著缺了,今为补入。又二二一页论北方门第之后又增入南方门第在中国上之贡献,因拙著于南方门第贬处多于褒处,终嫌偏了,今据穆在《新亚学报》所刊载论南北朝门第者补入一节,然文长仅两三百字,因限于本书体裁,不宜太详,则别处相形将见太略也。又如论贞观之治一节,在制度上无可多讲,在社会经济上反而详了,终嫌在实质上显出贞观之治之可贵者不多,乃仅仅补上一条云:

其君臣上下,共同望治,齐一努力之精神实为中国史籍古今所鲜见。

附双行注:

其详见吴兢著《贞观政要》一书。

其他只增添几句处,如此庶保留原书体状,仍使读者不觉。其第一章有关古器物发见方面,穆尚未着手,盼弟提示。其他各章,有误有阙,盼弟一一提示,可逐处补改。

此书初出,缪赞虞君有校记二十条,旧曾附刊在本书之后,后径依之校改,此附刊即不复载。前去美国,李田意君赠与重庆国难版有此附载,穆又有附识一则,谓"海内学人,不惜珠玉,凡遇拙著纰缪处,赐予纠弹,随时见示,俾获于此书改版时一一勘定,则区区鄙衷,拜嘉无极"。此条在民国三十二年三月,不谓距今三十年又半以上,乃竟未有人对此书续有指正,穆自己对此书,亦复三十年来从未翻过,今再从头校读,深感此书不仅年轻一辈大学肄业青年,将感艰深难读,即中年以上人,能读此者亦将不可得,然欲作国史,穆之此书，终将为后人开一新路，故极望弟亦如此前缪君赞虞所为，不妨尽量指其疏误处，俾使此书较臻完密，此层务盼勿却，此书开始第一章，则待弟特为增补。忆此稿初成，穆携之亲访吕师诚之，请其将书中疏误处径为改订，后因商务急待出版，每夕送清样六七十页以上，催吕师速校，故事后吕师面告，只能校误字，未能认真校内容。穆私认能校此书者，亦惟吕师与赞虞二人而已。今则不能不有望于弟也。

《双溪独语》常在手边，隔旬日，颇自校改一二处，然只在思想义理方面，增一字，改一句，颇自惬意。然此书付印，亦恐未必能多觅解人，学风颓败至此，自己生此时代，亦不能不分负其责。回想晚明诸遗老在清初情形，真如天半峨眉，可望不可即矣。内人或可于本周末或下周初赴港，嘱勿去机场，彼到后必设法通知，极望与弟夫妇晤谈一次，在港大约以旬日为限，故尽得有晤谈机会耳。穆在此有《中国史学名著》一课，其课堂录音，由一台大旁听生录下，据此略删润其字句，顷在校正清样中，一月后可出版。此稿在文华学院《文艺复兴》月刊中先行刊载，乃颇为一辈人注意。大抵正式撰著极难望有读者，只降格作随笔性文字，则较易有人看，此诚大可嗟也。匆此，顺颂

俪祉。

穆启
十二月七日①

按耕望在史语所的前十年，在《集刊》上发表不少学术性论文，兼有专书出版，但似并无多少读者。倒是在《大陆杂志》与《国民基本知识丛书》等处所发表的不成熟、自己不重视的文章，

---

① 《素书楼余渖》，《钱宾四先生全集》卷53，联经出版事业公司，1998年，第391-395页。

却反而读者很多。故对钱穆信末的喟嗟深表同感：

> 大约正式著作，矜谨严肃，读来通常都较困难，不但理解不宜，而且也较枯燥。程度弱的读者，更烦厌生畏。作者若以非研究性的态度，用简略文字表达，一般人始能较易接受。其实这种较低水准的不负绝对责任的述作，写来实较容易，只是很难谨严缜密作准确的表达，在学术水准上势必大打折扣，难入真正著作之林，不能期其有恒久的价值。但时代如此，亦莫可奈何！只得在谨严著作之余，用点时间写些较轻松的文字，以迁就读者，诱导他们渐入深境。所以学术著作固当"阳春白雪"，有高度水准，但"下里巴人"亦不能尽废！

《唐代河套地区军事防御系统》刊于 15 日出版之《新亚生活双周刊》第十五卷第八期。

《唐代长安灵州道及灵州在西北交通上之地位》刊于《香港中文大学中国文化研究所学报》第五卷第一期。

中研院实施所长任期制，三年一任，得连任一次。所长李济届满。

○ 1973 年癸丑　五十七岁

1 月，遵照钱穆前定原则，动手校补《国史大纲》。先将脱误处校出，上册发现脱误较多。

中研院聘屈万里任史语所所长。

得钱穆 15 日来信，复谈校补《国史大纲》事。

耕望据已发见之考古资料，对《史纲》上册史前部分稍作增订。抗战以后，中国境内发现史前考古资料极为丰富，中国史前史几已完全改观。《史纲》既增订出版，自不能全盘不理。下册两宋以下，自度非己所长，难多有贡献。春节前，将《国史大纲》

下册校本先寄还钱穆。

2月5日,校毕《国史大纲》全书,作日记一条:

> 此次校阅,比较仔细的看了一过,得益不少,益惊佩宾师思考敏锐,识力过人。早年我即钦服宾师境界之高,识力之卓,当上追史迁,非君实所能及。再读此书,此信益坚。惜当时未能好好的写,只将讲义草草改就付印,不能算是真正的史著! ……然即此讲义,已非近代学人所写几十部通史所能望其项背,诚以学力才识殊难兼及!

钱穆来信:

归田老弟大鉴:

> 来书及《国史大纲》下册校本均早收到。因渡岁及其他事冗杂相乘,直至前日始将尊校《国史大纲》下册启封,即照誊一过。弟所提出各节,尚未细看。昨日王恢来,已将插图绘就四幅。彼亦事忙,已嘱其加速绘出,以赴商务预定付排之期,王君绘图未能符穆所想,亦只如此,总比没有好。此事费弟多少精力,甚以为感。一书既成,亦只有仍之。若要在体裁或内容有改进,此极费力,所以著书戒速就也。

> 去冬为此间博物馆讲"理学与艺术"一题,看了许多宋人画论,理出一头绪,颇自欣悦。数日前,写成一论文,自谓可创辟治中国绘画史及艺术史者一新途径。总之学问贵会通,若只就画论画,就艺术论艺术,亦如就经论经,就文史论文史,凡所窥见先自限在一隅,不能有通方之见也。又在东海大学讲"中国文化传统下之文史学"两讲,虽只举极粗浅事作例,然寓意可深看,尚未得暇写出讲辞,拟在此下半月一月内写出,终恨不能有人作畅快之谈话资料。学术界尽在颓废堕落中,惟王恢能在沿革地理方面时时来谈,亦颇肯

用心,亦稍有成就,回念彼在新亚得吾弟教导之力不少,目前吾侪亦只有如此稍尽自己一分力量,英才有志,可遇不可求,未可必欲得之,亦无可奈何耳。有一文化学院学生肯读《朱子新学案》,已能读完,亦大不易得,匆匆略道一二。专此,顺颂

俪祉。

穆启

二月二十三日①

5 月,香港中文大学历史系讲座教授牟润孙将于秋间退休,讲座教授一席空出,乃登广告征聘。友朋力劝耕望应征此职,就中一位在他系担任同样职位者,更为此邀耕望至家中餐叙,语其"你不做,一般人总以为你不如人"。然因讲座教授需兼行政,故耕望认为此一职位于己有害无益,决意不做考虑。至于一般人的看法,无关紧要。

12 日,新亚研究所所长唐君毅约耕望午餐,亦促其应征。

14 日,唐君毅又至耕望研究室,与谈应征讲座教授事。且云新亚书院校长梅贻宝与学校高层曾会商此事,认为此职当为新亚员额,一致希望耕望出任。唐语意恳切,耕望亦甚感动,然念及自己的才性与研究工作,终未予同意。

17 日,耕望写长信一封,分致新亚书院校长梅贻宝与新亚研究所所长唐君毅,申说担任讲座教授一职对个人有百害而无一利;而因自己不擅行政,勉强就之,亦未必能对新亚有所贡献。梅、唐两人的意见是,一方面藉以维持新亚学术水准,一方面阻止中文大学当局任用人,而使新亚失去一个重要职位(英国大学制度,每系只有讲座教授一名,其余均为讲师)。

---

① 《素书楼余渖》,《钱宾四先生全集》卷 53,联经出版事业公司,1998 年,第 395—396 页。

23 日,梅贻宝复约耕望至校长室,唐君毅亦在座,仍希耕望能重新考虑。认为讲座教授已不必非要兼系主任,行政事务可由他人负责,担任此职只象征有此学术水准,不致影响研究工作。然耕望只恳切感谢彼等美意,而未改初衷:

> 因为我想,居高位,人事关系定较复杂,社交应酬也必增多,增加许多麻烦;而且就我个人言,只有牺牲,并无好处。就收入言,原有薪入已很够用,再增加,亦无必要。至于一般人所看重的名位,我自信已不必任何高级职位头衔来作装饰了! 这不是我过分自负,而是觉得,若有志事功,名位权力诚不可少;但就一个纯学人而言,任何高级名位头衔都是暂时的装饰,不足重视;只有学术成就才是恒久的贡献,必须坚持。①

6 月初,写信给钱穆,谈到不应征教授之故。

当月五日,钱穆来信:

归田老弟大鉴:

> 久不通闻,方以为念,昨得来缄,不胜欣喜。弟不欲应征中大史系教授,亦未为非计。担任此职,未必对中大能有贡献,不如置身事外,可省自己精力,亦减无聊是非。大陆流亡海外学术界,二十余年来,真能潜心学术有著作问世者,几乎无从屈指,惟老弟能澹泊自甘,寂寞自守,庶不使人有"秦无人"之叹。此层所关不细,尚幸确守素志,继续不懈,以慰厚望。

> 《中国史学名著》已由此间三民书局出版,不日当向该书局索取一部邮上。书中对刘知几《史通》颇有贬辞,留美

---

① 《钱穆宾四先生与我》下篇《从师问学六十年》,第 106-107 页,台湾商务印书馆,2006 年。

学人中有通信,谓穆持论过严。然此乃此书通体意见如此,若迁就时下观点,则非全体改写不可。诚矣著书之难,而读书亦为不易耳。《双溪独语》最近亦在《文艺复兴》络续发表,惟恐不能竟体刊登,当留手头续有改定,至明年再全书付印。倘尊处《文艺复兴》不易,当按期邮上,乞函告知。

王恢为拙著《国史大纲》插图,鄙意颇不惬,然彼不了鄙意,只有如此。彼赴港嘱其便中交弟一阅,至《史纲》增校本,今日始寄商务。心情疏懒,可想而知。即颂

俪祉。

穆启

端午日①

28日,完成河陇碛西区《唐代北庭都护府通西州伊州诸道考》初稿。唐代西北疆域扩展至天山南北,论中国当时直接统辖版图,以庭、伊、西三州为西北之极边。此三州,内为河西诸州之屏障,外为二千里外安西都护府之支援,实为唐代控制西域之中心根据地,移民屯垦,灌输文化,不遗余力;而发展交通,尤属基本建设,俾军事行动,使节往还,物资供应,文化传播,皆得畅通无阻。自长安迄安西七千里之长程驿道,《唐代长安西通凉州两道驿程考》、《唐代凉州西通安西道驿程考》两篇已详为论证,伊州西通西州即为其中一段。兹篇乃再就庭州东通伊州、南通西州之诸道续为考论。

指导中文大学研究生潘国键完成学位论文《北周疆域考》②。潘于新亚书院历史系毕业后考入中大研究院,就读期间在牟润孙教授指导下,写成《玄奘西征年代考》,并因之拿了"哈

①《素书楼余沈》,《钱宾四先生全集》卷53,联经出版事业公司,1998年,第396-397页。

②《当代香港史学研究》,三联书店(香港)有限公司,1994年,第195-196页。

佛燕京奖学金"。进而又随耕望研治中古史地,颇得垂青。耕望每有新作问世,总送单行本一册给潘一读。硕士论文答辩时,主考教授王德昭对于潘文之语杂文言,颇有意见。幸得耕望即时替其辩解,才得顺利过关。潘国键硕士毕业后,耕望曾问他可有兴趣在李吉甫的《元和郡县图志》上做点考证工夫。某日,又亲自将七大册艺文印书馆印行的精装版《宋史》搬到自己在新亚书院的办公室,送给潘国键。并谓自己的研究范围,断限于唐代,希望潘能继续下去。潘深领老师的一番心意,但坚决把书钱付给耕望。后潘国键又报读香港大学中文系的中史研究硕士班。毕业后,复在耕望和牟润孙的大力推荐下,被港大中文系教授赵令扬收为博士生,并邀得刚到任的系主任何丙郁教授当其指导老师,从而得以继续史学方面的研究①。

7月,《唐代关内河东东西交通线》和《唐代长安东北通胜州振武军驿道考》刊于《新亚学报》第十卷第一期下册。

开学,为新亚研究所诸生讲授"中国中古史研究"一课,上学期讲述中古史料及相关研究述评,下学期则以其所撰写之专题论文,选篇讲授其研究方法与心得,并规定研究生轮流报告。此课除对民国时期中古史研究成果及其个人研究历程作详细说明外,还不时穿插其师友之治学及轶事,并旁及史学工作者生活、修养及治学诸方面之须知,皆自身治学之经验谈,其予诸生以较深刻之印象者有:

　　1.最为推崇之师友分别为钱穆、吕思勉、余英时及"史学二陈"——陈垣及陈寅恪等五位。

　　2.认为治史者的生活宜朴素、规律,尽量减少不必要之应酬。

---

① 潘国键《恩师严耕望教授与我》,2009 年。http://www.douban.com/group/topic/21829076/? type＝like#sep。

3.强调史学研究仍以史料为主,社会科学理论为辅,且屡言今人治史太重社会科学理论,并谓自己亦多谈社会科学书籍,然而发掘史料、提供史实真相,仍为史家首要之务。

4.屡言重要史籍,尤须首尾读毕贯通,而不宜以选择材料心态"远眺",否则难获识见。

5.提醒青年学者,治史尤需兴趣较为专一,不宜善变,否则不易取得成绩。

此外,还在堂上屡言治史者应做到"读人人能读之书,讲人人不能讲的谈话"方为上乘,最为棒喝。

时耕望亦为中大大学部高年级开设"中国历史地理"一课,起自史前,下迄唐宋,对疆域、气候、物产、交通、城市,多所论述。因知学生不易听懂"安徽国语",故事先编好讲义分发选课诸生。其中,《唐史地理讲义》写得细密而有体系,书目尤其精详,且绘图甚多,堪称图文并茂,于此亦可见其教学用心之一面。在谈及其唐代交通路线之研究成果时,曾一度谓"唐代国界为余所考出",言辞肯定,容色自然。惜知音不多,选课者只寥寥数人而已。班上学生苏基朗则为例外,日后且随耕望研治中古闽南史地。新亚研究生李金强因选课而与耕望相知,一度受邀随其研究中古之四川,惟以李其时尚任教于中学,工作量甚大,难以静心细读中古史料,故最终仍选取近代史为硕士论文方向,未能成为耕望之入室弟子[1]。

钱穆来信:

归田老弟大鉴:

---

[1]李金强《追记严师耕望之学行》,收入《充实而有光辉》,稻禾出版社,1997年。参同作者《新亚研究所师友杂记》,载香港浸会大学历史学系《当代史学》第7卷第3期,2006年。

八月中旬弟来书谓大约月尾必须搬家，想近来已定居马料水宿舍，不知情况如何为念。又闻有关研究所书籍并未迁去马料水，翻阅有所不便否？穆在此为运用书籍大感不方便。故宫博物院藏书有限，中央图书馆不外借，中央研究院无人可托，台大图书馆尚可托何佑森代借携来。前为欲读顾宪成《小心斋劄记》，只中央图书馆有此书，辗转商托借来一阅，甚感不易。《双溪独语》已嘱编辑人按期寄上，不知果寄来否？此稿随时改削，不知弟读后意见如何，盼示及。此下之稿仍可随时续有改定也。暑中谢觉民来谈，嘱其过港相访，不知曾见面否？

最近开始写孔子、孟子传，预定以半年为期。此两书受人敦迫不得已始下笔，意欲写一通俗本，然下笔终嫌简净，不能为时下文字，读者必苦之，实无奈何。每下笔参考书在旁，古人以数语说明白了，今欲改成十数语或数十语，岂不扫兴。写了六千字，又从头改写，此六千字应可增成一万字，然读者仍不易了。学术堕地，人不悦学，全无根柢而欲读两千年前大圣大贤之传记，岂不甚难。但若过分迁就，读吾书后，仍不能进窥古书，亦是徒然。故最后仍只有写简净之文言。惟有许多处明明一句可尽，而写出了两句，庶可与一般读者接近。此等甘苦，则古人所未尝也。

（昨闻何佑森言，弟驾可能来台，不知是在今年冬抑明年暑？久不见矣！渴予望之。）

又参考书亦不易遍搜，只就崔述、江永两家，亦只扼要提及，不能如为《诸子系年》时之纵笔书写也。因思此下著作必然得重开新面，如穆则裹了脚放天足，终是不适。然文体改了，人之聪明亦将随而变，穆纵感到此十年来更难遇一聪明之后生。此亦不足怪，读书不费力，聪明自日受窒塞耳。穆每念及李定一，此人甚可惜，不知其近在何处？弟能得其消息否？近欲得一如定一之为人为学亦复不易,再隔十年二十年以下,真不知将堕到何等境界也。

　　匆此不尽,顺颂

俪祉。

穆启

十月三日①

　　11 月 30 日,完成秦岭仇池区《中古时代仇池山区交通网》初稿。仇池山位于甘肃南部嘉陵江上游,其地天险而丰实,且当秦、陇、巴、蜀之交。北与关中西通河、陇、西域之驿道相接近,东与关中南入剑南、南诏之驿道相接近,西南亦邻接剑南循羌水(白龙江)西北出河西、剑南三角交通之正中心,三面距离三道干线皆不逾三百里,故京师出河陇,入剑南,皆以此为重要辅线。兹篇先论中古时代仇池山区在交通军事上之地位。次论杜翁由秦州至兴州之行旅所经,亦即此一地区交通上最主要路线。此线末段,当秦陇两道入蜀入楚之枢纽,然嘉陵江上流数源于此交会,山崖峻奇,河谷幽深,水陆交通最为险阻,汉唐时代屡经凿疏,工程艰巨,故殿述之。

　　12 月,《唐代长安北通丰州天德军驿道考》刊于《香港中文大学中国文化研究所学报》第六卷第一期。

○ 1974 年甲寅　五十八岁

　　1 月 5 日,《中古时代之仇池山——由典型坞堡至避世胜地》初稿撰毕。兹篇仅考论此山之地望、形势与风土,以见此山区具有坞堡城守与避世环境之双重条件,因时势推移,遂由典型坞堡转为文士心目中之避世胜地也。

---

①《素书楼余沈》,《钱宾四先生全集》卷 53,联经出版事业公司,1998 年,第 398－399 页。

18日,旧作《唐代长安西通凉州两道驿程考》增订毕。

钱穆来信:

归田老弟大鉴:

六三元旦一函奉到。《孔子传》已于前两日赶完,尚待过年后通体重读一过。极有新得,较前所窥似又有进,欲索解人难得,惟有待之来兹。近人只认写白话文便可通俗,此意害尽学术界,无可救药耳。照片拟过年后摄寄。专复,顺颂

俪祉年禧。

穆启

一月廿日①

2月9日,《杜工部和严武军城早秋诗笺证》一文定稿。杜甫《奉和严郑公军城早秋》云:"秋风袅袅动高旌,玉帐分弓射虏营。已收滴博云间戍,欲夺蓬婆雪外城。"此诗表面看来甚易了解,然滴博、蓬婆在何处,云间戍、雪外城何所指,严武何以要收滴博云间戍,已收此戍何以欲进一步夺取蓬婆雪外城,杜翁歌颂严武何以特用此两句,乃至云、雪是否只是普通名词,用以状城戍之高寒。兹篇从历史与地理背景出发,就此一连串之问题详为论证之。早先,耕望曾应新亚书院中文系之邀作过一次讲演,题目是"杜诗述史",说明杜诗有些篇章可作列传看待,此外又列举关涉中央政情与政制、社会生活、地方民风、产业、交通、都市、商业、教育、文化各方面的诗篇数百条,以见杜诗中史料之富。

19日,增订前作《中古时代之仇池山》。

3月,提名新亚书院校长余英时为中研院第十届院士候

---

①《素书楼余渖》,《钱宾四先生全集》卷53,联经出版事业公司,1998年,第399页。

选人。

钱穆 4 月 1 日来信云：

> 七月能回台，获一畅晤，大以为望。长日杜门，寂寞之
> 甚。偶有来者，皆不谈学术；偶有谈者，亦无法接口；目疾又
> 不能看书，握笔心情可知！

27 日，中研院评议会议定第十届院士候选人共 18 名，余英时入围人文组候选。

5 月 30 日，校毕前作《唐代安北单于两都护府考》一文。

指导新亚研究生雷家骥完成学位论文《赠白马王彪诗并序笺证》[1]。

指导中大研究生黄长生完成学位论文《北朝城市研究》[2]。

7 月，香港中文大学停止对新亚研究所的经费补助，经新亚书院董事会议决，新亚研究所脱离中文大学改隶"新亚教育文化有限公司"。唐君毅自中文大学哲学讲座教授席位退休，专任新亚研究所所长一职，且要耕望挂一教务长名义，但可不看任何公文。

《杜工部和严武军城早秋诗笺证》刊于台北《华冈学报》第八期《庆祝钱宾四先生八十岁论文集》。

赴台参加院士会议。拜谒钱穆，谈到提名余英时一事，钱穆并不显露高兴之意，只淡然道："迟十年更好！"

15 日，中研院第十一次院士会议选出第十届 8 位新院士，余英时当选人文组院士，并任史语所通信研究员。同时当选的有史语所兼任研究员张光直等。

在史语所与近代史研究所联合举行的史学研讨会上，主讲

---

[1] 新亚研究所历届毕业论文硕士班第十八届。

[2]《当代香港史学研究》，三联书店（香港）有限公司，1994 年，第 195-196 页。

"在台北建立国际汉学中心",间亦谈及"社会科学方法与历史研究"的问题。认为运用社会科学理论解释历史,是一项好的进展,但希望只是历史研究方法的一项"发展",而不是"交替"(替换)。所谓"发展"是在传统方法上再加上社会科学理论的解释,"交替"是放弃传统方法,而过分重视从社会科学理论去做解释。

8月,完成山剑滇黔区《汉唐时代川滇东道考》初稿。汉唐时代,四川通云南之主要通道有东西两线,前撰《唐代成都清溪南诏道驿程考》已就西道途程详为考论。唐代川滇东道,《蛮书》与《新唐书·地理志》皆有记载,地名多所同异,但大体为一条路线。向达撰《蛮书校注》,考论南诏境内之民族、生业、风习诸端,功力极深。惟于地理判断稍显粗率,致路程多乖。兹篇乃再就此道开通之历史与行程详为考论之。

为免加重新亚研究所的财政负担,耕望在中文大学任教的同时,坚持义务(不受薪给)担任新亚研究所的导师。其时,新亚研究生修耕望的课,往往至中大与历史系学生一同听课。

十年来,耕望于中文大学历史系讲授"中国历史地理",内容实偏重于人文地理。因感无人讲先秦史,更无人能讲史前史,故将"上古人文地理"作为讲授重点之一,史前占去两个月,三代与春秋战国亦占两个月,共计一学期,秦汉以下反无时间详述。至是,始据历年所讲内容编写《中国历史人文地理讲义》。先成《夏代编》一卷,随堂派发选课诸生。

《唐代河湟青海地区交通军镇图考》刊于《新亚学报》第十一卷《庆祝钱穆先生八十岁专号》上册。

《唐代安北单于两都护府考》收入新亚研究所编《钱穆先生八十岁纪念论文集》。

9月11日,完成《汉晋时代滇越通道考》及其附篇《水经注叶榆水下游即今盘龙江辨》初稿。伯希和认为"唐代以前中国人开拓云南至东京(河内)交通之事,尚无迹可寻"。按《水经注·叶榆水注》记汉代由交趾(今河内)通益州郡(今滇池东宜良县)之水陆道有两段一百余字,可谓相当详悉。又《汉书》、《三国志》、《华阳国志》亦有关于此道之史料。若就传说言之,更可追溯至战国时代。兹篇乃据以详为考述之。又清代学人释叶榆水者,意见颇歧,以杨守敬之说最得其正,乃为之补疏之。

《中古时代之仇池山——由典型坞堡至避世胜地》刊于《新亚书院学术年刊》第十六期。

30 日,完成《唐代滇越通道辨》初稿。隋代经营云南颇力,唐室继之,伸展势力于今云南省境,滇、越交通史事颇常见于史册。贞元间贾耽对于此道已有详细记录,唐末樊绰撰《蛮书》亦有详细记录。惟边方地名,已多难考。近代留意古代滇越交通问题者,不但个别地名争论甚多,且所取路线亦未能深解,兹篇乃细为辨析之。

10 月 3 日,增订前作《唐代滇越通道辨》。

新亚研究所接受台北教育部资助,研究所毕业生均能获该部所颁授之学位。

冬,香港大学校外课程部邀往作一次讲演,内容希能与史学方法有关。因不太讲究方法论,故对此项邀约不甚有兴趣,但辞不获已,惟就自己治史经验作简略报告。为欲使诸生能实有受益,乃先写纲要,油印为讲义。纲要分上下两节,上节谈几条原则性的基本方法,下节谈几条具体规律。

12 月,《唐代北庭都护府通西州伊州诸道考》刊于《香港中文大学中国文化研究所学报》第七卷第一期。

是年,《秦汉地方行政制度》、《魏晋南北朝地方行政制度》曾再版一次,惟因事先不知,故未作校订。

台北中研院第十一次院士会议（1974年）①

---

①图片选自《追求卓越：中央研究院八十年》卷三《大事记》，台北中研院，
2008年，第80—81页。

○ 1975 年乙卯 五十九岁

1 月,写成《中国历史人文地理讲义·战国编》第十章"学术地理与人才分布"初稿。

4 月 15 日,《战国学术地理约论》一文刊于《新亚生活月刊》第二卷第八期,系就前撰《中国历史人文地理讲义·战国编》第十章"学术地理与人才分布"上篇"学术地理"的结论写成。

20 日,订正前作《汉唐时代川滇东道考》。

钱穆来信:

> 归田老弟大鉴:
>
> 此间连月阴雨,天气潮湿,穆因之胃病复发,亦未有患,只怠倦不能作事,尽求闲散而已。惟每周仍五晨去故宫博物院,彼间温度空气皆好,仍能伏案,两月来不去者仅数日而已。至今炎暑已届,体况依然仍未健复,想是老态,亦无可奈何也。老弟一人独居,想甚孤寂,弟妇想不久可归,到时幸赐一字释念。为内人检史料,嘱代道谢。专此,顺颂近祺。
>
> 穆启
>
> 六月卅日①

8 月,完成《正史脱讹小记》初稿。事缘 1974 年夏,故友严一萍检出耕望二十年前旧作、前刊《大陆杂志》第十三卷第二期之《梁书庐陵王续传脱讹》以示之,意在引起耕望对古籍校订之兴趣。遂不免见猎心喜,返港后乃就往日所发现隋代以前诸正史之传刻脱讹处缀合为此文,共凡六十条,冀能聊备他日重校正

---

① 《素书楼余沈》,《钱宾四先生全集》卷 53,联经出版事业公司,1998 年,第400 页。

史者之采择。

9月，抽出前撰《中国历史人文地理讲义·战国编》第十二章"方言区"，刊于《新亚书院学术年刊》第十七期，题为《扬雄所记先秦方言地理区》。兹篇据扬氏《方言》所述地理范畴，分先秦方言为关东西、关西、秦晋、巴蜀汉中、关东、中原、河北赵魏与燕赵、燕国与燕至朝鲜、齐国及齐与邻国、吴楚及吴越、楚国、荆扬、江淮十三区，分而述之并作相应归结。

10月18日，完成山剑滇黔区《唐代成都江陵间蜀江水陆道考》初稿。中古时代，成都府为当时西南部最大都市，亦为长江上游最大都市，江陵府为当时南中国中部最大都市，亦为长江中游最大都市。此两大都市皆经济繁荣，人文蔚盛，其间交通运输主要有赖长江上半段之蜀江水陆道，故此水陆道在中国中古时代，对于军事攻防、政治控制、物资流通、文化传播，皆发生重要作用。唐代且沿途置水陆馆驿，以利旅运，盖重之也。兹篇就蜀江水陆道沿途所经之地点、景观逐次考论，末节尤致意于峡江水运在当时交通上之地位。第三节附论峡江盐产之利与夔州户口之盛。

11月1日，完成《唐代三峡水运小记》初稿。三峡扼长江中游，河床为两岸崇山所束，既仄且深，水流湍急，奔腾汹涌，状至险恶。对于上下交通，自属一大障碍。然就古史所见，先民利用三峡水运殆不甚迟。至南北朝末期，峡江水运已在工具与技术上大有进步。至唐代盛世，长江航运商贸已盛，政府欲取给巴蜀物资者，亦采取峡江水运，虽途程数倍于秦蜀陆道，然节省人畜物力极多。使臣往还或私人行旅之行李无多者，自以取秦蜀栈道为捷径，然亦有取道三峡水程者。其携笨重行李或进出今四川东部及贵州者更以取峡江水道者为多。兹篇乃详为考述之。

15日，《唐代三峡水运小记》刊于《新亚生活月刊》第三卷第三期。

29 日,完成《唐代黔中牂柯诸道考略》初稿。唐代,南诏通唐有五道,前三道之驿程已于《唐代成都清溪南诏道驿程考》、《汉唐时代川滇东道考》、《唐代滇越通道辨》三文中分别考论,惟牂柯至黔府道及南盘江邕州道,几全部行于边疆民族之辖境,《蛮书》不记其置驿。兹篇先就牂柯、黔府道略微考论,并及黔中、牂柯四达交通线。邕州道拟俟研究岭南地区交通时再略考之。

是年,《中国历史人文地理讲义·战国编》之《列国民风与生计》一章亦在撰写中。又有《嘉陵江中江水流域纵横交通线》一篇。山南剑南地区蜀江、巴岭之间,其大水曰嘉陵江、涪江、渠江与沱江,嘉陵东受渠江,西受涪江,最为大水。其西南之沱江独流入蜀江,《元和志》名之为中江水。兹篇述此诸水流域之交通路线,故命篇如此,此区交通中心,大抵皆在嘉陵、涪水流域,如阆、果、梓、遂诸州是也。

○ 1976 年丙辰　六十岁

3 月,前作《中古时代仇池山区交通网》一文刊于《新亚学报》第十一卷《庆祝钱穆先生八十岁专号》下册。

4 月,前作《汉唐时代川滇东道考》一文刊于中研院《总统蒋公逝世周年纪念论文集》。

指导新亚研究生赵之玑完成学位论文《汉代边郡杂考》[①]。

7 月,应《中国学人》编者之约,就先前为香港大学校外课程部所作有关治史经验之讲义稿上节,草成《治史经验谈》上篇"原则性的基本方法",大致分六个章节。

8 日,在前撰《中国历史人文地理讲义·战国编》第十章《学术地理与人才分布》基础上,改订成《战国学术地理与人才分布》

[①]新亚研究所历届毕业论文硕士班第二十届。

一文。上篇《学术地理》乃就诸家学人国籍与活动范围可知者，作一统计分析，以见当时各学术流派于地理空间上之发展推进。又其时不但学术方面百家争鸣，即政治社会各方面，亦人才辈出，诚为中国历史上人才极盛之时代。下篇《一般人才分布》乃续就《史记》列传人物之国籍作一统计，对当时政治、社会各方面之人才分布作一概括性之观察。文末附图五幅。

28 日，中研院第十二次院士会议召开，选出第十一届 9 位新院士。

9 月，香港中文大学文学院院长郑德坤聘请中国科学院考古研究所林寿晋①来中大历史系讲授"上古史"与"中国考古学"。自是起，耕望的"中国历史地理"课始不讲史前，而只从三代讲起。

《战国学术地理与人才分布》刊于《新亚书院学术年刊》第十八期。

14 日，完成山剑滇黔区《唐代荆襄道与大堤曲》初稿。由白河河谷南接汉水至荆襄，自古即为中国南北交通最繁盛之道途，而其主干则荆襄道也。此道开通极早，至唐世始全线置驿，交通臻于鼎盛之时代。商旅过往既众，声色之娱之行业亦应运而生。此道中途之宜城（又名大堤城）尤为妓艺声色之中心，故自南朝

①林寿晋(1929-1988)，广东海康人。早年毕业于燕京大学、北京大学。1954 至 1988 年历任北京中国科学院考古研究所研究员、香港中文大学历史系讲师、高级讲师，一生从事中国考古发掘和教学研究工作。曾先后担任中国科学院黄河水库河南考古队、安阳考古队、侯马考古队队长，主持或参加过七里铺新石器时代遗址、涧滨仰绍文化遗址、郑州商代遗址、上村岭虢国墓地、洛阳东周王城、中州路东周墓群、后川东周两漠墓群及吐鲁番高昌国墓地等著名遗址的考古发掘工作。著有《上村岭虢国墓地》、《洛阳中州路》、《战国细木工榫接合工艺研究》、《先秦考古学》等专著及论文数十篇。

至唐世,艳歌中有所谓《大堤曲》、《襄阳曲》特咏襄阳、大堤声色之娱者,正为此一情势下之产物耳。兹篇乃就唐代此道之交通状况作详实之考察,兼及《大堤曲》产生之背景,以为治史习文者之一助。

23日,增订前作《唐代黔中牂牁诸道考略》。

10月,增订前作《正史脱讹小记》。

11月23日,完成《唐代山南境内巴山诸谷道》初稿。唐代山南道境内有大巴山脉,自西徂东横贯全境,分为北部的汉水流域和南境的巴水流域。由汉水流域之梁、洋、金、房诸州皆有谷道分别越巴山诸岭,循巴水上源诸谷而南入巴境。全篇分(一)兴元府南巴岭大竹道;(二)洋、金南越巴山诸谷道;(三)房州南越巴山诸谷道,分别略考此诸谷道之行程,以见山区南北交通之概况。

12月,《汉晋时代滇越通道考》和《唐代滇越通道辨》刊于《香港中文大学中国文化研究所学报》第八卷第一期。

是年为史语所首任所长傅斯年诞辰八十周年,耕望写有《我对傅斯年孟真先生的感念》一文以为纪念,内云:

> 当时他拿着内子的履历表走出史语所大门的步履姿态,至今仍常常浮现在我的眼前,这刻走笔至此,不禁涕泪交流,不能成字!……诚如李济之先生所说,我是充分的利用了史语所的优良环境。然而若非傅先生的远见,建立了那样好的环境,让有志之士能从心所欲的研究,又若非他让我进入研究院,并尽可能的照顾,那末我虽然具备了内在的一切条件,但浮沉在这样一个纷乱不宁的社会中,纵然今天仍可能在大学中觅得一枝栖,但要想在学术上有一点真正的成就,那就绝对不可能了。所以每当我想起二十多年前的往事,对于这位前辈学人傅孟真先生,总是寄予永恒的无

限的感念!

○ 1977 年丁巳　六十一岁

1 月 10 日,完成山剑滇黔区《唐代成都西南边区东西交通诸路线》初稿。兹篇所考,乃就成都清溪南诏道东西两侧分出之诸路线续作研究,以期成都西南边区雅、黎、隽三州境内之交通情况能有进一步之了解。取与前撰《唐代成都清溪南诏道驿程考》并观之,则成都西南边区交通之情况可以大明,亦治中古时代剑南西南军政、商贸及边疆民族文化史者之一助。

25 日,有致新亚研究所毕业生谭宗义一信:

宗义弟:

　　来函已收读。关于骑兵、车兵问题,中国古代本以车战为主,到春秋战国时代,北方民族渐强,以骑兵胜,车兵冗滞,远不如骑兵快捷,故中国不能敌,而有赵武灵王胡服骑射之革命性的大改革;到汉代对抗匈奴已以骑兵为主力,车兵只作防御、运输与仪仗之用,事实上已被淘汰。中国西北高原为产马最盛区,人民亦最强悍,秦之能统一六国,此亦一重要背景。汉代之能抗御匈奴,亦赖西北高原之骑射军力,西汉在西北置三十六苑,养马三十万匹,又重用六郡良家子,即为此故。东汉迁都洛阳,中央政治全为关东士大夫所把持,忽视西北高原之重要性,遂召西羌之患,卒致政权之覆亡。所以历代凡能控制西北高原马壮民强之区者,皆见强盛,否则国势必弱,皆见骑兵在国防上之重要性,故此点实为国史上之一关键问题也。

　　来函提到读书问题,就你目前环境而言(包括时间、图书),甚难就专门问题作深入研究,最重者当从通识上下功夫,此则当从正史、《通鉴》上着手。你过去为写论文而看

《史记》、《汉书》等,大约只着重在收集史料,此不够。要将全书仔细的读,对于这一时代有通盘认识。我去年出版几篇论文已付邮寄去,不过交通问题太专太细,你目前是业余读者,这些论文不重要,倒是从讲稿抽出之论文或较有用,我得暇或再将讲稿分寄一份去。会友李君,我应该认识,见面打招呼,只不知究是哪一位耳。余不一一,即祝

近祺。

耕望

一九七七、一、廿五

我在新亚所之教务长,只是名义,实际不负任何行政责任,盖此类事太无兴趣也。①

3月,《我对傅斯年孟真先生的感念》刊于台北《仙人掌杂志》第一卷第一号《中国的出发》。

4月,《北魏尚书制度》一文收入《中华学术与现代文化丛书》第三册《史学论集》,系旧作《北魏尚书制度考》之综述,亦可视为该文之较详结论。

指导新亚研究生李洁华完成学位论文《唐宋禅宗之地理分布》。

指导新亚研究生区建华完成学位论文《两汉秩中二千石及二千石京官任迁之研究》②。

7月15日,前作《唐代荆襄道与大堤曲》再事增订。

9月,前作《治史经验谈(上)》刊于新亚研究所《中国学人》第六期。又下篇《几条具体规律》亦已就前为港大校外课程部所作讲义之下节续成,大致分七个章节。因《中国学人》第七期出

①《充实而有光辉》附录"严耕望致谭宗义函"影印件二,稻禾出版社,1997年。

②新亚研究所历届毕业论文硕士班第廿一届。

版计划未定,而半篇论文又不便改投他出,故暂未付印。

8日,《唐代荆襄道与大堤曲》增订毕功。

10月12日,完成京都关内区《中条山脉诸陉道》初稿。中条山脉界于汾涑流域与黄河河谷之间,为中国古史上之敏感地带,故交通亦早辟,险侧陉道亦甚多。最著名者有虞坂、巅轵、茅津道,王屋、轵关道,其次有白陉道、浢津道、风陵道等,皆所以联贯汾涑平原与潼关以东之大河河谷者,关系古史,不可不知;其在唐代,又具有三都交通辅线之地位。兹篇乃详为考论之。

19日,完成河东河北区《晋绛与潞泽间之乌岭道》初稿。据《冀州图》记载,今山西南部古代有东西行之大道,西至汾水下游,东逾太行山至邢台地区也,然行程不详。按唐代有乌岭道由晋、绛东通潞州,史传极常见,似与《冀州图》所记大道之西段略相当。兹篇略为考论之。

31日,完成《黄河汾水间南北交通线》的草稿。太原西北通单于都护府、振武军道为唐代通北塞之最主要交通线。兹篇乃详考其行程。

冬,钱穆在台胃病剧作,几不治。

是年另有《天宝荔枝道考》一文完成初稿。唐天宝中,杨贵妃嗜荔枝,欲及新鲜而尝,故特置急驿自南方驰贡。其驿贡之地,有岭南与涪州两说。然据白居易之说,荔枝采摘三日而色香味俱变,审度当时交通条件,由岭南发驿至京师,绝不可能保持新鲜,故若欲及新鲜享尝,则由涪州飞驿,较为合理。且杨妃幼长于蜀,所嗜当为蜀产,亦增加驿自涪州之可能性。兹篇乃详考涪州驿运荔枝至长安之行程。

○ 1978 年戊午　六十二岁

2月,新亚研究所所长唐君毅逝世。耕望以教务长名义,暂时代理所长一职,惟坚持不能正式久任。

钱穆胃病渐愈,复患黄斑变性症,双目失明。

3月,完成河东河北区《唐代太原北塞交通图考(附北魏参合陂地望辨)》初稿。太原自见史以来,即为北方军事重镇。唐起太原,建为北都,中叶以后,太原府在北塞交通与军事支援方面之重要性更为增加。兹篇以太原府为基点,考其与北塞间诸交通线。附篇又就云州东西交通线所经北魏军政要地参合陂之地望,详为考辨之。

14日,改写旧作《唐代长安灵州道及灵州在西北交通上之地位》中高阙、西受降城一段。

《唐代雅州西通徼外三道考》收入艺文印书馆《董作宾先生逝世十四周年纪念刊》,是为前撰《唐代成都西南边区东西交通诸路线》上节《雅、黎、隽三州西通徼外诸道》第一章《雅州西通徼外生羌入吐蕃三道》之抽刊。

4月,完成前作《天宝荔枝道考》的三稿,多所订正。

16日,增订前作《唐代山南境内巴山诸谷道》。

指导新亚研究生张伟国完成学位论文《中古黄河津渡考》。

指导新亚研究生周启荣完成学位论文《南北朝僧徒与学术教育之关系》①。

6月30日,就前撰《中国历史人文地理讲义·夏代编》加工改作为《夏代都居与二里头文化》一文②。以为中原发现之最后期新石器文化称为"洛达庙文化"、后更名为"二里头文化"者即为夏人之遗迹。并综合考古资料与文献记载,从空间之地理区域与时间之绝对年代两方面综合观察,详为论证之,作《夏代都居与二里头文化遗址合图》附于文后。稿成,付新亚研究所,待刊于《唐君毅先生纪念论文集》。

---

①新亚研究所历届毕业论文硕士班第廿二届。
②1977 年,杨联陞看到《讲义·夏代编》,深表赞同,促耕望提前发表。

7月，《唐代荆襄道与大堤曲》收入《中研院成立五十周年纪念论文集》。

《天宝荔枝道考》刊于15日出版之《大陆杂志》第五十七卷第一期。

16日，中研院第十三次院士会议选出第十二届新院士9名，史语所研究员石璋如当选人文组院士。

8月，中研院院士高去寻接替屈万里，任史语所所长。

9月，耕望自高级讲师任上退休，转任中文大学中国文化研究所高级研究员。

17日，中秋夜。为前撰《夏代都居与二里头文化》作附记，自谓平生写论文之体式，因题目、材料情形、与拟作研究之详略深度以及阅读对象之不同而各异。《中国地方行政制度史》采取材料与论述连贯方式，即常行体；《唐代交通图考》因考证繁琐，乃用纲目体，以简驭繁；《唐仆尚丞郎表》采用纲目变体，亦可谓简文详注体。今开始撰写《国史人文地理》，既欲稍深探讨，供专业学人之参考，复欲贯穿通论，供一般知识分子之阅读。乃特创一常行、纲目复合体，亦可谓为简文详注体。正文极简，材料讨论例入注中。不同之处在于，正文分段，注即小字刊行列于段后，而非置于全章之末或每页下端。既期正文之简要，复存实证之功夫，既期正文之连贯，复免读者前后翻检之劳。

10月，《唐代山南境内巴山诸谷道》收入联经出版公司《屈万里先生七秩荣庆论文集》。

钱穆抱病赴港，担任新亚书院"钱宾四先生学术文化讲座"首任主讲，讲题为"从中国历史看中国民族性及中国文化"，凡六讲，为时三周。

11月16日，耕望又复增订《唐代黔中牂牁诸道考略》。

12月，应聘于下年赴美讲学，乃坚辞新亚研究所代所长一职，并推荐孙国栋继之。

指导中大研究生苏基朗完成学位论文《宋代泉州及其内陆交通研究》。

《正史脱讹小记》刊于《香港中文大学中国文化研究所学报》第九卷上册。

是年,另有《北朝隋唐滏口壶关道考》一文完成初稿,乃就北朝隋唐史事,考见中古河东、河北地区联贯东西之滏口壶关道的较详行程。又在港期间,耕望于专心一意做学术工作的同时,生活消遣的兴趣则颇为广泛,如朋友谈天,遨游山水,浏览报章杂志,看电影电视。惟谈天遨游的机会并不多(时香港治安不佳,少数人也不敢到乡间去),至于影视报章,亦随时警惕,尽量放弃,紧缩到了解时局与娱乐生活所必要的最小限度,每天只看一种报纸,至多一节电视,以使心力时间不要分散。此外,还有一点分神处,即妻子体弱,家庭杂务须耕望分任。但耕望认为,分点时间作体力劳动,使心神头脑轻松一下,对健康亦未始没有好处。

○ 1979 年己未 六十三岁

春,耕望以访问教授名义赴耶鲁大学历史系,为中国史博士班讲授一学期"唐史"。为自钱穆后,第二位在耶鲁以汉语授课之学人[①]。

其时,余英时适在耶鲁任教,因历史系没有空余房间,特请校方于自己办公室内为耕望安置书桌一张,俾其工作与接见研究生用。然研究生中真能有资格向耕望问学者实不多,故大部分时间仍在进行自己的研究。彼时耕望从香港携去大量笔记卡片,皆为《唐代交通图考》而准备,并谓自大学时代开始系统摘录

---

①廖伯源《严耕望传》,收入《严耕望先生纪念论文集》,稻乡出版社,1998年。

资料,从未有中断,所积已不下二十万件。以唐代而言,两《唐书》以外,一千卷的《全唐文》都有做过分类卡片。

　　每天早到晚退,除授课外,即伏案用功。期间,曾就西方史学界"以社会科学理论为历史研究主导方法"之倾向,听取余英时意见。余认为,此一学派在西方史学界仍只是一个小支流,人数并不很多;而正统的史学家仍居主流。他们的工作仍是着重在史料,根据史料实事求是的研究事实真相,并不标立理论,遵用模式。

　　其时,中国社会科学院代表团访问耶鲁,团员中包括钱锺书、费孝通等著名学者。余英时受校方委托,在家宴请代表团,拟请耕望一同与会。耕望坚守"避开任何不必要的活动"之原则,婉言辞谢①。

　　4月,讲学完毕,赴纽约小住。期间,前新亚研究所毕业生谭宗义为尽地主之谊,陪耕望夫妇及外孙女黄小菊参观中央公园西侧之自然历史博物馆,本意想看庞贝古城发掘专题展出,因迟到又值周末,展览厅提早关闭,未能如愿。只好参观墨西哥古城发掘及古恐龙化石展览。在参观恐龙化石展时,耕望于每件展品皆细细察看,饶有兴趣。

　　谭宗义又为耕望夫妇安排随团旅行华盛顿,并于起程前一日,陪至第五大道散步。路经圣伯德里克大教堂,入内小坐,并参观教堂内的摆设、壁画、雕刻等。未几,严夫人问谭宗义先生去了哪里。谭四处张望,但见耕望于前面行人通道自西徂东走一过,返后告诉二人,东西六十八步,约一百五十尺。当晚与谭宗义在下榻旅社长谈三小时,且为谭即将上大学之长女提供选

----

①余英时《中国史学界的朴实楷模》,收入《充实而有光辉》,稻禾出版社,1997年。

科意见①。

5月7日，由新港专程到康桥看望杨联陞，其时杨精神很好，相聚至感高兴。

游芝加哥，会老友、芝大历史系教授何炳棣②。

6月，前作《唐代黔中牂牁诸道考略》刊于《史语所集刊》第五十本第二分，并附《唐代蜀江以南川、黔、滇、越交通图》。

7月初，自美游罢返港。前作《治史经验谈》上篇发表以来，颇受青年读者重视，促能多写一些此类文字。乃想趁《交通图考》新篇撰述尚未开始之际，就平日与新亚诸生闲谈中涉及有关治史经验诸问题而为前作两篇所未论及者，续为写出。

8月，李济于台北逝世。史语所为纪念其学术成就及主持所务之功，特将考古馆改称为"李济纪念馆"。

9月2日，新成《治史经验谈》七篇：《论题选择》、《论著标准》、《论文体式》、《引用材料与注释方式》、《论文撰写与改订》、《努力途径与工作要诀》和《生活、修养与治学之关系》。并就旧稿《原则性的基本方法》、《几条具体规律》续作改订，分别为篇，与新作合编为一小册，仍题曰《治史经验谈》。

又《论著标准》一章内容，主要为就杨联陞1971年来信中"充实而有光辉"一语作解。初稿完成后，因恐内容未必与杨之本意相合，故极欲寄付一观，请其补充意见，或另写一文，附于该章之后。但又闻杨旧疾复发，进入医院，只得稍俟时日。

香港中文大学准备发展中国文化哲学博士课程，校方高层希望礼聘名师指导研究生，遂请耕望每年在中国文化研究所开

---

①谭宗义《星沉大地——敬悼恩师桐城严耕望归田先生》，收入《充实而有光辉》，稻禾出版社，1997年。
②《充实而有光辉》所收"严耕望夫妇与何炳棣夫妇摄于芝加哥"照片日期，稻禾出版社，1997年。

1979 年 5 月,严耕望夫妇与何炳棣夫妇摄于芝加哥

课,乃先择"中国历史地理"为诸生讲授。因知自己的安徽国语不易懂,故上课时印备讲义,方便学生理解①。该课偏重人文地理,与前人侧重疆域沿革及政区变迁有异。因其时正专研于中古交通问题,故心得甚多,学生半开玩笑说:先生考证之精细,纵然没有到过的地方,其准确度可作旅游指南②。

21日,增订前作《唐代成都江陵间蜀江水陆道考》。

24日,写成《治史经验谈》的序言,文末云:

> 近五六十年来,中国史学界人才辈出,朗若月星;熠火之光,何足自道! 但念近代史学巨子多半天分极高,或且家学渊源,不是一般人所能企及;后来学子可能自叹不如,不免自弃。我的成就虽极有限,但天赋亦极微薄,一切迟钝不敏,记忆力尤坏。老妻曰,无聪明,有智慧;这话适可解嘲! 相信当今能入大学受教育的青年,论天分必大半在我之上,举我小成之经验与生活修养之蕲向以相告,或能有一点鼓励作用! 所以毅然违背我一向做人原则,不揣浅陋,不避自伐之嫌,将自己的工作经验献给青年史学工作者;是否有当,实际有用,在所不计!

27日,《治史经验谈》通篇再稿。

10月,新亚书院创校三十周年纪念,钱穆赴港出席盛典。首先热心协助新亚之耶鲁大学教授卢定亦来港赴会,二人回念前尘,感慨不已。

20日,《治史经验谈》续有增订。

11月4日,前作《北朝隋唐滏口壶关道考》一文订正毕。

---

① 刘健明《笔耕室受教记》,收入《充实而有光辉》,稻禾出版社,1997年。
② 刘健明《独立奋斗,尽我所能——追忆严耕望先生》,载《文史知识》1998年第8期。

5 日,完成河东河北区《太行井陉承天军道》初稿。《述征记》有"太行八陉"之说,井陉为第五陉。此陉道自昔为山西太原东通河北之最主要大道,故唐世置驿。其大致路线为,由太原东行出井陉关,至恒州五百里,至赵州五百六十里。兹篇考其详细行程。

10 日,补订《太行井陉承天军道》。

12 月,《唐代太原西北通单于都护府及河上三城道》刊于《香港中文大学中国文化研究所学报》第十卷上册,是为前作《唐代太原北塞交通图考》第一节《太原北出雁门关西北通单于府及河上三城道》之抽刊。

○ 1980 年庚申　六十四岁

3 月,《北朝隋唐滏口壶关道考》刊于《史语所集刊》第五十一本《李济屈万里先生纪念论文集》第一分。

7 日,完成河东河北区《秦汉迄唐飞狐道考》初稿。太行山脉屡见中断处有八,总称"太行八陉",自昔利之作为沟通平原与高原间之东西交通路线。就中飞狐、蒲阴、军都三陉当中国古代北塞之东段,而飞狐、蒲阴又实为一道之北南两口,故此道于八陉中旅途为最长。兹篇乃就飞狐盆地四出诸关陉与此诸关陉通达塞垣内外诸州郡之行程,以及此诸道可总称为飞狐道者在中古南北交通上所居之地位,作一详实之研究。又飞狐盆地以东,隔小五台山,有妫(今怀来)、易(今易县)间之故城镇道,与飞狐道地理毗邻,考附此篇之末。

22 日,增补《秦汉迄唐飞狐道考》。

又飞狐盆地以西,隔恒山古岳(今大茂山),有五台山进香道,在中古南北交通上之地位颇重要,材料亦较详。乃独立为篇,详为研考。

4 月 6 日,为《秦汉迄唐飞狐道考》撰写引言。

15日,《治史经验谈》三稿毕功。

闻杨联陞病痊出院,并每周到校指导学生写论文,耕望立即将《治史经验谈》中《论著标准》一章复印副本寄付请教。得杨联陞5月2日手书,述其近况颇详。内有关涉《论著标准》一章之意见:

> "充实而有光辉"一语出自《孟子》"充实而有光辉之谓大",依朱《注》似指德行修养,但引为论著标准,似乎亦无不可。有光辉之论著,可令读者意动眼明,大抵由于沉思翰藻,但亦不限于此二端。我兄所发挥均甚重要,以自己著作为例,尤为切实。深入研讨,有时可以发现奇迹,超出预料,如此现身说法,读者得此鼓励,必有闻风而起者矣。必欲吹毛求疵,则"永久价值"或可改作"长久价值";原稿"永远站得住"已增"脚的可能性比较大",则我兄已注意及此矣。

耕望以为最后数语尤见谨严学人之态度,亦见文章之贵能改而后精。

20日,《论著标准》一章最后定稿。

26日,《治史经验谈》最后审订毕功。

6月15日,《唐代太原北塞交通图考(附北魏参合陂地望辨)》刊于《新亚学报》第十三卷。

指导中大研究生梁育成完成学位论文《东晋南北朝对峙政权之间的走私贸易》①。

夏,耕望接幼侄祖同(时任教安徽师范大学物理系)托安徽师范大学同事带来的信。展卷读毕,喜极而泣。自是,乃与大陆亲友恢复通信。是年,在给大侄严伯高(时任教怀宁县皖河中

①《当代香港史学研究》,三联书店(香港)有限公司,1994年,第195—196页。

学）的信中说：

> 今始悉家中情况：你祖母、父、母及二婶、三叔、三婶都已作古，三十年变化，何其大也！所幸荷姑尚健在，深为庆慰！现在政治已上轨道，你从事教育工作，生活当有所改善。①

幼侄祖同信中提到，家中所存耕望青年时代所购图书，皆已散逸，后在枞阳友人处见到一部《论衡》，有耕望签名，乃索回珍藏。耕望平生好买书，几乎成瘾。惟屡经播迁，藏书亦几度散失。中学时代所购图书仍存手边者，只一册孙冯翼集的《世本宋衷注》抄本，为高中时代同自修室田姓同学代为抄录。小楷端正，情至可感，惜忘其名；另即刊有《儒家之礼的理论》的《学风》第七卷第一期一册。

7月30日，中研院第十四次院士会议选出第十三届新院士7名，史语所曾任研究员许倬云当选人文组院士。

8月，耕望增订前作《夏代都居与二里头文化》。此稿本待刊于新亚研究所《唐君毅先生纪念论文集》，惟交稿两年余，未见排校。而此类论题又颇具时效性，会台北《大陆杂志》约稿，乃参取新见相关论著、考古报告之重要者，稍作订补，拟改投发表。

5日，为《夏代都居与二里头文化》增订稿作《附记》，略述增补原则及依据。若干尚未利用之论文与资料，则列其名目与节要于附记之末。

15日至17日，出席中研院第一届国际汉学会议，分语言文字、历史与考古、思想与哲学、民俗文化、文学、艺术史六组。

新学年，于中文大学中国文化研究所讲授"中国政治制度

---

① 严伯高《我的四叔——严耕望先生》，收入《安庆文史资料》第27辑《香皖两江情》，中国文史出版社，1997年，第110页。

史"一课。课上教导诸生要从史事研究政治制度的发展。讲授时指出台湾某一学者（按即杨树藩）出版了多部政治制度史的专著，可惜没有深度①。

将《治史经验谈》书稿交给台湾政治大学历史系主任王寿南，问能否纳入台湾商务印书馆的《岫庐文库》出版，王是该《文库》的主编，当即欣然接受②。

数年来，深感渐入老境，力不从心，《唐代交通图考》初拟二十万言即可毕功，次及"唐代人文地理"其他方面之探讨，再将《中国历史人文地理讲义》扩充条理为专书。不意仅《交通图考》一项计划已耗时三十年，文繁逾百万，尚多有未完成者③。余下《唐代人文地理》与《国史人文地理》两部大书，实已无法兼顾，势必有所舍弃。友朋多有劝其先作《国史人文地理》者，盖当立一大纲，启益后学。深以为然，遂有意放弃《唐代人文地理》之撰著。

秋冬之际，耕望拟利用晚上时间，将历年所搜录交通问题以外之唐代人文地理史料如国疆、军镇、人口、都市、物产、民族、宗教、民风等约近十万条，分类编列为一资料集，如顾炎武《天下郡国利病书》，以便将来学人之取用。先提出"都市编"之成都资料，加以编排整理。因向来工作精细，遇问题力求解决，遂感晚上时间不够，乃移至研究室作为专项课题来做，且一改资料编排为专题论文《唐五代时期之成都》。

10 月 23 日，下午五时至六时三十分，耕望应香港中文大学

①刘健明《独立奋斗，尽我所能——追忆严耕望先生》，载《文史知识》1998年第 8 期。
②王寿南《怀念归田师》，收入《充实而有光辉》，稻禾出版社，1997 年。
③时亦有人认为唐代交通诚然是一重要问题，但像耕望这样做，未免花费的功夫太太大，仍是不值得。甚至有一位很有才气的朋友坦率的对耕望说："我很看得起你，是因为多次与你谈话，觉得很有见识；至于你的文章，老实说，没有价值！"即指耕望研究唐代交通的文章而言。

新亚书院历史系讲座之邀,于新亚书院人文馆十二室演讲"谈史学论题选择",讲辞选自前撰《治史经验谈》第三章"论题选择"的前三节。

11 月,《夏代都居与二里头文化》刊于《大陆杂志》第六十一卷第五期,颇为一般考古学界所重视。时任中大历史系高级讲师的林寿晋,一次回北京见到社科院考古所名誉所长夏鼐,谈到耕望讲上古问题特别重视考古资料,夏鼐说"不要忘记他是史语所出身的"。

12 月,《唐代成都江陵间蜀江水陆道考》刊于《香港中文大学中国文化研究所学报》第十一卷上册。

○ 1981 年辛酉　六十五岁

1 月 18 日,完成《唐五代时期之成都》初稿。唐代中叶,成都与扬州并称为首都长安以外之两大都市。时有"扬一益二"之言,实则扬州之盛,仅以地当南北水运枢纽,商业特为发达,若就政治军事之地位与农业、工业、宗教、文艺诸端综合观之,成都决不在扬州之下。唐末黄巢乱后,长安残破,蜀中安定如恒,关中士庶入蜀者益多。至五代时期,两蜀割据,无供应中原之负担,故物力更见雄厚,促成经济文化又进一步之发展,达到成都在中国史上之巅峰时代。兹篇乃略征史料,述之如次:一、中古时代成都发展史概观;二、唐代成都府在全国政治军事上之地位;三、城郭与公署;四、坊市与四季市集;五、工业与商业;六、寺观与佛道两教;七、文学艺术与民风;八、都市户口数额略测。并附《唐五代成都城郭江流示意图》。

27 日,增订《唐五代时期之成都》。

2 月 23 日,为《唐五代时期之成都》作附记,文末云:

> 在这篇论文写成之后,我的写作计划,又有一项大转变,决心先写《唐代人文地理》;至于《国史人文地理》一书,

以后再说。因为唐代资料已搜集相当完备，成书极有把握。即如这篇论文，全凭手头已录资料写成；临时参考，也只限于自己收藏书刊，利用图书馆藏书之处极少。如此看来，虽然完全退休家居，工作进行仍无问题，必能顺利完成这部计划。至于《国史人文地理》，已有的成绩，最主要的是历年编写讲稿十八夹一百数十万字及写录卡片（唐代除外），殆不逾两万张而已。此外历年复印资料及搜购书刊虽大多为此项工作而准备，但尚待加功阅录与择采，想来就是尽有生之年，全力以赴，也无把握能写得好（太大的东西本不能奢望写得如意）。故为稳健计，先写专题，暂置此项通论工作，将来只将这批讲稿加以整理，并作必要的补充，精粗杂陈，作为一种初步的未定稿保存而已。今后写作计划的这一项改变，实由此文写作所促成，故附记于此。

4月，《治史经验谈》由台湾商务印书馆作为《岫庐文库》第〇七六种正式出版。是书为耕望就其四十余年研究中国历史的实际经验现身说法，以供青年史学工作者之参考。全书分为九篇，内容涉及"基本方法"、"具体规律"、"论题选择"、"论著标准"及"论文写作"诸问题，最后两篇谈"努力途径"与"生活修养"，尤为耕望特所致意，以为欲求在学术上有真实成就之最基本功夫。虽为与史学方法有关之书，然其蹊径与一般讲史学方法论者完全不同。出版后深获学界重视，佳评如涌。

21日，王世杰在台北病逝，享年90岁。

5月14日，完成河东河北区《太行东麓南北走廊驿道》初稿。洛阳、大梁为黄河南岸古代两大都市，由此两都市北渡黄河，沿太行山脉走廊北行至幽州，为古今中原通向东北之最主要大道，古代建都往往在此道中。惟古代史料简略，至唐乃可确考其州县所经。北朝此道已置驿，唐世，全线置驿，称为"大官道"。

唐代后期,河北藩镇割据,关于此地区之诗文史料已少,然犹能考得十四驿、两馆之名号,正见此道于南北交通上之重要性也。

6月20日,写成《林寿晋著战国细木工榫接合工艺研究评介》一文。以为,中国近代锄头考古学发展已有几十年的历史,考古发现的古代木质器物数量极多,但却无人尝试运用近代木作工艺学去加以分析和研究,有之则自林著始。提出值得改进和进一步研究的地方三处,并就读此书时所特别注意和联想到的四点,略作申论。

7月,正式自中文大学退休。

10日,《我所了解的王校长》一文,收入《珞珈》第68期《王校长雪艇先生追思专辑》。

耕望在新界沙田的中国文化研究所办公数年,每星期两天到九龙农圃道的新亚研究所开课,而家住九龙塘笔架山,每天往来颇费时间,遂决意搬迁书籍回家,以便在家专心工作。因怕与搬运工人言语不通,乃嘱中大研究生刘健明代为联系。及至搬运完成,且请刘饮茶午膳,席间无所不谈,言及某一当代史学大师的一本政制讲稿(钱穆《中国历代政治得失》)时,刘指出此讲稿有不少错误,并举出其中例子。耕望耐心听完后表示,此讲稿确有缺点,但识见极高,必须重视。进而指出在追求学问时,不单要注意别人研究的缺失,更重要是欣赏别人的长处,才可以提高自己的研究水平①。

8月,中研院史语所所长高去寻三年任满,研究员丁邦新②

————————

① 刘健明《独立奋斗,尽我所能——追忆严耕望先生》,载《文史知识》1998年第8期。

② 丁邦新(1936-　)江苏如皋人,语言学家。1963年台湾大学中国文学研究所硕士毕业,后赴美国西雅图华盛顿大学亚洲语文系随语言学家李方桂深造,1969年取得博士学位,后入中研院历史语言研究所,历任助理员、助理研究员、副研究员、语言组主任、副所长等职务。著作有《台湾语言源流》、《台湾方言源流》、《儋州村话:海南岛方言调查报告之一》等。

以副所长代理所务。

9月,新亚研究所增办博士研究班。招收有中国文学、史学或哲学之硕士学位者,修业期满,完成论文,考试及格,给予毕业证书,经台北教育部认可其资格。

耕望始专任新亚研究所导师,并接受薪给。其时,研究所导师多为兼任,惟牟宗三、徐复观、全汉昇(兼教务长)、耕望和罗梦册五位为专任,所长由中大历史系主任孙国栋兼任。所务会议每由五位专任导师与所长及总干事七人组成,会中各人风范不同:牟宗三高旷潇洒,随处透出生命清光,不屑细务,大似魏晋人物;徐复观时发伟论,激昂慷慨,不失政论家风采;罗梦册意念高远、超乎流俗,表现理想主义者精神;全汉昇渊穆寡言,兢兢自守;耕望则要言不繁,言必有中,且对研究生之学习情形最为关切①。

某日,新亚研究所宴外地到港之客人。耕望以专任导师身份参与宴会,进餐时谓小有感冒,别叫一碗肉丝面进食,对满桌之佳肴不着一箸②。

《唐代成都寺观考略》刊于《大陆杂志》第六十三卷第三期,为《唐五代时期之成都》第六节《寺观与佛道两教》之抽刊。

10月,《我与两位王校长》一文,转载于台北南京出版有限公司《学府纪闻:国立武汉大学卷》一书中。

授课之余,耕望往往于研究室内埋首执笔,从事《唐代交通图考》之述作,资料堆积如小山。有客至,则搁笔离座肃客,话不

①孙国栋《一位学术界的楷模》,收入《充实而有光辉》,稻禾出版社,1997年。
②廖伯源《回忆与怀念》,收入《充实而有光辉》,稻禾出版社,1997年。

新亚研究所导师,自左至右:孙国栋、严耕望、牟宗三、吴俊升、徐复观(摄于 1980 年)。

多,只微微而笑。然一触及学术问题,则旁征博引,滔滔不绝①。

11 月 3 日,完成河东河北区《河北平原南北交通两道》初稿。唐代河北地区,除西部太行山脉东麓走廊之南北驿道外,仍有两条南北交通干线。其一为由卫州、黎阳北经魏、贝至幽州之道,纵贯河北道之中部,可称为河北平原之中部纵贯线。此中部纵贯线以东,又有纵贯支线一条,即前所谓第二线。兹篇乃就此两线之详细行程考而出之。

12 月,《治史经验谈》初版售罄,发行第二版。

《唐五代时期之成都》刊于《香港中文大学中国文化研究所学报》第十二卷。

是年,中大历史系主任孙国栋遇哈佛大学教授杨联陞,杨告之:"耕望是中文大学教授在国际学术界中最受推崇的,中文大学不做特别安排留他继续任教,是表示中文大学的学术水平不高。"②

---

① 孙国栋《一位学术界的楷模》,收入《充实而有光辉》,稻禾出版社,1997年。
② 孙国栋《一位学术界的楷模》,收入《充实而有光辉》,稻禾出版社,1997年。

1981 年,严耕望夫妇与钱穆夫妇摄于香港海洋公园

卷五 1982－1996 年

○ 1982 年壬戌 六十六岁

1月2日，完成河东河北区《隋唐永济渠考》初稿。隋开大运河在中国水运史上居于极重要之地位，前人对联系黄河与江淮之通济渠多所致意，而联系黄河北通幽燕之永济渠，则殊少措意。兹篇分为三节，首论渠道上游开凿之取线，为全文撰述重点所在，亦前贤所未能深入探究者。次考新乡东北至独流口之渠道所经，可称为渠道之中段。此则前贤已有记述而兹篇更为详悉者。末考幽州东南至独流口之渠道所经，可谓为渠道之北段。此则宋代志书稍见表露，而为前贤所未留意者。尽此三节，隋唐时代河北道南北交通之大动脉乃历历可指也。

2月25日，中研院院士、原史语所语言组主任赵元任在美去世。史语所拟将《集刊》第五十三本作为《赵元任先生纪念论文集》。

3月29日，增订前撰《唐代成都西南边区东西交通诸路线》。

4月14日，增订前作《隋唐永济渠考》。

29日，完成《曹操所开平虏泉州新河三渠考略》初稿。建安十一年，曹操将征辽西，乃凿平虏、泉州二渠，入海通运。除此二渠外，据《水经注》所记，尚有新河渠，亦曹操所开也。三渠东西衔接，全部漕程约逾千里，不啻为中古时代东北交通运输之一条大动脉,对于当时东北之军事、政治、经济、商业皆有甚大之作用。至唐代前期,不但平虏渠之西段,仍保持其在水运上之价值,即东段亦未全废,泉州渠、新河渠亦尚可利用。至其渠道所经,前人有所记述,然皆无所证明,其流程亦不甚详悉,兹篇乃表而出之。

5月1日,重订《隋唐永济渠考》一文,付史语所《赵元任先生纪念论文集》刊发。

2日,订正《曹操所开平虏泉州新河三渠考略》。

指导新亚研究生劳悦强完成学位论文《汉律刑法管窥》①。

钱穆7月1日来信云:

> 弟驾此来,能多获畅晤,一抒积念之悃。人生快事,宜无过于此!

此为钱穆致耕望最后一封亲笔信。又一次女儿晓松自美国回港,取道台北,谒见太老师、太师母(钱穆夫妇)。钱穆从其谈话中得悉耕望不久将去台北,告诉她说:"教他快些来! 快些来!"足见心情之急切。耕望以为老师晚年心境如此,殆由于两种原因:

> 一则人到老年,往日友朋渐见凋落。台北虽有几位北京大学老学生,前几年尚结伴向先生拜年,后来也都年届八秩,步履维艰,难遵旧规;能常到素书楼者,只有少数新亚或更后期的学生,年龄相差稍远。二则先生学养博通,天分太高,境界亦高,谈到治学,一般人或许多难领会。我与论学也有局限,如经学、理学,及宋元以下集部,我所知极浅,所以先生也很少提到此类问题。

---

①新亚研究所历届毕业论文硕士班第廿六届。

完成《居庸关北出塞外两道》初稿。居庸关为中古太行八陉之最北陉道,虽既险且长,然为幽州近处通往山北之最主要孔道,自先秦两汉以来皆极重视,用兵通使与商贸往来,莫不由之。唐代后期,河北骚乱,据幽州者,或将军粮物资储存于关外诸州镇,以确保粮储之安全,此亦见关塞虽险而交通仍畅也。出居庸关山西行至妫州治所怀戎县(今怀来)后,北行出塞有东西两道,兹篇考其详细途程。

《曹操所开平虏泉州新河三渠考略》刊于《大陆杂志》第六十五卷第一期。

19 日至 22 日,在台出席中研院第十五次院士会议。会议选出第十四届新院士 11 名,史语所研究员芮逸夫、黄彰健当选人文组院士。

政大历史系主任王寿南来看耕望,谈及《治史经验谈》在青年史学工作者中产生之积极影响,且云书出后曾有朋友问:"严先生是中央研究院院士,学术地位崇高,你怎么把他的《治史经验谈》放进《岫庐文库》? 你看《岫庐文库》的版本只有四十开,那么小,这是口袋书,这岂不太委屈严先生了吗?"王闻言颇为之愕然。至是乃郑重向耕望致歉:"我完全没有想到老师的身份和地位,您的著作不该放进《岫庐文库》,应该出大开本的,我当时只觉得《岫庐文库》会因为有老师的大著而增光。"耕望摇头道:"是我自己要求纳进《岫庐文库》的,我这样做是有原因的,《岫庐文库》是小本子的书,书价又便宜,这种书最合适学生,《治史经验谈》是我写给年轻朋友的,当然要他们欢喜的式样。书价便宜,我的版税自然很少,但学生们买得起,我年轻的时候是穷学生,知道学生想买书又嫌贵的心理,所以我把《治史经验谈》放在《岫庐文库》是有我的想法的。"①

---

① 王寿南《怀念归田师》,收入《充实而有光辉》,稻禾出版社,1997 年。

　　台北中央图书馆《汉学研究通讯》编者苏精、庄耀郎与史语所副研究员黄宽重连袂来访,所问多属个人治学经历。耕望一向拙于言辞,仓促应对,未能畅达;而年来与新亚诸生关于治史途径与个人历程之问答,犹有未及写入《治史经验谈》者。乃思趁返港后研究工作尚未开始之际,作《治史答问》一文合而述之。

　　8月17日,写成《治史答问》十二则:

　　　　一、我研究历史的兴趣是怎样引发的。

　　　　二、我在中学大学读书时代的课外阅读。

　　　　三、我对于政治制度史的兴趣是怎样引发的。

　　　　四、我对于历史地理的兴趣是怎样引发的。

　　　　五、我的研究重心何以放在唐代。

　　　　六、我对于上古史与考古学的兴趣。

　　　　七、宋史是青年可大展拳脚的园地。

　　　　八、我对于唐诗史料的利用。

　　　　九、我今后的撰述计划。

　　　　十、研究历史不要从哲学入手。

　　　　十一、研究中国史不必要从中文入手。

　　　　十二、社会科学理论只是历史研究的辅助工具,不能以运用理论为主导方法。

　　9月11日,于《治史经验谈》手头自用本卷末作跋语一条:

　　　　今日偶检往日生活记,民国五十一年除夕一条云:近一年多来,常想写一篇文字,题为治史方法之我见。但工作忙,家事忙,一直拖着未动笔。今天除夕,想把平日所想的标目大意写录如次:

　　　　(一)极高明,而道中庸。此分两方着眼:第一,看人人所常看的书,说人人所未说的话。第二,累积极平庸的材料,得出不平庸的结论。第一点,举钱先生与陈寅恪先生为例。第二点运用平庸的事例,最好能用统计法来表现。

(二)拙读书,巧择题。重要的基本书籍,必须从头到尾的看,决不能取巧,玩聪明;但选择论题却不妨取巧,不能随便找个题目。择题要注意几点:第一,选重要的题目,不要做不相干的题目。第二,择题要注意材料情况。

(三)大题与小题,大做与小做。

(四)社会科学知识,与数学论理学的修养。

(五)多做具体问题,少做空洞问题。

全文共约八九百字。看此短记,本书颇多论点,彼时已盘桓胸中了。

入秋,钱穆体况不佳,已不能亲笔作书。

完成《唐代幽州东北出古北口通奚王衙帐道》初稿。《新唐书·地理志》檀州燕乐县条云:"东北百八十五里有东军、北口二守捉。北口,长城口也。又北八百里有吐护真河,奚王衙帐也。"此记幽州东北经檀州出古北口至奚王衙帐之通道也。兹篇乃稍详考其沿线途程。

11月8日,改订旧作《唐蓝田武关道驿程考》。

完成《唐代幽州东北出渝关通柳城契丹辽东道》初稿,分(一)幽州东至临渝关(今山海关)道;(二)渝关、柳城道及渝关柳城之形势与军戍;(三)营州柳城通奚与契丹道及两蕃外通边远诸蕃道;(四)营州柳城东通辽东城道;(五)临渝关外沿海通道史略。

12月,《唐代成都西南边区东西交通诸路线》和《林寿晋著战国细木工榫接合工艺研究评介》刊于《香港中文大学中国文化研究所学报》第十三卷。

27日,完成《历代卢龙道考》初稿。卢龙道为中古时代中原东北出塞之首要险陉。《新唐书·地理志》蓟州条记其行程九十余字,十余地名,可谓甚详悉,实本之贾耽《皇华四达记》。然此诸地名中,除吐护真河、奚王衙帐两地外,皆难确指,不得不上考汉、两晋至北朝,下究宋、辽、明、清诸道,以推论唐道之所经,兹篇乃分为考论之。

31日,增订《历代卢龙道考》。

是年,北京大学历史系教授周一良以美国卢斯(Luce)基金会之邀,到柏克利加州大学作访问学者七个月。主要时间用于阅读隔绝几十年的港台与欧美的中国史学术著作,选择复制。回国时,一般书籍都交邮局托运,只把认为最有价值的两种——耕望的《中国地方行政制度史》和徐高阮的《山涛论》随身携带。周氏认为:

> 徐文对史料驱使之熟练与运用之巧妙使我叹服,但并不同意其结论。严书则久仰其名而未得见,读后深佩其考订之细密周详。所不足者,只就制度论制度,未能放眼联系当时政治、社会、事件、人物,以探求制度之运行及其所以然之故,这种地方大陆学人就显出所长了。①

○ 1983 年癸亥　六十七岁

元旦,《唐代幽州东北出古北口通奚王衙帐道》改订毕。

2月1日,前作《唐代幽州东北出渝关通柳城契丹辽东道》补订毕功。

《传说中之夏代与二里头文化》收入台北学生书局《唐君毅先生纪念论文集》,为《夏代都居与二里头文化》之初稿。

16日,完成《北朝隋唐东北塞外东西交通线》初稿。北朝隋唐北疆或疆外之东西交通线尚有可略考者,如北魏前期诸帝屡

---

①周一良《毕竟是书生》,收入《周一良集》第五卷《杂论与杂记》,辽宁教育出版社,1998年。

次东巡及征讨库莫奚以及五代胡峤《陷虏记》所行路线，又如北魏伐冯燕、通使契丹交通线。兹篇缀拾史料，得其梗概，俾治中古史者之一助也。

21日，增补《北朝隋唐东北塞外东西交通线》。

26日，完成《治史答问》之《翻译工作的重要性》初稿。

3月2日，完成《治史答问》之《"无孔不入"、"有缝必弥"》再稿。

7日，完成《治史答问》之《目录学与校勘学》的再稿。

10日，正补前作《历代卢龙道考》。完成《治史答问》之《年龄与撰述》再稿。

14日，完成前作《治史答问》之《翻译工作的重要性》再稿。

21日，完成《治史答问》之《史学二陈》初稿。

24日，完成《治史答问》之《史学二陈》再稿。

29日，完成《治史答问》之《前进与落伍》再稿。

5月16日，完成《唐代盟津以东黄河流程与津渡》初稿。中古时代，黄河河床极稳定，流程甚少变化，《水经注》、《元和志》等皆有详明记载。清人胡渭与近人岑仲勉，取《元和志》所记，标出唐代黄河下游之流程。兹篇乃兼取《元和志》、《寰宇记》作更详密之比勘，以明唐代盟津以下之流程，兼及入海一段唐代中叶、末叶亦有变迁之史实。又此篇虽考黄河流程，但重心主旨尤在考见河阳以下、隋唐五代时期所见之河上津渡，及其于南北交通中所起之作用。俾读史者有所依凭，了识中古时代黄河南北之交通军事形势焉。

26日，《唐代盟津以东黄河流程与津渡》再稿。

6月12日，完成《治史答问》之《通贯的断代史家——吕思勉》初稿。

22日，增订《唐代盟津以东黄河流程与津渡》的再稿。至是，《唐代交通图考》已完成三都及秦岭、关陇河西、山南剑南、河东河北诸区之写作,都凡五卷五十余篇,约一百三四十万言。尚有河南淮南、江南岭南、河运海运及交通制度诸卷待续撰述。

7月5日,完成前作《治史答问》之《史学二陈》的补订三稿。

撰成《唐代交通图考》河南淮南区《洛南三关》初稿。洛阳之南有伊阙、嵩山山脉,自西徂东,跨据数县。太谷、伊阙、轘辕三关,即在此洛南屏障山脉之中,为通邓、襄、许、蔡,南达江汉、江淮之道口。故凡此三关即为三道,洛阳正南微西为伊阙道,东南为轘辕道,太谷道居伊阙、轘辕两道之间,兹篇分别考论之。

8月,增订前作《洛南三关》。

10日,增订前作《治史答问》之《通贯的断代史家——吕思勉》。

撰成《唐代交通图考》河南淮南区《洛阳郑汴南通汉东淮上诸道》第一节《志书所记中原江汉间诸州至洛阳汴州路线略测》、第二节《洛阳伊阙南取鲁阳三鸦通邓襄道》的草稿。

9月,孙国栋自中大历史系退休后赴美。新亚研究所原教务长全汉昇出任所长,耕望再度兼任教务长。

应史语所代所长丁邦新之邀,以特约研究员身份回所工作。

15日,中研院院长钱思亮病逝。

22日,抵台,住南港中研院学人宿舍。夫人段婉兰留港照顾念小学的外孙女,故耕望得一人独居南港,无家事之麻烦,工作时间更多①。

28日,教师节。赴素书楼拜谒钱穆,回宿舍写日记一条云:

> 先生精神极好,分析事理仍极能深入,足见脑力仍佳。

以一个八九十岁老人如此健康,真是难得,也是得天独厚!

自后每月至少谒候一次,每次侍坐闲谈甚久,常承钱夫人留

①廖伯源《严耕望先生传略》,收入《充实而有光辉》,稻禾出版社,1997年。

餐。虽言便饭,实极丰厚,且具特色,风味醇美;有时且别装,嘱耕望带回佐餐。

10月,史语所代所长丁邦新力促耕望完成《唐代交通图考》,付史语所刊行。念前写五十余篇成文或逾十载,续获材料多可增订,遂暂辍第六卷河南淮南以下诸卷之写作,就已成旧稿逐一增补,或且改写。

12日,增订旧作《唐代长安太原道驿程考》。

21日,校订旧作《中古时代仇池山区交通网》。

30日,改订旧作《唐代河湟青海地区交通军镇图考》。

11月1日,中研院院士吴大猷就任第六任院长。

钱穆的《中国文学论丛》出版,赠耕望一册。史语所研究员王叔岷的《史记斠证》亦于同时出版。

15日,旧作《通典所记汉中通秦川驿道考》改定。

19日,改订旧作《唐骆谷道考》,增补甚多。

24日,对旧作《汉唐褒斜道考》作大幅改订。

29日,旧作《唐上津道考》改定。

12月5日,改订旧作《唐代长安东北通胜州振武军驿道考》,增订旧作《唐代北庭都护府通西州伊州诸道考》。

8日,改订旧作《唐代洛阳太原道驿程考》。

14日,改订旧作《唐代长安北通丰州天德军驿道考》。

24日,改订旧作《唐代长安灵州道及灵州在西北交通上之地位》。

前作《历代卢龙道考》刊于《香港中文大学中国文化研究所学报》第十四卷。

○ 1984年甲子 六十八岁

1月,黄宽重的《严耕望先生访问记》刊于《汉学研究通讯》

1983 年, 严耕望夫妇与外孙女小菊摄于书房

第3卷第1期(总号第9期)。

9日,改订旧作《唐代太原北塞交通图考》及其附篇《北魏参合陂地望辨》。

14日,订正旧作《唐代河湟青海地区交通军镇图考》。

16日,改写旧作《唐代关内河东东西交通线》。

《史学二陈》和《通贯的断代史家——吕思勉》刊于《大陆杂志》第六十八卷第一期。

是月,写有日记一条,叙说对于王叔岷《史记斠证》与钱穆《中国文学论丛》二书之评价。其中论钱穆书云:

> 钱先生书虽只是一部小小讲演集,但内容实多精彩处。论古代文学有很多独到见解,有些深获我心,但我说不出来;也有些处我还不能懂,不能作评。尤其元明以下,我更不能领会,因为我只看了些一般文学史的通俗意见,自己并未看当时人的诗文集。

论《史记斠证》则云:

> 此书据说用功十余年,书成数百万字,甚为自负。作者壮年成绩著实不错,以为必不很坏,不想只就史文逐条抄列前人考证,自加几句案语,实少贡献。尤可怪者,校订六国史事,而不利用《竹书纪年》,令人骇异!两书同读,篇幅大小,内容劣优,差距如此。

2月,返港过春节。

新亚研究生谢兴周在学长冯世傲引导下,至霞明阁寓所拜候。之前,谢曾函请耕望担任其学位论文指导教授,为耕望拒绝,理由是人在台湾,不欲隔海指导,且亦不知谢之学力程度如何。此番晋谒,谢兴周又提出论文题《宋代府州通判制度》向耕望请教。耕望曰,题目很好,只是太大,自己做也要五年时间。

但嘱能做就试试做，惟仍不应允任其指导。谢事后方知，耕望从不收宋史方向的学生，更不收未听过自己课的学生。据谢兴周回忆：

> 先生不但是虚怀若谷，而且是彬彬有礼的学人。先生接待到访客人，不论他们是大学者或是学生，先生都很有礼貌的接待他们。在研究所时，有客到访，先生必定起座带笑欢迎，待客人坐下，先生才坐；当客人离去时，先生也必起座相送；有时候，更送到门房外。记得有一次，我到研究所探望严师，刚到先生办公室门外，看到韩复智教授伉俪从严师房间退出来，他们边退边鞠躬，严师则边步前边鞠躬还礼。这事使我很感慨，原来老一辈学者是那么讲礼貌，那么尊师重道的。那次以后，我也学会一点礼貌，每次我到研究所上课的时候，必先拜会严师才到课室去上课。有时候，严师很客气地教我不必每次都去探望他，可是我觉得这是应该做的。至于严师在家接待客人的情况，我较不晓得了。可是，接待学生方面，在研究所时，除了像我们是严师多年的学生外，先生通常起座欢迎到访的学生，学生离开时，先生也会起座相送。在家里时，先生好像有一个习惯，就是在接待第一次到访的学生时，先生一定盛装以待，通常是穿西装，结了领带。我第一次到严师家求拜门下时，严师就是这样装扮；但后来我们跟严师熟了，他就没有盛装以待，只是穿上便服。①

节后返台，恢复史语所专任研究员职位。

起草《治史答问》之《我购藏书刊的原则》一文。

3月5日，增订旧作《唐代成都西南边区东西交通诸路线》。

---

① 谢兴周《忆严师念吾师》，收入《充实而有光辉》，稻禾出版社，1997年。

18日，前作《治史答问》之《我购藏书刊的原则》完稿。

21日，改订旧作《唐代凉州西通安西道驿程考》。

22日，改写旧作《唐两京馆驿考》，行文由常行体改为纲目体。

4月3日，《唐代关内河东东西交通线》改定。

4日，三订《唐代安北单于两都护府考》。

《"无孔不入"、"有缝必弥"》刊于《食货月刊》复刊第十四卷第二期。

16日，旧作《唐子午道考》增补定稿。

完成《治史答问》之《我对于"中国通史"讲授的几点意见》初稿。

5月7日，旧作《中古时代之仇池山》校定。

8日，校阅前作《唐代幽州东北出古北口通奚王衙帐道》。

13日，晋谒钱穆，谈到唐代诗学极盛的背景，钱穆道，妓女歌唱可能是一大原因。唐代官私妓女均盛，凡公私宴集，恒有歌伎娱宾，所唱往往为诗篇，宾主即席吟诗，可能即付她们歌唱，被之管弦。歌伎唱诗，犹如今日大众传播之电台、电视台，以此播之四方，这样诗人易出名，人亦群趋为诗。惟此种风气，不知始于何时？耕望曰，大约南北朝已有端倪，如南朝"吴歌"、"西曲"，往往即供歌唱。后检《梁书·贺琛传》，正见南朝公私歌伎舞女之盛。

又一日，钱穆曰："可惜年轻时代未学做诗，吟诗是老年好消遣。"耕望曰，做诗很费功夫，先生若会做诗，必然花费很多时间，即不能有现在这样多的著作，钱穆以为然。

师生闲谈，偶亦评骘古今学术人物。钱穆对于任何事，标准都高，论古今人物亦不例外，故不轻易推许。耕望则比较迁就现实，不以最高标准论人，有几分成就即肯定他几分，所以总是抱着乐观态度。一日，钱穆曰某君毫无成就，而颇有名气，轻易取得院士。耕望曰，此君其实天分颇高，根柢也不错，只是懒惰，所以眼高手低，不能有所成就，亦甚可惜。但他与人谈话，往往极能得体，有风趣，所以人际关系很好。先生如与相处，定不讨厌。钱穆笑笑。

20 日，完成《治史答问》之《我对于"中国通史"讲授的几点意见》的再稿。至是，已在 1982 年写成之十二则基础上，续成九则。合并前稿凡二十一则，已可作为一本小册子单行。

30 日，完成京都关内区《天德军东取诺真水汉通云中单于府道》初稿。按《新唐书·地理志》录贾耽所记夏州北出经古大同城（天德军）、沃野故城，东北行经帝割达城，又东北经诺真水汉，再折而东南行至古云中城。全线详细途程，兹篇表而出之。

指导新亚研究生陈润家完成学位论文《汉代人才的地理分布》①。

7 月 26 日，增订前作《太行东麓南北走廊驿道》。

28 日，增订前作《天德军东取诺真水汉通云中单于府道》。

是月，钱穆九十华诞，来港避寿。29 日，在港门人于沙田雍雅山房设宴，为老师暖寿。席间，执教中文大学的逯耀东请教钱穆，其《朱子新学案》最后在《朱子格物游艺之学》里，特别提到朱子"出则有山水之兴，居复有卜筑之趣"，是否也是先生自己的生活写照。在座的耕望说，这是个值得做的题目②。

30 日，完成《治史答问》二十一则的整理，各加标题，单独为篇。末附黄宽重所写《严耕望先生访问记》，以是《记》颇详，有为个人笔述所未及者，故附供参考。

8 月 3 日，前作《治史答问》之《"无孔不入"、"有缝必弥"》最后增订。

①新亚研究所历届毕业论文硕士班第廿八届。
②逯耀東《夫子百年》，收入《胡適與當代史學家》，東大圖書公司，1998 年。

7日,撰成《战国时代列国民风与生计——兼论秦统一天下之背景》一文。此篇本为《中国历史人文地理讲义·战国编》之一章,原只用一般常行体,颇嫌繁芜,甚不惬意,本拟他日撰《国史人文地理》时再改作。是年春,复为台湾大学历史研究所诸生讲授一过,青年学人认为颇有新意,建议提前发表,乃就原稿稍加补充,不暇改作。

《秦汉迄唐飞狐道考》刊于《新亚学报》第十四卷。

20日,河陇碛西区《唐通回纥三道》成稿。按唐通回纥主道有三:其一,河上军城西北取高阙鹳鹆泉道。其二,弱水居延海北出花门堡道。其三,北庭东北取特罗堡子道。鹳鹆泉道即参天可汗道,使车往还例所取途,故最为主道。兹篇分考其详细行程。篇中第二节《甘瓜北取居延海花门堡通回纥道》初稿撰于一九七一年四月,此次复改作。

9月,接受台湾大学历史研究所邀约,讲授一门"中古史专题研究",上课地点在中研院。

13日,增补前作《河北平原南北交通两道》。

16日,增订旧作《中条山脉诸陉道》。

23日,趋素书楼谒候钱穆。当日钱穆精神极好,谈话亦最多,耕望归后记录有两千多字。主要内容为谈论当时的史学界。钱穆非常关心学术界情况,认为台湾学术空气不够浓厚,深为叹息。耕望表示,其时台湾三四十岁的青年学人中有不少可造之材,也知奋发努力,可能很有希望。钱穆颇感欣慰。耕望更告以在台大史研所授课之事,钱穆极感高兴,说:"应该讲讲,给青年们一些影响;否则他们都不懂学问究该如何做了!"当时感到钱穆未免把自己学生看得太高,大学教授众多,何至如此。然事后想想,若就某一角度言,亦不无道理。事缘一日,耕望在公共汽车上遇到刚从韩国访问归来的史语所同事黄宽重。黄说,在韩期间见到几位曾留学台湾的青年学人,抱怨在台求学期间,听到

的不是美国式方法,就是日本式方法,却不知中国传统治学方法
为何。黄告以当看耕望的《治史经验谈》,并拟寄几本往韩国。
又耕望为台大史研所讲课时,有七八位相当成熟的中青年学人
亦常去旁听,就中一位乃台湾名大学硕士、美国名大学博士,然
听罢竟谓:"从未听过像先生这样讲课!"似亦与韩国青年有同样
感受。故钱穆此上一番话,若以"中国传统"作解,则不无道理。
盖耕望所体验到的中国人传统的治学方法,是既要精深,也要博
通,而基本功夫不全在用功读书,尤要从人生修养做起,始能真
正达到此一境界。

　　同日谈话中,钱穆问耕望:"你到香港教书,现在想来,是得
计抑或失计?"耕望曰:自觉得计。若不到香港,《唐代交通图考》
当已写成,但可能无现今之精密,因能看到的新材料较少,地图
也较少。至于整体学术规模更不会有现今这般大。因为史语所
工作,无外界压力与刺激,势必愈做愈专;而教书不能专讲自己
研究的专题,必得扩大注意面;且在授课时,往往刺激自己,涌现
新意见。所以若一直在史语所环境中,自身学术规模必然较小,
境界亦可能较低。钱穆以为然。晚间,新亚弟子、时任东吴大学
历史系副教授的廖伯源来访,与之提及日间与钱穆的对话。廖
曰,若非先在史语所专心工作二十年,不可能有深厚基础,日后
也就难以发挥。耕望以为其言亦甚有理。另据廖伯源回忆:

　　　　先生在台北,余往谒候,谈话间,有电话,是邀请先生演
　　讲,先生坚辞,电话讲了二十多分钟,先生就是不答应,最后
　　还是辞掉了。余坐旁边听先生推辞,也听不出什么推辞的
　　理由,先生只是说不会演讲,讲不好。①

　　25 日,再订《唐代成都西南边区东西交通诸路线》。

---

① 廖伯源《回忆与怀念》,收入《充实而有光辉》,稻禾出版社,1997 年。

26日,增订前作《黄河汾水间南北交通线》。

是月,又改订旧作《嘉陵江中江水流域纵横交通线》。

《唐代幽州东北出古北口通奚王衙帐道》刊于《史学汇刊》第十三期。

将《治史答问》书稿交王寿南,嘱仍置于台湾商务印书馆《岫庐文库》出版。

10月1日,增订旧作《唐金牛成都驿程考》。

2日,增订旧作《唐代山南境内巴山诸谷道》。

5日,为旧作《唐代北庭都护府通西州伊州诸道考》增写第三节《北庭、西州西通碎叶道》毕,标题改为《北庭都护府通伊西碎叶诸道》。

10日,完成《唐代交通图考·序言》初稿。

14日,《唐代交通图考·序言》增订再稿。

20日,旧作《唐代长安洛阳道驿程考》改定。《唐代交通图考·序言》三稿。

检定旧作《天宝荔枝道考》。《唐代交通图考·序言》续有饰订。

11月4日,《唐代交通图考·序言》校订毕功。

6日,增订旧作《阴平道辨》,行文由常行体改为纲目体。

9日,增订旧作《唐代成都清溪南诏道驿程考》和《唐代成都江陵间蜀江水陆道考》。

13日,增补旧作《唐代三峡水运小记》。

16日,旧作《唐代岷山雪岭地区辐射交通图考》曾分为《唐代茂州西通吐蕃两道考》、《唐代岷山雪岭地区交通图考》两篇,分别刊于《香港中文大学中国文化研究所学报》第一卷及第二卷第一期,兹复合为《岷山雪岭地区松茂等州交通网》一文,且多有增订。

17日,增订旧作《汉唐时代川滇东道考》。

20 日,检定旧作《唐代黔中牂牁诸道考略》。

27 日,增订旧作《太行白陉道与穴陉道》。此文初稿年月不详,乃就中古"太行八陉"之第三陉——白陉道及《元和志》所记之穴陉岭道稍为考论之。

是月,另有增订旧作《北朝隋唐滏口壶关道考》、《唐代河套地区军事防御系统》。

12 月 1 日,增订改作《汉晋时代滇越通道考》,并检定其附篇《水经注叶榆水下游即今盘龙江辨》。增补旧作《唐代荆襄道与大堤曲》。

5 日,增订旧作《唐代滇越通道辨》,且改常行体为纲目体行文。

《唐代交通图考·序言》刊于《大陆杂志》第六十九卷第六期。

18 日,中研院第十六次院士会议选出第十五届新院士 8 名,史语所研究员全汉昇当选人文组院士。

31 日,应许倬云、毛汉光之邀,于中研院史语所、经济所合办之"第三届中国社会经济史研讨会"上讲演"中古时代几部重要地理书",是日先讲《水经注》。

是年,另有检定旧作《杜工部和严武军城早秋诗笺证》一文。

〇 1985 年乙丑　六十九岁

1 月 3 日,复于"中国社会经济史研讨会"上讲演"中古时代几部重要地理书"之"元和郡县志与太平寰宇记"。

5 日,复订《唐代长安北通丰州天德军驿道考》。

18 日,增订前作《居庸关北出塞外两道》。

《唐通回纥三道》刊于《大陆杂志》第七十卷第一期。

《唐代户口实际数量之检讨》刊于台北《国学文献馆馆讯》第九号,为 1984 年于唐代研究学者联谊会与联合报国学文献馆联合举办之第一次讲演会上所作之讲演辞。兹篇所考论者，为除浮浪、瞒报、逃户三种尽人皆知的现象外，尚有何种人群不当登载于唐代户籍簿中。据以证明，唐代实际户口数比正史甚至《通典》所记为多。复取若干都邑之户口实数与户籍数量作比勘，乃至以唐时朝鲜人口数与中国官方统计人口数字作比勘，以证明上述观点。

2 月，检阅旧作《唐代幽州东北出古北口通奚王牙帐道》。

《战国时代列国民风与生计——兼论秦统一天下之背景》刊于《食货月刊》第十四卷第九、十期合刊。

3 月，史语所研究员丁邦新正式出任所长。

二校《唐代长安北通丰州天德军驿道考》，多所改订。

《唐代长安灵州道及灵州在西北交通上之地位》三校定稿。

《唐代长安东北通胜州振武军驿道考》二校复订。

20 日，完成《读史方舆纪要与嘉庆一统志》初稿，为就平日利用此二书时留下之印象而写成。一般认为作为个人著作的《纪要》应较成于众人之手的官修《一统志》为佳。然经多年运用翻查，发现就查对古今地名而言，《纪要》显得粗疏，而《一统志》反较《纪要》为精核，故就此一功能而言，《一统志》之价值反在《纪要》之上。至于《纪要》在军事地理上的特殊价值，并不因此而受影响。

4 月，《唐代洛阳太原道驿程考》三校定稿。

4 日，初校《唐代交通图考·序言》。

9 日，于前作《读史方舆纪要与嘉庆一统志》稍加订正。

12 日，《唐代长安北通丰州天德军驿道考》三校定稿。《天德军东取诺真水汉通云中单于府道》三校，增拜占庭金币一证。

13 日，《唐代安北单于两都护府考》二校定稿。

14 日，《唐代河套地区军事防御系统》二校续订毕。《唐代交通图考》第一卷《京都关内区》校毕。

15 日,《汉唐褒斜道考》初校定稿。

16 日,再校《唐代交通图考·序言》,增交通概况一节。

28 日,《唐代凉州西通安西道驿程考》三校定稿。

5 月 3 日,《北庭都护府通伊西碎叶诸道》三校定稿。

7 日,《唐代河湟青海地区交通军镇图考》二校定稿。

8 日,《唐通回纥三道》二校定稿。

9 日,《唐代交通图考·序言》三校定稿。

是月,《中研院史语所专刊》之八十三《唐代交通图考》第一卷《京都关内区》付印。共收正文十篇,附文两篇。诸篇收入全书时,为格式统一起见,标题皆略有更定。每篇考论结果,皆绘成地图,附于篇末。有数篇合绘一图者,则以置于最后一文之后为原则。首卷共附地图七幅。诸图皆由耕望绘制稿本,再请黄庆乐作技术誊绘。卷末附《纲文古地名引得》。

6 月 3 日,在“中研院故院长朱家骅先生九十三岁冥诞纪念会”中讲演“佛藏中之世俗史料”。主要观点为,佛藏中寓含之世俗史料极多,诸凡政治、社会、经济、民族、乃至科技、艺术等,无不有其宝贵且为其他各种书籍中所不易看得到的史料,对于中古史的研究有极大帮助。意在促请史学工作者广泛汲取佛藏史料。

12 日,《唐通回纥三道》三校最后定稿,《唐代交通图考》第二卷《河陇碛西区》校毕,并于是月正式付印。共收正文五篇,附录一篇,地图三幅。卷末附《纲文古地名引得》。

18 日,与余英时、何淼佑应钱穆夫人之约至素书楼晚餐。当日,钱穆精神极好,席间笑着说,一门三弟子都是安徽人。余英时曰,可谓“吴学入皖”,相与谈笑极欢。餐后,钱夫人出示大陆家人托人带来武夷最上乘茗茶一小瓶,约一二两,供众人品尝。是茶据说采自朱子所种茶树,时只存两株,年产量绝少。其品尝法,用极小壶泡好,以极小杯品尝,每次半杯,约一小口。茶液呈清黄,微带绿色甚清丽。每人饮四次,共只约中等茶杯半杯之量,然返宿舍后竟难以入眠,刺激性颇大。乃悟唐时北方饮茶之风大盛,导因于禅僧学禅、务于不寐的说法,或有相当理据。

《读史方舆纪要与嘉庆一统志》刊于《汉学研究通讯》第四卷第二号。

《治史答问》由台湾商务印书馆作为《岫庐文库》第〇九四种正式出版。此册共录短文二十一篇,内容包括耕望求学治史之历程,与对于治史的一些意见,而为前此出版之《治史经验谈》所未涉及,或已涉及而未详述者。故实犹《治史经验谈》之续编,惟以答问方式出之耳。

指导新亚研究生冯世傲完成学位论文《三国人才之地理分布》①。

7月3日,据前在"朱家骅九十三岁冥诞纪念会"上之讲演,完成《佛藏中之世俗史料》一文初稿。分"政治"、"外交"、"人口"、"产业生计"、"交通与都市"、"商业"、"社会生活与礼俗"、"道教史料"、"人物品题"、"魔术杂技之东传"、"疠疫流行·毒药战争"、"古书辑佚资料"、"僧传所记梵呗声乐与唱导艺术"十三节。

12日,写成《佛藏所见之大地球形说》一文,拟补入《佛藏中之世俗史料》。近人论中国人之知大地为球形,通常以为不能早于元代,实则此项知识早在五世纪初已藉助佛经译传中国,且稍后亦有人重译与引用。可见地球观念于中国中古时代并不太陌生。现代东西学人皆据元明以下载籍,以为中国人晚至元明之世始知地为球形,较史实晚八九百年之久,皆由于未读《佛藏》之故。兹篇乃略为考述之。

返港作短期讲学,为新亚诸生讲授"中国政治制度史"一课。谢兴周不时来与讨论论文,并取已成部分当课堂作业交耕望批

①新亚研究所历届毕业论文硕士班第廿九届。

阅。乃渐接受谢为受业弟子,惟告以自己不懂宋史,需其自行努力找资料完成论文。谢兴周日后回忆:

> 先生是一位非常尊师重道的人,凡是学问有成就的学者,先生常在课堂上称赞他们。对傅斯年先生提拔他进中研院之事,常言此生不能忘。其次,胡适之先生,严师也赞不绝口。其他学人,如陈垣先生、陈寅恪先生、吕思勉先生、梁启超先生、顾颉刚先生等,严师都常称赞他们的史学成就。当中,严师特别嘱咐我要多看梁先生的文章。我曾经问严师,梁先生的文章文体不是不可学的吗。先生告诉我,要学的是他文章的写作技巧,并说他的文章气势磅礴,议论风发,有不可收之势,史论文章尤为精妙。又如汤用彤先生,严师大赞他对佛学的研究深博。对于现代学人,严师曾叫我要多看余英时教授的文章,他说余先生的文章写得比他还要好,常能雄辩滔滔,而能一气呵成,是学写文章的典范。其次,严师还提到杜正胜先生(当时杜先生还没有当上院士),他说杜先生很有前途,因为文章写得很扎实,是搞古代史的年轻学者的表表者。①

30 日,为傅乐成遗著《中国史论集》作序。

8 月,复订前作《唐代盟津以东黄河流程与津渡》一文。

9 月 1 日,《通典所记汉中通秦川驿道考》三校定稿,《唐代交通图考》第三卷《秦岭仇池区》三校毕,于是月正式付印。共收正文七篇,附文一篇,地图三幅。卷末附《纲文古地名引得》。

2 日,复订前作《隋唐永济渠考》;写成《佛藏所见之稽胡地理分布区》一文,拟补入《佛藏中之世俗史料》。魏晋南北朝时代,"北胡南徙"因政治军事之幻变不常,类多转徙四方,甚少能

---

① 谢兴周《忆严师念吾师》,收入《充实而有光辉》,稻禾出版社,1997 年。

定居于一个固定区域,惟步落稽人例外,盖其居地在黄河由北向南流之东西两岸山岳地区,受政局军事之影响较少,故能定居数百年之久。关于步落稽胡之居地,大抵仅能据正史所见言之,在黄河东西两岸,尤以东岸之石楼为中心。唐长孺《魏晋杂胡考》引《陈伯玉集》更具体指出稽胡居地四州之名,三在河西今陕西东境,一在河东今山西西境。而《佛藏》所见之史料转有出于此地理范围,且明确指出州名者。兹篇乃略为述证之。

3日,校订旧作《晋绛与潞泽间之乌岭道》。

6日,增订旧稿《秦汉迄唐飞狐道考》,补白石岭一条。

7日,《岷山雪岭地区松茂等州交通网》初校,未毕;复订旧作《历代卢龙道考》,并厘正编次。

8日,游阳明山。《岷山雪岭地区松茂等州交通网》毕校于阳明公园左峰之观景亭;《杜工部和严武军城早秋诗笺证》初校于阳明山瀑布小亭。

10日,复订前作《北朝隋唐东北塞外东西交通线》一文。

11日,校订《太行井陉承天军道》。

14日,《唐代山南境内巴山诸谷道》初校订正;为《北朝隋唐东北塞外东西交通线》增写《北魏六镇交通线》一节,并厘定节次。

15日,《天宝荔枝道考》初校。

17日,《唐代荆襄道与大堤曲》初校。

21日,往素书楼谒候钱穆,藉悉钱穆于上月尾轻微中风,至是已好转,精神仍颇佳。其时,《唐代交通图考》第一册已出版,钱穆亦收到史语所赠书,惟因双目失明,乃垂询全书写作规模。耕望略陈分卷分篇大致情形,并谓先刊前五册,约一百六七十万字,后三册尚待续写。钱穆非常高兴,曰:"很久无此大著作,可惜我已看不见了!"言下甚为感慨。耕望恐久坐影响钱穆精神,约一个半小时即辞出。

22日,《唐代成都江陵间蜀江水陆道考》初校增订。

23日,初校《唐代夔府地理与民户生计》一文,并增订。按此篇本为《唐代成都江陵间蜀江水陆道考》第三节末段纲文之目文,编入《交通图考》全书时,以此目文颇长,且所考诸多不关交通,故抽编增订,独立为附篇,期较醒豁。同日,又初校《唐代三峡水运小记》、《嘉陵江中江水流域纵横交通线》。

24日,初校《唐代成都清溪南诏道驿程考》。

29日,中秋夜,《汉唐时代川滇东道考》初校复订。

30日,初校《唐代成都西南边区东西交通诸路线》。

是月,《中古时代几部重要地理书——水经注》刊于《汉学研究通讯》第四卷第三号,为就年前演讲之录音整理稿修正而成;《佛藏中之世俗史料》一文刊于《大陆杂志》第七十一卷第三、第四期,未收《僧传所记梵呗声乐与唱导艺术》、《佛藏所见之稽胡地理分布区》、《佛藏所见之大地球形说》三节。

10月1日,初校《唐代黔中牂牁诸道考略》、《汉晋时代滇越通道考》、《水经注叶榆水下游即今盘龙江辨》。

3日,初校《唐代滇越通道辨》。

20日,《唐代三峡水运小记》二校增订定稿。

11月2日,二校《唐金牛成都驿程考》,复据两种《宋本杜诗》增订两条。《分门集注杜工部诗》师氏《注》引《图经》,尤为百牢关在西县之西三十里之强证。

8日,《岷山雪岭地区松茂等州交通网》二校增订定稿。

9日,《唐代山南境内巴山诸谷道》二校定稿。

12日,《天宝荔枝道考》二校定稿。

15日,《唐代荆襄道与大堤曲》二校定稿。

19日,《唐代成都江陵间蜀江水陆道考》二校定稿。

20日,《唐代夔府地理与民户生计》、《嘉陵江中江水流域纵横交通线》二校定稿。

24 日,《唐代成都清溪南诏道驿程考》二校定稿。

26 日,《汉唐时代川滇东道考》二校定稿;初校《唐代太原北塞交通图考》。

27 日,《唐代成都西南边区东西交通诸路线》二校定稿。

28 日,《唐代黔中牂牁诸道考略》、《水经注叶榆水下游即今盘龙江辨》、《唐代滇越通道辨》二校定稿;初校《黄河汾水间南北交通线》、《晋绛与潞泽间之乌岭道》;复增补《北朝隋唐东北塞外东西交通线》,至此《唐代交通图考》前五卷全部完稿。

29 日,《汉晋时代滇越通道考》二校定稿,增补《杜诗集注》一条。

30 日,《北魏参合陂地望辨》、《北朝隋唐滏口壶关道考》初校复订;《太行白陉道与穴陉道》初校定稿。

12 月 1 日,《太行井陉承天军道》初校增订。

2 日,初校《隋唐永济渠考》。

4 日,《秦汉迄唐飞狐道考》初校复订。

5 日,旧作《五台山进香道》初校增订。

6 日,初校《太行东麓南北走廊驿道》、《唐代盟津以东黄河流程与津渡》。

8 日,《唐金牛成都驿程考》三校毕。

9 日,旧作《曹操所开平虏泉州新河三渠考略》初校增订。

11 日,初校《河北平原南北交通两道》。

12 日,初校《居庸关北出塞外两道》、《唐代幽州东北出古北口通奚王衙帐道》。

18 日,《唐代交通图考》第四卷《山剑滇黔区》三校毕。

21 日,初校《唐代幽州东北出渝关通柳城契丹辽东道》。

22 日,初校《历代卢龙道考》、《北朝隋唐东北塞外东西交通线》,《唐代交通图考》第五卷《河东河北区》初校毕功。

正式自史语所退休,所内同仁为之饯行。

23 日,返港。

是月,《读史方舆纪要与嘉庆一统志》收入《汉学研究》第三卷第二期《方志学国际研讨会论文专号》第一册;《中古时代几部重要地理书——元和志与寰宇记》刊于《汉学研究通讯》第四卷第四号。

○ 1986 年丙寅　七十岁

1 月,《唐代交通图考》第四卷《山剑滇黔区》正式付印。共收正文十四篇,附文四篇,地图四幅。卷末附《纲文古地名引得》。

10 日,《唐代太原北塞交通图考》二校定稿。

11 日,《北魏参合陉地望辨》、《黄河汾水间南北交通线》、《晋绛与潞泽间之乌岭道》、《太行白陉道与穴陉道》、《北朝隋唐滏口壶关道考》二校定稿。

14 日,《秦汉迄唐飞狐道考》二校定稿。

16 日,杨联陞来信,有打油诗云:“体大思精多创获,严公政考早流传,新编又见追双顾,管领方舆数百年。”盖就《唐代交通图考》已出各卷言。耕望平素自度英日文程度均未达到真正能看书的水准,对于国际学术行情所知甚少,常恐闭门造车,未必能出而合辙。以杨联陞对于国际学术行情之了解,而对《图考》作如此高度之评价,终是一大鼓励,勇气与自信大增。

21 日,《太行井陉承天军道》二校定稿。

25 日,《五台山进香道》二校定稿。

27 日,《太行东麓南北走廊驿道》二校定稿。

28 日,《唐代盟津以东黄河流程与津渡》二校增订定稿。

29 日,《隋唐永济渠考》二校定稿。

30 日,《曹操所开平虏泉州新河三渠考略》二校续订定稿。

2 月 1 日,《河北平原南北交通两道》二校定稿。

2 日,《居庸关北出塞外两道》二校定稿。

3 日,《唐代幽州东北出古北口通奚王衙帐道》二校定稿。

4 日,《历代卢龙道考》二校定稿。

5 日,《唐代幽州东北出渝关通柳城契丹辽东道》二校定稿。

7 日,《北朝隋唐东北塞外东西交通线》二校定稿。《唐代交通图考》第五卷《河东河北区》二校毕事。三校由廖华淑负责清校。

3 月,正式返新亚研究所工作。时谢兴周已得耕望指导,开始全力撰写论文。述及宋代一些州分时,因引用之书为简体字版,一时不慎将"沪"字写作"户"。耕望阅后告其,宋代似无此一州,不妨再查查看。谢惊其能于宋代三百多州中一眼将此错误看出,乃愈加敬服耕望之博学与虚怀①。

时耕望在新亚研究所开的课有些是上午十时上课,部分在职学生因工作关系,要求将上课时间提早至八时三十分。在征得其余学生之同意后,欣然答应②。

中旬,续撰《唐代交通图考》第六卷《河南淮南区》之《洛阳郑汴南通汉东淮上诸道》第三节《洛阳郑汴南取许蔡桐柏三关通汉东道》、第四节《洛阳郑汴南取宛叶走廊通襄阳汉东道》、第五节《汉东东西联络道》。

11 日,在给大侄严伯高的信中说:

> 过去两年半,我赴海外工作,想将 40 年来所研究之唐代交通问题作一结束,去年开始出书,颜为《唐代交通图考》,迄今已出 5 册,约 150 万字以上(全书将来出齐约 8 册,200 万字以上),此为我平生功力最深之著作,亦

①谢兴周《忆严师念吾师》,收入《充实而有光辉》,稻禾出版社,1997 年。
②李启文《经时纬域写人文——归田师晚年生活小记》,收入《充实而有光辉》,稻禾出版社,1997 年。

为司马氏《通鉴》以后900年来史学界功力最深之论著。《日知录》、《明儒学案》、《文史通义》诸书,其境界也高,影响也大,但功力不如我之深,我书精审远过前人。①

下旬,起草河南淮南区《中古时代桐柏山脉诸关道》。

4月2日,致信大学同学钱树棠:

树棠吾兄:

顷自台归来,奉读新春大札,至感快慰。

宾四师去年冬季时时伤风感冒,身体诚显衰弱,但开春以来已大见好转,请释远念。近年前辈学人凋谢殆尽(日前又悉朱光潜师过世),宾师年逾九十,硕果仅存,诚亦不易,可为庆幸!

尊体虽显衰弱,但人到老年犹如机器陈旧,总不免随处有些小毛病,正不足虑。以愚弟论,血压稍高已十余年(一直服少量药物保持平衡,昨日检查高标155°,低标75°),心脏亦稍差。但据医云,七十之年,小小毛病乃属正常,不足介意,相信此论有理。故平日只是小心留意,而达观有信心,故日常教研工作仍能保持常轨,视一般中年学人远逊。希吾兄拿起勇气,仍照既定计划进行,只当缓缓为之,不能为工作而太劳累耳!

吾兄国学根柢一向坚实,每读大札,寥寥数行,极见文章功力深厚,仍非弟所能企及,既发心欲将考史旧作重加改订,至善至善。我辈书生,惟当尽其在我,谋有贡献。纵不能及时付梓,但假以时日,定能刊布。弟自入中研院之后即留意唐代交通问题,迄今已整整四十年。写成论稿一百四

---

① 严伯高《我的四叔——严耕望先生》,收入《安庆文史资料》第27辑《香皖两江情》,中国文史出版社,1997年,第111页。

五十万字,自谓书太专门,又太大,是不合时代潮流(国内时髦是社会主义理论,海外潮流是社会科学理论,而弟仍只是传统方法),料无销路。不知何日始能公之学林,不过总觉得将来身后总会有刊布之一日。不意大前年应邀赴台工作,中研院竟乐意筹斥巨资为之刊布(印刷费约合人民币十万元),现已出至第四册,此诚非始料所及(此书手头极少,繁琐考证,想兄亦无兴趣看。曾自费加印《序言》若干分,兹奉上一册[另邮]。此序曾请殷正慈学长等看过,改了数字。如兄有意见,请惠示。另附寄论陈寅恪、陈援庵、吕诚之三位先生之小文两种)。吾兄目前只管发挥胸臆,撰成定稿。若此刻无适当出版处(可与昌淦兄商之,也许他有办法),可复印两三份,分处保存,将来总会有识者为之筹刊也。

　　余不一一,即颂

康安。

弟　耕望

1986.4.2①

13日,《中古时代桐柏山脉诸关道》草成。

前撰《僧传所记梵呗声乐与唱导艺术》、《佛藏所见之大地球形说》、《佛藏所见之稽胡地理分布区》刊于《大陆杂志》第七十二卷第四期。

25日,经一再增订,《中古时代桐柏山脉诸关道》初稿完成。桐柏山脉由信阳(古义阳郡)西境向东南伸展,经信阳之南为桐柏中段,又东至潢川(唐为光州)西南境,为桐柏东段,又东南至安徽西境,为大别山脉。义阳南山,中古时代自西而东有平靖、

---

①《充实而有光辉》附录"严耕望致钱树棠函"影印件一,稻禾出版社,1997年。

黄岘、武阳三关之阨,合称义阳三关,为南北交通要道,亦即春秋战国著名隘道冥阨之险,称为天下九塞之一。光州西南山势低缓处,亦自西而东置大活、白沙、穆陵、阴山、定城五关,或称为南关,盖亦古代吴楚交通隘道。兹篇分别稍详论之。

5月,《唐代交通图考》第五卷《河东河北区》三校毕事,正式付印。共收正文十七篇,附文两篇,地图五幅,卷末附《纲文古地名引得》。据时任史语所研究员并曾代理第一组主任的毛汉光回忆:

> 归田师在撰写出版《唐代交通图考》时对我说,《隋唐五代地方行政制度史》已经没有时间写了,否则穷数十年收集的历史地理资料,无法成书,将成为一片一片的资料而已(按:归田师《唐代交通图考》第一册至第五册已经问世,第六册初稿已成,正请人整理出版,原拟有第七册,仅是一片一片资料,存放在师母严段畹兰女士在香港的寓所),如果这部书完成,将再写一部《国史人文地理》……。如果天假十年寿命,归田师数十年资料与构思,将陆续成书,而归田师的著作是罕能由他人取代的。归田师常常说《水经注》是一部奇书,我则认为《唐代交通图考》也是一部奇书,这部书的内容上起秦汉下至宋代,虽以交通为经脉,实际上包含着政治、经济、社会、民族、文化等内容。阅书无数,考证详实,每一篇皆有地图。归田师尝告诫我:写历史论文要尽量画图。我答以:"我的历史地理差,绘图会错误百出。"师则谓:"有画能使你的论文更加精确。图若有错误将来自己或他人有指正的机会,如若真的画不出来,示意图亦可。"此后我一直秉执归田师的话勉力在做。①

----

① 毛汉光《中晚唐南疆安南羁縻关系之研究·绪言》,收入《严耕望先生纪念论文集》,稻乡出版社,1998年。

19 日,耕望在给大侄严伯高的信中说:

> 记得我幼年时代,村后平冈,松林茂密,绿草如茵,不知
> 自何时起,头脑里有一印象,松树全被伐除,绿草全被铲掉,
> 绿油油的山冈成了光秃秃的黄土山。不知此印象是否为事
> 实? 我家屋后坡上有间大凉棚,在一棵大枫树荫下,凉棚本
> 很小,后扩大改建,面积约一丈六七尺见方。我与你二叔、
> 三叔常寝卧其中,夏日尤为全家活动中心,为其地势高朗,
> 且有大树荫蔽,特感风凉也。该大枫树树干直径约三尺,高
> 数丈,枝叶繁茂,如一大伞,荫地直径约四五丈,十数里外已
> 可望见,成为我家标志。往日我在安庆读书,放假回家,走
> 到大龙岭,望见大枫树,便一口气跑到家里。1946 年冬,我
> 回家时,虽有一枝枯折,但仍甚茂盛,不知现仍存在否? 回
> 忆我家盛时,几二十口人,亦称小康,为乡里之望,今也散落
> 四方,相聚为难,思之黯然!①

28 日,《洛阳郑汴南通汉东淮上诸道》全篇草稿完成,嗣续
增补。

6 月 2 日,为《洛阳郑汴南通汉东淮上诸道》撰成《总结》。
习凿齿《襄阳记》所记古代荆、楚北通中原之两干道,迄中古时代
仍为江汉地区北通中原之要道,惟唐以洛阳为东都,故兹篇以洛
阳为中心考述之,而附及郑、汴(古魏国即晋也)、陈、宋南达江汉
之干道。所考南北交通主道有三:洛阳伊阙南取鲁阳三鵶通邓
襄道、洛阳郑汴南取许蔡桐柏三关通汉东道、洛阳郑汴南取宛叶
走廊通襄阳汉东道。所附考者,汉东之东西交通道,亦即南北三
道南端之联络线,此亦为唐代南北交通干线之重要一环。

---

①严伯高《我的四叔——严耕望先生》,收入《安庆文史资料》第 27 辑《香
皖两江情》,中国文史出版社,1997 年,第 111-112 页。

9日,钱穆以92岁高龄在素书楼为中国文化大学史学研究所博士班讲授最后一课,告别杏坛。

12日,起草河南淮南区《洛阳郑汴驿道及汴城馆驿》。

《唐代盟津以东黄河流程与津渡》刊于《新亚学报》第十五卷《钱穆先生九秩荣庆论文集》。

指导新亚研究生李启文完成学位论文《汉代之物产》。

指导新亚研究生何炳泉完成学位论文《从汉书因袭史记部分比较马班之才学识》

指导的新亚研究生谢兴周完成学位论文《宋代府州通判制度之研究》后①,随即报读新亚研究所的博士班。谢日后回忆:

> 多年前,我认识一位教育学院的讲师,他毕业于中文大学,大概也认识严师。一次,我与他谈到我跟严师做学问,他很惊奇地问我为何不跟某某老师治学而跟严师。我问为何,他说严师学问是好,可是将来不能为我的前途铺路,因为严师是不搞关系的。我听后,心里很酸,也很激动,更惊叹世上竟有这种所谓的读书人。当时我心想,我来新亚是求学问,不是讲前途。这次谈话,令我对严师更加尊敬,事师更谨,并引以为荣,因为我能跟一位真正作学问的学者治学。严师有一句座右铭:"有书可读,万事足;任何荣辱享受都其次又其次!"正好说明严师这种淡泊名利的人生观。而他影响了我一生。②

前在中大指导过的研究生潘国键携其港大博士论文《北魏与蠕蠕关系研究》来见,请耕望多给意见。数日后见潘,指出论文中有一行文字史料句读欠佳,令其修改。并谓将赴台湾,愿将

---

① 新亚研究所历届毕业论文硕士班第三十届。
② 谢兴周《忆严师念吾师》,收入《充实而有光辉》,稻禾出版社,1997年。

潘的论文交给王寿南,看有无出版机会①。

7 月,担任史语所咨询委员。

15 日,《洛阳郑汴驿道及汴城馆驿》初稿完成。洛阳为唐代之陪都,与长安相对言,称为东都,一称东京。汴州(今开封)自北朝末期以来,已称殷盛,至唐代尤为黄河下游大平原之第一大都市,中叶以后,更因地当漕道咽喉,于政局安危,尤所急切。而其位置又与长安、洛阳同在一条东西轴线上,故西东两都之驿道东延至汴州,称为大路驿,为唐代全国交通网之总枢轴。今洛阳东至开封,中经偃师、巩县、汜水、荥阳、郑州、中牟六县市,此盖自古皆然,无大差异。兹篇就唐代洛汴间所经州县馆驿关梁仓储逐一述之,以见当时利用此道之情形。

26 日,为院士会议复至台北。

27 日,赴素书楼晋谒。钱穆健康已大恢复,饮食口味仍颇好。

8 月 1 日,中研院第十七次院士会议选出第十六届 8 位新院士,史语所研究员丁邦新当选人文组院士。

会议期间,杨联陞语耕望:"我去看了钱先生,谈到你。先生说你是专家之学,我说你现在已不只是专家了。"耕望以为二人的话都很正确:杨论盖就当时一般标准而言,自己诚已相当博通,不专守一隅;钱穆则一向标准极高,希望弟子更上层楼,故持论不同。惟自度基本功夫与成就诚然只在制度史与历史地理几部专著;虽欲再力争上进,但已强弩之末,诚如五十年前钱穆所警惕,"纵然在近代算是第一流的成就,但在历史上仍然要退居第二流"。一语定终身,何其神耶!

---

①潘国键《恩师严耕望教授与我》,2009 年。http://www.douban.com/group/topic/21829076/。参潘国键《北魏与蠕蠕关系研究·序》,台湾商务印书馆,1988 年。

4日，史语所邢义田、杜正胜、黄宽重、康乐、刘淑芬五位青年学人到耕望下榻的圆山饭店，访谈一些学术问题，拟将谈话内容送《当代》杂志发表。

8日，再到素书楼辞行。钱穆曰："听说此间仍想请你再来，不要疏远此间关系。"耕望道，诚有两处邀约为特约讲座，但不想应聘。因为政府法令，七十岁退休，即不能再有长久固定的工作机会，一两年的特约职位，虽然位尊俸厚，但非经常性，即是生活随时都有问题，对于自己的研究工作与精神生活都有损害。在港已有自置寓所，环境颇佳，新亚研究所虽然待遇微薄，但也另有一点经常收入，已很足够支持自己的简朴生活，所以不想再动。钱穆了解耕望的个性，知其经济环境并不太坏，自是安心。又上年在素书楼与余英时见面时，余关心耕望退休后的生活，拟向有关方面建议，留其长期在台讲学。耕望婉谢道，生活尚过得去，不必为此背个大人情。

其时友朋间亦颇有关心"九七"后香港之前景者，耕望对此向持乐观态度，认为不会有大动乱。且以一籍籍无名的纯读书人，日常只到市场买菜，到公园郊野散步，极少讲演，亦极少出席会议，在港更无一点社会地位，纵然时局有变，想亦不至遭受大的冲击。

史语所五位青年学人整理前在圆山饭店的访谈录音，发现耕望说的话不算多，乃又由邢义田拟出几条问题寄至香港，希望耕望笔答，约有：

1.可否举例说明历史地理对其他方面历史研究的帮助？

2.可否就政治制度和人文地理两大范畴，进一步说明唐代在国史上的关键性？

3.可否结合自身经验，说明严格的学术工作态度和严格的学术著作最起码的标准是哪些？

4.可否就建立新的史学传统和创造新的学风,谈谈今后应努力的方向?

5.对年青一辈史学研究者将社会科学理论与方法应用到历史研究上,有何评价和期望?

6.在史学研究上,主张如何看待唯物史观?

9 月 12 日,笔答邢义田所拟之问题。

10 月,北京中华书局出版《唐仆尚丞郎表》(全四册),系据 1956 年台北史语所初版本影印。

28 日,完成《齐长城地理考略》初稿。取《读史方舆纪要》、《嘉庆一统志》所记明清时代齐长城遗迹及其他史料,对宋初以前人所记齐长城之取线起迄详加比勘分析,以明其精确方位及沿途所经。

潘国键收到台湾商务印书馆寄来《北魏与蠕蠕关系研究》一书的版权合约①。

11 月 29 日,撰成河南淮南区《中原东通海岱辽东新罗道》第一节《根据志书推测泰山南北两干线之略程》、第二节《郑汴东通泰山之阴滨海平原线:郑汴东通莱登驿道及其支线》初稿。

12 月 7 日,撰成河南淮南区《中原东通海岱辽东新罗道》第三节《郑汴东通泰山之阳山岳丘陵线:郑汴曹兖沂海道》初稿。

28 日至 31 日,出席中研院"第二届国际汉学会议",提交论文《中古时代桐柏山脉诸关道》。

29 日,至素书楼谒候钱穆②。

---

①潘国键《恩师严耕望教授与我》,2009 年。http://www.douban.com/group/topic/21829076/。参潘国键《北魏与蠕蠕关系研究·序》,台湾商务印书馆,1988 年。

②《充实而有光辉》所收"严耕望、钱穆、余英时"合影日期,稻禾出版社,1997 年。

1986 年 12 月 29 日晚，与余英时等人摄于素书楼，钱穆时年九十二。

应成功大学历史系主任黄耀能之邀,南下讲学①。

○ 1987 年丁卯　七十一岁

元旦,《历史地理学与历史研究:专访严耕望院士》一文刊于《当代》第九期,编者据耕望的回答加入十一条提要:

1、整体的历史观——注意整体全面的历史,不局限于核心地区。

2、历史地理知识有助于政治史的研究。

3、历史地理知识有助于经济史的研究。

4、历史地理知识有助于宗教学术史的研究。

5、历史地理知识有助于史事研究的几个具体事例。

6、汉型和唐型是中国行政制度的两大典型,两型间有传承关系。

7、从历史人文地理观点看唐代在中国史上的关键性。

8、学术态度在于敬业,评论学术论著的标准则在"充实而有光辉"。

9、学术风气不一定能造成学术传统,学术传统则必承自长期流行所形成的学术风气。

10、史料与理论当相互结合,俾能形成新学风,发展成新传统。

11、唯物史观的评价、多元论的观点。

路遇昔日新亚研究生、时已执教浸会学院历史系的李金强,邀年后往浸会历史系为诸生作一演讲。时浸会历史系正日有发展,为表对昔日弟子之支持,乃欣然允诺。

2月24日,完成《唐代交通图考》第六卷《河南淮南区》之

---

① 金中枢《永怀严师》,收入《充实而有光辉》,稻禾出版社,1997年。

《海岱地区南北交通两道》初稿。中古时代,海岱地区,有东西两条重要之南北交通线。西线自青、齐分由泰山东西两侧,南循汶、泗经兖州(瑕丘,今滋阳西二十五里)至徐州(彭城,今铜山);东线由青州(广固、东阳,今益都)南逾大岘山、穆陵关,循沂水河谷,经沂州(琅邪,今临沂)至下邳。兹篇乃分别考述此东西两道之详细途程。

月末,接台大史研所博士宋德熹信,云《治史经验谈》、《治史答问》两书,甚受青年学人欢迎,希能多读到此经验实践之成果。惟耕望之论著,除专书外,不易搜求。专著内容较狭,且皆字逾百万,初学实难掌握,不如单篇论文之易观摩取鉴。只祈耕望应允出版选集,至于出版机构之商洽、编校工作之进行,皆由彼等青年任之,不烦耕望多费心力。同信中,宋德熹表示有意逐章解读陈寅恪《隋唐制度渊源略论稿》和《唐代政治史述论稿》两书;并欲从玄武门之变前夕,秦王党羽敬君弘、吕世衡及常何等玄武门守将之官职,了解事变胜败之关键[1]。

3月7日,耕望为浸会历史系之演讲撰成讲稿《中国史上经济文化之地理的发展》。

演讲前且致电李金强,谓已将讲稿提前寄出,嘱影印派发给出席学生,避免学生听不懂其"安徽国语"。

浸会历史系教师,多毕业于中文大学,故演讲当日,全系师生咸集,至为盛况。耕望之演讲,以历代户口、物资产业、都市及人物分布之广度,观察国史之文化变迁之大势,并指出华夏文化于顺境或逆境均具有前进不息之特性。此一论述,大抵为其晚年对于国史绵延之一种新阐释[2]。

①宋德熹《从几封信谈归田师的治学信念》,收入《充实而有光辉》,稻禾出版社,1997年。
②李金强《追记严师耕望之学行》,收入《充实而有光辉》,稻禾出版社,1997年。

31日,覆信宋德熹:

德熹弟:

上月来信,早经收到。今日工作告一段落,得暇就来信逐一作答如下:

一、你为陈先生著作作解说,无论成绩如何,对于自己都是一项鞭策,有好处,故事属可行。惟希我作序,似无必要。我对于陈先生的认识,也只是大体笼统的观念,在写《史学二陈》一文中已约略谈过,此刻再写,谅亦不能有多少新意见。

二、拟为我编论文选集,此事我早有意为之,作为个人"治史五书"之一。但迟迟未果者,因为我一向觉得,旧日论文提出重刊,必须重加审查,是否有当改订处。如有当正处而不改,继续误导后学,实不应该。所以十余年前出版《唐史研究丛稿》,所收诸文,多经改订,有些且全篇改作。前年出版《交通图考》,亦经全盘改订,花费一年多时间。目前正欲加速续撰《图考》,不暇就旧文作增订功夫。你今欲代编一集,以便青年们阅读之用,意思很好。但不知挑选何篇,若所选不须大改者,固无不可。只是我对于台湾出版法不甚了解。此次选集出版,是否妨碍将来自选集之出版(例如选入此集,将来自选集是否能选入)。此事须先弄明白,免得将来与出版商产生纠纷。

三、关于"玄武门"事,我一向不太注意。敬君弘官拜"骠骑将军"加授"云麾将军",吕世衡"中郎将",常何于北门领健儿长上。就此三人官职而言,骠骑将军与云麾将军在隋唐时代都只是武散阶,序位而已,并无实职,只看临时任使而已。"中郎将"则是实职,中央各卫皆有之,但不知吕世衡之任中郎将究属哪一卫?北门健儿长上,虽职位甚低微,但领士卒。以我看来,"玄武门事变"只是一场临时遭遇战,秦王先下手为强,获致胜利。其实此类事,成败往往只在瞬息机遇间,难作绝对的必胜必败之判断。胜败判断宜从大处着眼,老在这些小环节上打转,只见迁执耳,实无多大意义!

　　余不一一,即祝

学祺。

严耕望

1987.3.31①

4月1日,《中古时代桐柏山脉诸关道》定稿。

8日,增订前作《齐长城地理考略》。

5月4日,增订前作《海岱地区南北交通两道》。

7日,增订前作《洛阳郑汴驿道及汴城馆驿》。

前作《洛阳郑汴南通汉东淮上诸道》复全盘增订,局部易稿。

25日,完成《中原东通海岱辽东新罗道》第四节《登莱渡海通辽东道及赤山大珠山通新罗道》初稿,并改编增补全篇毕。就唐代志书所记,泰山山脉南北各州去两都之里程,显可勘知有南北两条东西交通线。北道坦平,沿线多鱼盐之利,且为越海通辽东、海东之国际交通线,故交通繁夥,置馆驿。南道委蛇于山区河谷间,馆驿无考。兹篇就此两道作较详研究,并及北道渡海通辽东道及渡海通新罗诸港口。

30日,旧作《洛南三关》改编增订毕。

6月5日,《洛阳郑汴南通汉东淮上诸道》增改毕功。

指导新亚博士生李孟晋完成学位论文《四库著录唐人别集二十种提要考订》②。

委托前去参加"西安国际历史地理学术讨论会"(8月11日至14日)的刘健明,赠送1969年新亚研究所版《唐史研究丛稿》和

---

①《充实而有光辉》附录"严耕望致宋德熹函"影印件一,稻禾出版社,1997年。

②新亚研究所历届毕业论文博士班第三届。

1985 年、1986 年台湾商务印书馆版《治史经验谈》、《治史答问》给陕西师范大学唐史研究所教授、古籍整理研究所所长黄永年①。

其时,内地很多学术团体和学会都邀请耕望访问或出席学术会议。但因顾虑一旦参与其中一项,其他活动便很难拒绝,为避免浪费研究的光阴,乃坚拒所有邀请。惟仍十分关心内地学术界的情况,常向刘健明等询问内地学人的近况,对内地年轻一代学人亦寄望甚殷,以为他们在困苦的环境中仍能坚持学业不辍,将来成绩必更为显著。相比而言,港台事务较多,教学负担较重,且物质诱惑较大,要埋首学术需要更大的自觉和自制。得知《治史经验谈》和《治史答问》在内地学界广为复印流传,感到十分安慰,一方面是为著作有读者,更重要的是了解到国内学术研究终走回常规②。

○ 1988 年戊辰　七十二岁

春,宋德熹参取若干青年学人意见,草拟《论文集》初步选目,寄耕望斟酌,并云已商得台北联经出版事业公司出版。遂就其选目,增删为二十篇,分上下编部居之。上编皆涉地理问题,共收论文十一篇。下编九篇多属制度问题,而以访谈录两篇殿之。诸篇选录,要遵两项原则:其一,兼取通识通论性与专攻论辩性两类文字。意在期祈青年学人由意趣所欣向渐及精思曲委绵密周赡之论证层次。其二,编入专著之论文,皆摒不录;惟《交通图考》之附篇,所论非交通问题,故不在此限。篇目既定,乃取旧文逐篇重订,或正误,或增补。

---

①曹旅宁撰《黄永年先生编年事辑》,中华书局,2013 年,第 192 页。参黄永年《唐仆尚丞郎表和著者严耕望先生》,载《书品》1988 年第 2 期。

②刘健明《独立奋斗,尽我所能——追忆严耕望先生》,载《文史知识》1998年第 8 期。

3月，宋德熹等人整理的访谈录《忘情于"不古不今之学"——访严耕望教授谈中国中古史研究》刊于台北《书目季刊》第二十一卷第四期。内中谈到对前辈史家陈寅恪的评价：

> 他以西方史学之长应用于中国历史研究上，非有一己之见，能成一家之言的，绝不见诸文章，所以我们看到他的著作并不多，但每篇文章都有他独到的见解。这些新见解虽然未必都很正确，能站得住，但我们仍要仔细的去看，至少可令我们得到许多启发，从新的角度看问题。

28日，检定旧作《唐代行政制度论略》、《唐代府州上佐与录事参军》。

4月2日，修订《夏代都居与二里头文化》一文。篇中引《史记·吴起传》，初刊稿误作《魏世家》，承王仲孚提示改正。此文发表八年间，大陆陆续有考古资料公布，亦有不少论文发表。因工作繁忙，未克一一采读。所可知者，遗迹发现，出乎此文附图地理范围者尚不甚多，而二里头文化碳十四数据亦所增无几，故更进一层之讨论，似尚有待。又篇末附图，为1978年脱稿时所绘，本欲参合《晋南二里头文化遗址的调查与试掘》一文之附图《晋南二里头文化遗址分布图》，另绘新图，惟因无人代作技术誊绘，只好作罢。故收入《论文选集》时仍用旧图，但附刊《晋南二里头文化遗址分布图》于后，以便参考。

重校旧作《战国时代列国民风与生计》。

12日，校订旧作《正史脱讹小记》。爰就旧稿删去十条，而选取《旧唐书·本纪》拾误八条，并另撰《旧唐书·德宗纪》建中元年户数脱文一条、《新唐书·地理志》户口数字脱讹一条若干事，都计仍为六十条，俾青年读者略窥正史夺讹之面目，提高警惕，唤起戒心，期能尽量避免为古史脱讹所误导。

14日，增订旧作《略论唐六典之性质与施行问题》，作《附记》一则。

15 日，增订旧作《中古时代之仇池山——由典型坞堡到避世胜地》；重校《秦汉郎吏制度考》一文，缅怀往事，追加《附记》一则。

17 日，重订旧作《从南北朝地方政治之积弊论隋之致富》。

20 日，增订《汉书地志县名首书者即郡国治所辨》。在《附记二》中就王文楚发表于《历史地理》第五辑上的《关于中国历史地图集第二册西汉图几个郡国治所问题》一文，指出一处论证失误，提出三点证据补充。

20 日至 23 日，中国褒斜石门学术研究会第三届国际学术研讨会在陕西汉中市举行。有学者对《汉唐褒斜道考》一文中"褒谷短斜谷长"等观点提出指正，以为"褒谷长斜谷短"乃常识，地图一查即知，实地一看便知，是不该出现的学术错误[①]。其时，耕望因未回内地，对地方性考古刊物及地方出版古籍无法多加注意，更谈不上进行实地调查或利用地方馆藏文献，确有妨碍研究之弊。内地学者如西北大学的李之勤和陕西师范大学的辛德勇，在研究中古驿道及交通和隋唐两京都亭驿的过程中，都就此提出与《唐代交通图考》不同的见解，且托经常来内地的刘健明代转与耕望商榷之论文。而在耕望，则因《图考》前五卷已出版，商榷意见打算日后全书完成时再作参考及讨论，但仍为有内地学人与之论辩而感兴奋[②]。

24 日，修订《括地志序略都督府管州考》一文。据前撰各卷《图考》，于诸府州之今地略作更正，惟附图已无法尽改。

---

①冯岁平《一位充实而有光辉的学者》，收入《石门：汉中文化遗产（2005）》，三秦出版社，2006 年。

②刘健明《独立奋斗，尽我所能——追忆严耕望先生》，载《文史知识》1998年第 8 期。

25 日，增订旧作《唐人习业山林寺院之风尚》。

26 日，重校《北魏尚书制度》一文，作《附记》一则。

5 月，得邢义田通知，史语所编辑会通过议案，出《秦汉地方行政制度》、《魏晋南北朝地方行政制度》第三版，询问是否有须改订处。其时，耕望工作虽甚忙，然生平之原则，凡论著再版，当作校订，故决计抽暇看一过。

台北市议员周伯伦、立法委员陈水扁指责钱穆所居素书楼"既无租约，又不付租"，是非法占用公产，要求收回。按素书楼自 1980 年撤销阳明山管理局、划归台北市府管理后，即由"总统府"向台北市当局借用，并由"行政院"核可，租用实属合法。租约规定到 1991 年才期满，并注明期满后有权利可以续约再住下去。

26 日，"纪念陈寅恪教授国际学术讨论会"在广州中山大学召开。与会者除来自中国大陆地区各大学、研究机构的专家、学者外，尚有来自美国、日本和香港地区的专家、学者共约七十人。北京大学教授周一良在开幕式上发言，谈及陈氏开创的魏晋南北朝史研究的现状与发展时，特别提到：

> 其他在此领域作出贡献而并非陈先生及门弟子者，有余逊（政治史）、贺昌群（土地制度）、武仙卿（经济史）、刘汝霖（学术史）、王仲荦（政治、文化）、马长寿（民族史）、劳榦（政治史）、唐长孺（政治、经济、文化、思想等多方面）、谭其骧（民族史）、何兹全（经济、军事）、缪钺（政治、文化）、牟润孙（政治、文化）、王伊同（门阀）、严耕望（行政制度）等。这些人中的大部分都或多或少受了陈先生学风的影响。他们几乎都不是只研究魏晋南北朝，而是或上连秦汉，或下及隋唐，只有这样才能观历史之会通，这也是陈先生作出的榜样。其中谭其骧专治历史地理，缪钺长于文学，都兼及这段历史。唐长孺涉及多方面的三本论文集，姚薇元的胡姓考，

严耕望的地方行政制度史，以及谭其骧、劳幹、何兹全的某些论文，成为研究这段历史的人必读的论著。①

29日，草成《唐代盛时与西南邻国之疆界》一文。此篇所谓国疆，专就唐代正州领域而言。唐代盛时与西南诸邻国之分界较为明显，前人诸图差误已不大。兹篇据实证，再为具体言之，期能更见正确。

台北联合报系文化基金会为提倡汉学研究，以阐扬中华文化之精义，特在史语所设置"傅斯年汉学讲座"，为期五年，每年由史语所选聘国际著名汉学家担任。

6月，增订旧作《杜工部和严武军城早秋诗笺证》。

北京中华书局《书品》杂志刊登黄永年的文章《唐仆尚丞郎表和著者严耕望先生》：

> 中华书局近年来出版了不少研究历史用的专业性参考书，就唐代人物方面来说，备受欢迎的就有清人徐松的《登科记考》，民国时人吴廷燮的《唐方镇年表》，以及该局傅璇琮、张忱石、许逸民诸兄合编的《唐五代人物传记资料综合索引》。到去年（按指1986年）又影印了严耕望先生近百万字的《唐仆尚丞郎表》，对唐史研究者更是一大喜事。因为唐尚书省左右仆射自不待言，其左右丞和六部尚书、侍郎在中枢之重要，实不减于宰相，宰相尚有《新唐书》的宰相表和《唐会要》帝号门所记列朝宰相姓名可资查考，而尚书省历任长官的姓名、任职时日旧史并无系统记述，经严先生前后耗费六年心力才搜辑考订成编，一九五六年由台湾中央研究院史语所初版问世（史语所专刊之三十六）。可惜流传到大

---

① 周一良《纪念陈寅恪先生》，收入《纪念陈寅恪教授国际学术讨论会文集》，中山大学出版社，1989年。

陆上的为数极少,且时经三十年迄未重印。如今中华书局有此魄力影印一千七百部,不特足供图书馆和唐史研究者个人购置阅览,且对海峡两岸学术文化交流也作出了贡献。

说到交流,我想在这里讲一点个人和严先生的关系。严先生是安徽桐城人,一九一六年出生,比我要长九岁。抗战中他毕业于迁到大后方四川嘉定的武汉大学历史系,进入顾颉刚先生主持的成都齐鲁大学国学研究所任助理员,在钱宾四(穆)先生指导下从事政治制度和历史地理的研究,胜利的一年转入史语所。而我则迟至抗战胜利后期才在沦陷区上完中学,在研究学问上只能算是严先生的后学。我最初见到严先生的大作,是抗战胜利考入上海复旦大学以后,第二年暑假到苏州住顾颉刚师家里看书,从齐大国学研究所的《责善半月刊》旧杂志上拜读了他的《楚置汉中郡地望考》、《武帝创制年号辨》等文章。以后又买到他的《两汉太守刺史表》(史语所专刊之三十),读过《史语所集刊》上刊登的《北魏尚书制度考》等长篇论文,对他笃实的学风颇为欣赏钦佩。但由于当时治学兴趣并不在此,而且生平不习惯向不相识的学者主动通函札,日久自渐淡忘。

真和严先生作文字交往,是三十多年以后的事情。其时已开过十一届三中全会,学术界倍见活跃,对老一辈学者纷纷重作肯定,我应傅璇琮兄之邀写了《回忆我的老师吕诚之(思勉)先生》万言长文,追记抗战期间我读高中二年级、诚之先生当我们老师时的旧闻遗教,一九八一年在中华书局的《学林漫录》第四集上发表。《学林漫录》是海内外有影响的刊物,拙文不久即为严先生所寓目,一九八四年台湾《大陆杂志》六十八卷第一期上刊登了他写的《通贯的断代史家——吕思勉》,就引用了拙文,并说"此文颇能见吕先生的生活、性情与为学为人各方面,值得一看"。当时我不知道,第二年在母校复旦大学给古籍班讲课时顺便去看诚之师的女儿翼仁师姐，师姐才送给我严先生文章的复印本，我看了很有感受。因为严先生和诚之师夙未识面，更无师弟之谊（虽然严先生当年的指导者钱宾四先生曾是诚之师执教常州中学时的学生），却能对诚之师的著述和成就如此推崇，与钱宾四、陈寅恪、陈垣诸先生并尊为前一辈中国史学界四大家，并说："我想像他一定是一位朴质恬淡、循规蹈矩、不扬露才学、不争取名位的忠厚长者，无才子气，无道学气，也无领导社会的使命感，而是一位人生修养极深、冷静、客观、勤力、谨慎、有责任感的科学工作者。其治史，有理想、有计划，又有高度的耐性，锲而不舍的依照计划，不怕辛苦，不嫌刻板的坚持工作，才能有这些成就。"我想，这恐怕不单是他对诚之师的理解和景仰，同时也正表达了他自己治学和为人的态度吧！

果不其然，一九八六年，严先生在香港中文大学新亚研究所的高足、现执教香港的青年唐史专家刘健明博士来西安旅游并到寒舍访问，后来又乘出席学术会议之便带来严先生送我的《唐史研究丛稿》（一九六九年香港新亚研究所版）和《治史经验谈》、《治史答问》（一九八一年、一九八五年台湾商务印书馆版），并多次倾谈严先生的治学和为人，证实了我读《通贯的断代史家——吕思勉》时的推测（此文即编入《治史答问》）。严先生现在仍是台湾中央研究院院士和史语所研究员，但又任新亚研究所教授而长期寓居香港，闭门不问外事，排日撰写《唐代交通图考》，在不慕荣利、勤苦为学这点上真堪继武吕诚之师，而使我这个曾亲聆诚之师训诲者感到惭悚。《唐史研究丛稿》是论文集，其中《论唐代尚书省之职权与地位》纠正了杜佑《通典》以来的误解，《唐代府州僚佐考》、《唐代方镇使府僚佐考》足补职官志之缺失，均为欲通解两《唐书》、《通鉴》者所必读。至于《治史经验谈》和《治史答问》，虽止两小册，实系严先生总结生平治学心得、对后学作"金针度与"之书，而且列举自己的论著如《唐仆尚丞郎表》、《唐代交通图考》等为例，所以也是阅读使用这些论著的最好参考读物。

这里只说《唐仆尚丞郎表》，原书冠有严先生的序言，对撰著的甘苦本已有所讲说，到二十五年后写《治史经验谈》时就作了更多的总结。如在"论文的撰写与改订"篇中说到"《唐仆尚丞郎表》初稿二百万字以上，文章松懈得多，经过全盘改写，删为定稿，连'通表'不到一百万字，可谓相当精炼，出版至今已二十余年，除了下文所谈到的一些遗憾之外，就写作而言，已无所憾，这也是写成初稿，马上变换体式，详加删改之故；若时间一过，也许就不可能"。遗憾在哪里呢？就是"在起草之前，本已看了《金石录》与《宝刻类编》，将材料抄录下来，但不知怎地，在检查材料作分类时，将此两书的材料漏去一部分，到全书出版以后才发现，幸无与已安排之官任有冲突处，只可据以增补数任。又此书搜集材料与撰写，是在中研院极度困难时进行，当时史语所图书未开箱，找一部书极不易。唐人文章只有一部《全唐文》，《文苑英华》也看不到。后来很想根据遗漏的金石史料与《文苑英华》作一补正，迄未果行"。所以"文章改订，要在未发表之前；一经发表，改订的机会就甚微。因为事过境迁，不但兴趣消失，而且可能为其他工作拖拉，不能再顾"。严先生在这本书里还讲了不少研究方法，在"原则性的基本方法"篇中指出"新的稀有难得的史料当然可贵，但基本功夫仍在精研普通史料"，并说"我个人治史的路线也是从一般普通史料入手，虽然我征引史料除正史、政书、地志之外，涉及诗文、石刻、佛藏、杂著等相当广泛，也偶引新史料，但真正基础仍然建筑在正史上。当我三十几岁靠近四十岁时,听说姚从吾先生批评我'只是勤读正史',又谅宥的说'能读读正史也好',意思是不大看得起;等到我的《中国地方行政制度史》与《唐仆尚丞郎表》出版以后,才承他很看得起,给我一个实在不敢当的评语。此亦正见以正史为基础,也能产生意想不到的成绩"。在"论著标准"篇中,严先生又讲到"陈寅恪先生考证史事'能以小见大'","此种方法似乎较为省力,但要有天分与极深学力,不是一般人都能运用,而且容易出毛病。我个人的工作方式,有些处似乎可以说是'聚小为大',聚集许多似乎不相干的琐碎材料、琐小事例,加以整理、组织,使其系统化,讲出一个大问题、大结论。如《唐人习业山林寺院之风尚》……《北魏尚书制度考》就是这种方法最好的例子。它如《中国地方行政制度史》、《唐仆尚丞郎表》与现在写的唐代交通诸论文,本质上仍是此一方法的运用。这种方法,当然显得很笨拙,也吃力很多,不过我想人人都可以做到"。严先生这些话,显然不仅是对《唐仆尚丞郎表》等论著的研究方法和得失作讲说,同时是给初涉史学的青年人作引导。听说有的地方已把严先生这两本小书复印了供研究生阅读,但复印花钱太多,且如找不到原书就无从措手,最好也能重印以广流通。

　　附带说一下,《唐代交通图考》(史语所专刊之八十三)出版了的前五册,严先生也已寄给敝校唐史研究所了。这是分量更大大超过《唐仆尚丞郎表》的钜著。我衷心祝愿严先生把后五册顺利完成付印,庶唐史和历史地理研究者能早日得此高质量的参考图书。

　　一九八八年一月十八日脱稿于陕西师范大学古籍整理研究所①

---

①黄永年《唐仆尚丞郎表和著者严耕望先生》,载《书品》1988年第2期。

1988 年 7 月，与段畹兰摄于台南猫鼻石

18 日,增订前作《唐代盛时与西南邻国之疆界》。

指导新亚研究生卢琦伟完成学位论文《魏晋南北朝时代黄河以南长江以北少数民族之分布》①。

7 月,劳榦担任第一届"傅斯年汉学讲座"。

4 日至 7 日,中研院第十八次院士会议,选出第十七届新院士 11 名。

晋谒钱穆,已感其精神虽尚可,而已常常生病,体况大不如前。钱夫人遍访名医,力图挽救,极尽苦心;同门诸君亦皆为此忧虑。

与夫人段婉兰作台南游②。

检定前刊《大陆杂志》之《僧传所记梵呗声乐与唱导艺术》、《佛藏所见之大地球形说》、《佛藏所见之稽胡地理分布区》三文,合为《佛藏中之世俗史料三劄》一文,收入《论文选集》。《僧传所记梵呗声乐与唱导艺术》补入史料两条。

28 日,复订《唐代盛时与西南邻国之疆界》。

31 日,检定前刊《当代》杂志的访谈录《历史地理学与历史研究:专访严耕望院士》,并就编者所加提要稍加增删。拟作为《论文选集》之附录。

8 月,《齐长城地理考略》收入《董作宾先生九五诞辰纪念集》。

12 日,旧作《唐五代时期之成都》一文增补毕,费时一周。此文撰成 7 年间,续获史料不少。尤其看到蒙文通遗著《成都二江考》所录欧阳忞《舆地广记》"双流县"一条,最具价值。乃补录之,既见旧稿论证之不诬,亦得互相参证,又以见高骈罗城南墙在郫江(内江)故道之南也。其次王文才《成都城坊考》,对于

①新亚研究所历届毕业论文硕士班第卅二届。
②《充实而有光辉》所收"严耕望夫妇摄于南台湾猫鼻石"照片日期,稻禾出版社,1997 年。

坊市史料搜录甚详,可补初刊稿之阙略。惟此篇牵涉甚广,疏落之处仍多,如寺观名称,可补之处仍不少,皆不暇详考矣。

检阅《秦汉地方行政制度》,虽不暇详作校订,更不能多增材料,畅为增补。然亦动笔一百五十余处。最重要者,页一五六脱"乐浪都尉"一行,得为补正。此外校出错脱四十余字,并增补汉中宜禾都尉、晋武平都尉及盐官两所,皆于不挪动原版上下页之原则下进行。

22 日,为《秦汉地方行政制度》作校补后记。

检阅《魏晋南北朝地方行政制度》,虽对此卷之文字写作颇感不惬意,但内容立论,仍自信应无问题,故仍保存原稿形式,只校订错脱处,并稍加若干新材料,然仍不暇仔细阅读。计校正错脱二百七十余字;所增史料,或就原文迳作订补,或以括号识之,俾作参考,不欲挪动原版太多也。

29 日,为《魏晋南北朝地方行政制度》作校补后记。

撰成《丝绸之路——中国境内的途程》一文。认为丝绸之路泛指欧亚大陆东西陆上交通诸道而言,并非专指某一条路线。这些东西交通路线,前人有不少记载,但能仔细详考的只中亚以东一段,大体都在唐代国境之内。兹篇以此为范围,约述这些东西交通大道在中国境内的途程。分"珠宝丝绸之路"、"丝绸之路三主道"(1、河西走廊线;2、祁连山南道;3、突厥·回纥牙帐道)、"辅助路线与南北联络线"、"小结"四节。

11 月,《丝绸之路——中国境内的途程》刊于台北《历史月刊》第十期。

12 月,《唐代盛时与西南邻国之疆界》刊于《史语所集刊》第五十九本《李方桂先生纪念论文集》第四分。

〇 1989 年己巳　七十三岁

戊辰除夕,收入《论文选集》的《唐人习业山林寺院之风尚》

校稿增补毕。

《唐代北疆直接领辖之境界》一文收入《第一届国际唐代学术会议论文集》。中国史上之国界，至唐始有较详史料可作较明确之判断。然唐代疆域前后伸缩极大，而对边疆地区边疆民族之统治方式，亦因其地区其民族与唐廷关系深浅之不同而各异。兹篇以为，一般论唐代疆域者，多将此类复杂不同关系之地区一概绘入版图，而唐廷真正统辖之境界反被忽略，随意图绘，无人精究。羁縻府州声威所及之地，固难定准，可暂置不论，但正州境界尚多史料可寻。此篇之作，一切以唐代盛时北疆正州直接领辖为限，所获亦仅十余定点或地段，据点段，连为一线，点段可据，而全线则未敢遽信全能准确耳。

3月，史语所所长丁邦新退休，研究员管东贵接任所长。

《中国史上经济文化之地理的发展》刊于《浸会学院历史系会会刊》第五期。

6月，《中国中古史入门书目（附：影响我一生最深的五本书）》刊于《书目季刊》第二十三卷第一期。所举十种中古史入门书为：

司马迁《史记》

班固《汉书》

司马光《资治通鉴》

杜佑《通典》

刘义庆《世说新语》

慧皎《高僧传》

钱穆《国史大纲》

吕思勉《秦汉史》、《两晋南北朝史》、《隋唐五代史》三书选一

梁启超《中国历史研究法》

永瑢等《四库全书简明目录》。

影响一生最深的五本书为：

曾国藩《曾文正公家书》

《中国分省地理图》

司马迁《史记》

梁启超《中国历史研究法》

摩尔根《古代社会》。

《中古时代桐柏山脉诸关道》收入《第二届国际汉学会议论文集·历史与考古组》下册。

指导新亚研究生官德祥完成学位论文《汉晋西南产业分布考》。

指导新亚研究生易彬乾完成学位论文《黄河流域新石器时代居住文化的研究》①。

8月，张光直担任第二届"傅斯年汉学讲座"。

钱穆向台北市政府提出，愿迁出素书楼以远离是非。

10月10日，耕望完成论文《南北朝三个都市人口数量之估测》初稿。兹篇以南北朝三大重要都市建康、洛阳、邺城为限，检讨各都市之人口数量。篇中所列史料只有少数几条具体数字，余多根据此诸具体数字，旁征其他相关史料，辗转估测，未必有当，然在中古千年期间，能有几条具体数字可据以推估者，已极难得。

是月，应邀赴东吴大学讲学三个月。按耕望自史语所退休后，虽仍有几次赴台，但自念已入老境，不欲再应聘到台担任特约职位，只想集中心力完成最低限度的工作计划。所以接受东吴之邀，缘于两种考虑。其一，昔日新亚弟子雷家骥在东吴任教，两年多前，校方请其负责历史系系务，彼颇为迟疑，乃征询耕

_____

①新亚研究所历届毕业论文硕士班第卅三届。

望意见。耕望以为学界能读书者多，兼能办行政者则甚少，雷君即其一。况行政亦需有人办，故赞成其接受任命，期能有所作为。雷就任后，果亦很有闯劲，惟屡屡希耕望能至东吴作短期讲学。顾念前已惢恿在先，亦当略予支持。其二，尤关紧要者，钱穆已年迈多病，枯居寂寞。东吴校舍近在素书楼左邻，而外孙女小菊亦已离港回美读书，耕望夫妇行动已可自由。故决然应雷家骥之邀，赴东吴作短期讲学，以便常得趋侍。

到校后，居于后山半坡教授宿舍，有山林风味，下行素书楼只数分钟步程，故得每周谒候。其时，钱穆虽已精力大衰，有时常见浑噩，似无所知；但有时亦似颇清醒，例如一次尝问耕望之讲题，如何讲法，校外有何人来听。耕望在东吴讲"中国政治制度史述论"，间亦请教钱穆意见，偶尔亦能得其清楚指示。惟不论钱穆神智如何，耕望皆侍坐颇久，一则可略解其枯寂，一则亦警觉到如此机会已不会很多。

耕望夫妇每至钱府，皆承钱夫人留餐。

11 月 6 日，《战国时代列国民风与生计》校补毕。时检《国史人文地理》原讲稿，有新录材料若干条，本拟补入正文或附注，但念排版已定，颇少错误，若补加史料，势必挪动版面，易滋讹乱，故除篇末《吴王濞传》条外，只择取两条，补记于后，以资参考。

12 月 1 日，起草《佛教东传及其早期流布地域》一文，为其"中古佛教地理"撰述计划中"魏晋南北朝"时段的首篇。此项撰述计划，盖受汤用彤《汉魏两晋南北朝佛教史》之影响，而欲别从地理角度撰述。拟目三经改订后如下：

第一章　佛教东传及其早期流布地域

第二章　三国西晋佛教流布地理区

第三章　东晋时代佛学大师之宏佛地理

第四章　东晋南北朝高僧之地理分布

第五章　东晋南北朝佛教城市与山林

第六章　佛教教风之地理分布:(一)义解

　　　　　　　　　　　　　　(二)禅诵

第七章　五台山佛教之盛

第八章　佛教石刻之地理分布(石窟造像及其他刻石)

第九章　结论

26日,再增补《唐五代时期之成都》并校毕。

两年来,先后邀请大陆亲友荷姑、严伯高、严晓月、严振应、严祖同来港相见,40年海天违隔,幸能一晤,自感快慰①。

○ 1990年庚午　七十四岁

1月,东吴大学历史系课毕。

16日,作《治史经验谈》初版校后记。是书出版后,发现少数错字,曾逐条写录,然未及时刊正,好在无害大旨。是时复校读一过,本欲作若干增补,但恐影响版面较大,有所未便,故除改订错字外,只在不影响版面原则下作轻微增删而已。

19日,至素书楼辞行,钱夫人治肴饯别。

20日,准备回港。临行,整装已就,尚有时间,再到素书楼谒候。不想钱穆神志极清醒的提出两个有意义的问题。先问:"我这样大年龄了,你想该不该仍写文章?"耕望曰:"只要有意见,仍当告诉邵小姐或秦小姐写下,有一句记一句,供后辈参考;但不必费神写成整篇文章。"继又问:"现在学术界对于我治学的看法如何?"耕望曰:"三四十年前,考证派正盛,先生独持异议,强调通识的治史方法,与时风迥异,所以当时虽然一般社会人群与部分青年学人心向先生的观点,但主流的史学界却似颇抗拒。现

---

①严伯高《我的四叔——严耕望先生》,收入《安庆文史资料》第27辑《香皖两江情》,中国文史出版社,1997年,第112页。

在潮流已有转变,观点与方法论渐与先生接近。最近趋势,更强调运用社会科学理论来治中国史,观点虽与先生不同,但重视有系统的通识,却与先生路线暗合;所以有不少讲思想史、讲方法论的青年学人对于先生极为推崇。"钱穆闻言微笑。耕望讲此番话,自认为都是据实陈说,无一虚语。却不想已是师生二人最后一次论学。

2月6日,收入《论文选集》的《论唐代尚书省之职权与地位》增补初校毕。

7日,《正史脱讹小记》初校并增订毕。

3月,《南北朝三个都市人口数量之估测》刊于《新史学》杂志创刊号第一篇。《新史学》系由杜正胜、邢义田、林富士、柳立言、陶晋生、黄进兴、黄宽重、陈永发等二十二位台湾中青年史学工作者筹组的非盈利性学术期刊。杂志主编、时任史语所人类学组主任的杜正胜撰写发刊词:

> 史学是以时间发展为主轴的学问,对时代的变化比其他学科更敏感。一个时代必有一个时代的史学,新的时代往往蕴育出新的史学。

> 一九九〇年春天有一种以前瞻、开放、尝试态度研究中国历史的学术刊物在台北问世,它就是《新史学》。

> 《新史学》创刊之日,二十世纪只剩下最后十年;值此世之末,一个新的世界秩序正急遽蕴酿中。由于电子计算机之深入社会,普及民间,我们清晰地看到人类智识将引起革命性的改变;由于太平洋盆地西沿生产力之崛起,全球经济重心也必将大幅调整转移;由于苏联与东欧最近一连串惊天动地的政治改革,二次大战以来均衡与对立的局面也可能转换,产生崭新的架构。这些趋势如果再持续发展下去,到二十一世纪,人类必另有一番新的世界观,企盼另一番新

的展望,本世纪来作为"正义"和"真理"化身的种种意识型态势必丧失其激情与煽动力,但同时人类也会产生新问题和新危机。在一个眼光、观念更新的时代里,人类对于过往的历史亦将重新反省,重新认识。我们相信世界局势一旦打破资本主义与社会主义两极化的对立,百余年来依附在这大壁垒而缔造的种种历史观,势必纷纷修正;历史家亦将自我解放,更自主、更客观地了解历史的本质和人类生存的目的。时代环境的转变将是刺激新史学诞生的最佳契机。

大凡杰出史学家辈出的时代,他们的著作便代表一种"新史学"。第二次大战以后,欧洲史学界蔚成一股风尚的年鉴学派,注重社会经济以及心态文化的研究,相对于十九世纪的历史著作是一种新史学,到七〇年代大家遂冠以"新史学"之名。然而十九世纪下半叶德国史学家利用政府档案建立欧洲的政治史和外交史,在当时何尝不是一种非常新颖的史学!最近已有人开始反省这股流行数十年的"新史学":他们开始思考社会经济是否一定比政治对人类历史的影响更具关键地位?历史著作分析是否一定比叙述更高明?古人说:"后之视今,亦犹今之视昔。"任何学风既然不可能一成不变,我们并不想再来提倡一种"新旧史学"或"新新史学"。

中国也曾发生史学新旧的问题。本世纪初梁任公针对传统史学的弊端,提出"叙述人群进化现象而追求其公理公例"的"新史学"。二〇年代末特别强调新史料的傅孟真,二〇年代中专攻社会经济史的陶希圣,和四十年来以马恩史观作骨架的中国大陆的史学,也都是各种不同形式的"新史学"。梁氏之新史学乃上世纪欧洲社会科学的余绪;傅氏"史学即史料学"的矫枉过正,长年以来遭受不同程度的批评;陶氏的《食货》过分重视经济社会层次,亦有时而穷;至于以史观作导引的大陆马克思史学派，基本上已背离史学的本质。凡此种种都暴露出近一世纪来，中国出现的各种新史学，都不尽令人满意。近代中国多难，历史研究不如欧美波澜壮阔，然而推陈出新，新又成旧的轨迹则如出一辙。

史学本应随着时代社会而发展，能揭发真理，启示人类，导引文明的便是新，否则为旧。近人喜以"形式"衡量新旧，譬如说采取某某方法的研究为新，否则为旧；运用某某观念的著述谓之新，否则亦为旧。研究著述的内容虽与形式不可截然分割，但形式只是达成目的的手段，过于偏重，难免有买椟还珠之憾。

在新时代的前夕，台湾一群史学工作者筹办这份史学杂志——《新史学》——以迎接新时代的到临。《新史学》不想取代任何形式的所谓"旧史学"，而是要尝试各种方法（不论已用未用），拓展各种眼界（不论已识未识），以探索历史的真实和意义。他们吸取历史教训，不要创造某一新学派，毋宁更要呼吁史学同道，在新的解放时代中，共同培养一种不断追求历史真实和意义的新风气。二十世纪以来中国或世界史学界所积累的问题：研究对象譬如个人和群体的平衡，研究进程譬如方法与资料的调适，表达方式譬如分析与描述的取择，他们希望藉着切磋、摸索，慢慢找出一条康庄大道。

研究历史最能体会承先启后、蕴育生息的道理。《新史学》的"新"不是天外突来的飞泉，而是旧有长河的新段落。它是从旧枝萌吐的新芽，生生不息，不断成长。它代表一种企盼，企盼站在前人已经建立的基础上，汲取其养分，承继其业绩；但也希望弥补其漏失，矫正其偏倚，拓展前人未见之视野，思索前人未曾触及之问题，在旧有的基础上注入新的生命活力，以期待鲜艳花朵的盛开。

《新史学》正值新时代来临之际创刊,相信在新世界观的照耀下,我们的史学同志将更勇于尝试新的研究领域,寻找新的研究课题。我们敢预言,二十一世纪的历史家必逐渐超越过去的命题,在更辽阔的天空中遨游。当然,《新史学》在台湾创刊亦自有其独特的历史任务。我们史学界一向太"遗世独立",希望本刊的论文题目能扣住时代变动的脉搏,从严格的学术基础探讨历史发展的知识,使历史研究能发挥指引国家民族以及人类前途的作用。我们史学界一向太"老死不相往来",希望藉着研究讨论,逐渐集中焦点,激荡大家的知识火花。我们史学界也一向太"孤芳自赏",希望利用书评书介,一方面互通资讯,另方面建立客观理性的学术评论风气。

《新史学》不特别标榜社会、经济、思想或政治的任何一种历史,也不特别强调任何一种研究方法,但它也有所重视和关怀——对整个时代、社会、人群、文化的关怀。当天际浮现一线晨曦之时,正是万丈光芒发皇的前奏。欢迎海内外所有史学同志一起携手,共同创造二十一世纪中国的新史学。①

10日,撰成《隋唐通济渠在交通上之功能》一文。一般学人论通济渠之功能,例着眼于政府漕运。实则漕粮以外,政府其他物资之北运、中外商运行旅之盛,以及浮舟容量之大、航行速度之快捷、南北吞吐地理幅员之广阔,皆为论此渠道所当认识者。兹篇乃详征史料,为之考论。按耕望于撰《唐代交通图考》第六卷《河南淮南区》时,原拟有《中原东南通江淮诸水陆道》一篇,水道方面,最重要者当为通济渠,故原定篇目即有《通济渠漕驿

---

① 《新史学》第 1 卷第 1 期,台北,1990 年 3 月。

道》一篇。惟后于通济渠之撰述,益发钻研,越加深入,竟写成二十余万字之稿本,其中第六卷原拟篇目中之《盱眙陆通扬州之九驿道》、《扬州城及其南达江岸水陆三道》,亦归入通济渠论述范围之内,与原先之计划有异。乃拟将此逾二十万字之稿改作《隋唐通济渠考》,别做专著出版。目次如下:

第一章　引论

（一）人工河沟通南北之构想

（二）炀帝新渠取线之地理背景

（三）炀帝开通济渠及渠水流程之概观

（四）通济渠入泗问题之解析

第二章　洛阳漕渠与洛水黄河段流程

第三章　汴河段流程

第四章　淮水山阳渎段流程

第五章　扬州城在政军交通上之地位及其城内渠道

第六章　扬州城南通大江三渠道

第七章　渠道规制与渠道淤废

第八章　通济渠在南北交通上之功能

附录　通济渠——汴渠山阳渎水陆道

5月,史语所出《秦汉地方行政制度》、《魏晋南北朝地方行政制度》第三版。

台北市部分议员再次抨击素书楼为非法修建,要限期收回,改设"钱穆纪念馆"。

6月1日,为避免享受特权之嫌,钱穆搬出素书楼,迁寓台北市杭州南路新居,并将素书楼部分藏书捐赠各学术单位。

12日,陪段婉兰至台北作健康检查。

16日,谒候钱穆于杭州南路新居。

24日,《严耕望史学论文选集》全书清校毕,时寓南港中研院学术活动中心 3238 室。

月尾，女儿晓松率外孙女小菊自美回港，中经台北与耕望夫妇会合。期间，段畹兰率女儿、外孙女两度谒候钱穆夫妇，并摄有象征学术关系的四代合照，耕望因事未能同去。

7 月 1 日，赶在院士会议前再到钱府谒候并辞行。当天日记中写道："先生面色极佳，头发生多了，而且黝黑，一副健康形象。"

2 日至 5 日，中研院第十九次院士会议，选出第十八届新院士 14 名。史语所兼任研究员陶晋生①当选人文组院士。

6 日，返港。

8 月，张琨担任第三届"傅斯年汉学讲座"。

30 日，钱穆在台逝世，享年 96 岁。五十年来追随问学的恩师与世长辞，六十天前的拜别竟成永诀，耕望思之泫然。遭此巨变，连类想起小学数学老师冯溶生和中学历史老师李则纲。前者离校后，即无消息。至于李则纲，耕望来港执教后，看到 1956 年出版的《寿县蔡侯墓出土遗物报告》，序文即为李先生所写，其时任安徽省文物局副局长，主持发掘工作。有一次耕望参加安徽省旅港同乡会，据一位同乡说，李先生已于文革期间或稍前被诬陷，以莫须有罪名遭到清算，屈辱而终。想到中学时听李先生讲课，深感其忧国忧民、民胞物与的民族感情极为浓厚，且憧憬着民主自由、经济繁荣的升平盛世，然终因对现实政治环境的认识不足，致遭浩劫，思之慨然。

---

①陶晋生（1933- ），湖北黄冈人。历史学家陶希圣之子。台湾大学历史学硕士、美国印第安那大学历史学博士。先后从姚从吾、邓嗣禹习宋辽金元史与东亚史。曾任教于台湾大学、台湾师范大学、东吴大学、美国西密歇根大学、美国亚利桑那大学及香港中文大学。著作有《女真史论》、《宋辽关系史研究》、《北宋士族》、《历史的瞬间》等。

新亚书院为纪念钱穆，嘱耕望恭述行谊，遂于仓促间撰写《钱穆宾四先生行谊述略》。

9 月 16 日，《钱穆宾四先生行谊述略》初稿完成，此文取钱穆自撰《八十忆双亲》与《师友杂忆》为素材，稍加增补，参以个人对于钱穆治学之认识，贯串述之，以见其治学意趣与人生境界。分刊《新亚生活月刊》十月、十一月两期。

又《行谊述略》撰成后，追忆从游往事，怀念无已，遂发往年生活随录及 1949 年师生分处台港两地后之钱穆手札六十一通，参以回忆，撰录《从师问学五十年》。惟思从钱穆问学之前，小学中学时代，亦各有一位老师冯溶生与李则纲两位先生，对于平生治学亦有甚深影响，故推前附述之，易题为《六十年》，而主要内容仍在钱穆一人。

11 月尾，获悉老友杨联陞已于是月 16 日在美病逝。八十天内，良师益友一时俱逝，顿有孤寂之感，不甚痛惜之至。

12 月 15 日，《从师问学六十年》初稿完成。

30 日，《从师问学六十年》再稿。文末云：

> 记得宾四师曾有一次谓我曰："朋友的死亡，不是他的死亡，而是我的死亡。因为朋友的意趣形象仍活在我的心中，即是他并未死亡；而我在他心中的意趣形象却消失了，等于我已死了一分！"此论近似诡异，但想起来，确有至理。现在宾师、莲生的言行状貌历历在目，我则不但顿失两大精神支柱，而且我留在他们两人心目中的形象意趣已完全幻灭了，是犹我已向死亡迈近了一步，岂仅孤单之感而已！

《隋唐通济渠在交通上之功能》刊于《香港中文大学中国文化研究所学报》第廿一卷，是为《隋唐通济渠考》之第八章。

○ 1991 年辛未　七十五岁

1 月 10 日，增补《从师问学六十年》。撰写此文过程中，深感钱穆述作虽富，但教人治学之文字并不多见，读其书者，更无当面聆教之真切。自感平生粗有成就，得利于钱穆之督教鼓励者实甚多。此中历程，亦为个人治史经验极重要之一环，对于后辈学人之治学蹊径与治学精神，容有可观摩处。拟合此文与《行谊述略》为一小册，名之《钱穆宾四先生与我》，作为继《治史经验谈》、《治史答问》后个人"治史五书"①之第三种出版。

3月30日，《钱穆宾四先生行谊述略》校补再稿。

5月20日，为胡应元编《中国史学辞汇》一书作序。

赴台担任史语所第四届"傅斯年汉学讲座"，寓南港中研院新落成之学人宿舍。

27日，开始第一讲②。

28日，《从师问学六十年》校订毕功，复取旧作《我与两位王校长》、《我对傅斯年孟真先生的感念》增补校订，拟作为《行谊述略》与《六十年》之附录重刊。

史语所编辑委员会决议重刊《两汉太守刺史表》，征询是否有所增订。乃思此书最当补写序文与目次，既备体制，亦便翻

①所谓"笔耕室治史五书"，除已出版的《治史经验谈》及《治史答问》外，计划中尚有：论辩性文字选集、序跋约论结论文章选集、中国中古史料十六讲（以上书名未定）。《钱穆宾四先生与我》倒似临时加入其列。见宋德熹《严耕望史学论文选集·编后记》，联经出版事业公司，1991年。

②据史语所简任编审（综理学术行政业务）张秀芬女士函告，1992年度"傅斯年汉学讲座"档案虽载有"严耕望先生来台时间为1991年5月20日至6月15日，将举行二场演讲、一场座谈，题目俟抵台之后再定"之语，但后续却不见有演讲题目相关资料存档。当年的"中央研究院周报"也只在6月6日一期刊出严先生6月10日演讲"唐代的重要城市"的讯息，同样不见另外二场。猜想或许题目决定得匆忙，以至正好没能赶上周报刊出的时间。张女士多年前已将历年"傅斯年讲座"的讲者、时间、题目建立档案，然其中1990至1992年的演讲题目仍有阙漏，而当年负责的人早已不在。

检。至于内容,可增补处当甚多,然已久疏汉籍,且无暇时,只能就原文略事检查而已。

6月5日,应邀赴中正大学作"华夏文化之地理的发展"的讲演①。

8日,《钱穆宾四先生行谊述略》呈钱夫人胡美琦女士审阅后,再作增订。

10日,作"傅斯年汉学讲座"第二讲"唐代的重要城市"。地点在文物馆五楼会议室。史语所所长管东贵主持。

15日,由台飞美度假,先至旧金山长子晓田处小住。

是月,《严耕望史学论文选集》由台北联经出版事业公司正式出版,是为继《唐史研究丛稿》后,个人的第二部论文选集。附录《忘情于"不古不今之学"——访严耕望教授谈中国中古史研究》收入《选集》时有增补,内中有对谭其骧主编《中国历史地图集》的评价:

> 就目前来看,谭其骧所编的《地图集》还算不错,足够教学及平常参考之用,但就学术上来说,还嫌不够。……我如果有机会编制"中国历史地图"的话,人文地图如:人口图、物产图、都市图、民族图等等都不可少。……当然,地图要编得好很不容易。我这个人做学问,标准比较高,不做则已,做了就一定要做好;每张人文图都必须是一篇论文的总结,不是随便引用他人资料就可以绘制,否则连自己都不相信,又怎么使读者相信,我的脾气就是这样,不做好的话,徒然害人!

前刊《书目季刊》第二十三卷第一期的《中国中古史入门书目(附:影响我一生最深的五本书)》修订后置诸访谈之末。

所指导的新亚研究生黄炽霖,完成学位论文《两汉九卿制度

考》①。

先前指导的新亚研究生李启文报读新亚研究所博士班。

7月14日,完成《钱穆宾四先生与我·序言》初稿。

得暇即为《两汉太守刺史表》编列目次,并将全书略检一过,就其显有谬误处迳予更订。检读过程中,看到第三卷《两汉司隶刺史录》,有辑文,未作表,乃据辑文补作《西汉司隶刺史表》与《东汉司隶刺史表》,俾读者更为方便。

复至洛杉矶女儿晓松处居月余,于其寓所前手植小松一株②。

8月4日,完成《钱穆宾四先生与我·序言》的再稿,旋复增订为三稿。

期间,在女儿晓松和外孙女小菊陪同下,游览犹他州和黄石公园。一路观赏景色,兴奋之情溢于言表。有一晚,甚至未吃晚餐,而专心在一间礼品店翻阅一册精美的山水图册③。

9月8日,由美返港。

复就检读《两汉太守刺史表》时所发现疑误处而未能迳为订正者,检读汉籍,为之厘定。此项增订工作本拟即此为止。惟念此书既颇有读者,而写作不精,殊为愧憾,当尽量利用此一重版机会稍加改进。遂取《论衡》及新近所出周天游《八家后汉书辑注》、王利器《风俗通义校注》,参稽两《汉书》、《三国志》为之增补,期能略减尤悔,仍未能作进一步增订也。

得悉宋德熹到台中中兴大学历史系任教,耕望去信勖勉,内中提到青年史学工作者有"黄金十年"一说,即取得学位之后的

---

①新亚研究所历届毕业论文硕士班第卅五届。

②《充实而有光辉》所收"严耕望先生摄于其女晓松寓所前"照片说明,稻禾出版社,1997年。

③严晓松《永怀父亲》,收入《充实而有光辉》,稻禾出版社,1997年。

十年光阴,为一生治学的黄金岁月,应当珍惜①。

10月,《钱穆宾四先生行谊述略》增订稿刊《新亚学报》第十六卷《钱穆先生纪念论文集》上册。

29日,《两汉太守刺史表》校订竣事。计此次校订,除正误九十余字,又辑文原有其人而表中漏列者,为之补列外,主要收获有三:其一,增补郡国守相西汉五任,东汉三十二任,东汉司隶刺史五任,共凡四十二任。其二,原本有其人,但无籍贯者,增补其郡籍,西汉守相三人,东汉守相十七人,东汉司隶刺史九人(十任),共凡二十九人。其三,原本《东汉豫州郡国守相表》“沛国相”格有河东裴潜以下四人,但辑文无之,此为当时清校疏忽所致,复检读汉籍补得三人,惟范皮一人已无法考其出处,只得任之。此外,任职诸人有补姓、补名、补字者,任职时代亦有挪动或更加确定者,皆未详计。若能编制引得,可资互勘,必能发现更多错误,更多可互补互正处,然皆不暇为之。又此表史料,以隋前成书者为断。其后各书所见,凡不云出自早期某书者,初版辑文皆低一格写录,而各表格中或列或不列。至是,乃将表格中此类列名皆从删落以严体例。

30日晨,起草《两汉太守刺史表·增订版序言》初稿,惊悉老友高去寻突谢世,不觉搁笔惘然。

11月9日,完成《两汉太守刺史表·增订版序言》再稿。

将《钱穆宾四先生与我》书稿交王寿南,付台湾商务印书馆出版②。

12月12日,《钱穆宾四先生行谊述略》最后校毕。此文再稿曾寄大学同窗钱树棠指正,得其覆信提出几点意见。惟时台

---

①宋德熹《从几封信谈归田师的治学信念》,收入《充实而有光辉》,稻禾出版社,1997年。
②王寿南《怀念归田师》,收入《充实而有光辉》,稻禾出版社,1997年。

1991年8月下旬,摄于女儿晓松寓所前,旁为先生手植小松一株。

北商务已排版三校清稿,只能在适当处约略增补。但信中尚有一条云:"先生曾说,辛亥革命时期,曾拟在棉衣内缝入银元当甲胄,参加攻宁之役。"此条字数较多,若补入正文,势必挪动版面,故附记于后。

14日,《从师问学六十年》清校,最后定稿。

○ 1992年壬申 七十六岁

3月,《钱穆宾四先生与我》由台湾商务印书馆作为《岫庐文库》第一〇七种出版。该书既是钱穆传叙,亦是耕望的治学回忆录,可与前撰《治史经验谈》、《治史答问》合看。

4月,《新旧两唐书史料价值比论》成稿。兹篇以为,从史料观点言,两唐书各有优劣,《旧书》之长处在能保存旧史料,远较《新书》近乎原始形态,而《新书》之最大贡献则在《表》、《志》。乃详为比论之,稿成后续有增订。

29日,《资治通鉴的史料价值》成稿。兹篇以为《通鉴》隋唐五代时段,所采正史以外史料极为丰富;而被采录之原书绝大多数都已失传,仅能在《通鉴》中留其内容之踪迹,故史料价值大为提高。然改编前人陈篇,且加浓缩,照例不免有误解误书处。故利用通鉴史料,若其所采之原书尚见行世者,最好随时取于比勘,免为《通鉴》改编之文所误导。最后,不但《通鉴》本文有极高之史料价值,其《考异》与《胡注》亦当留意,有不少重要史料。

指导新亚博士生谢兴周完成学位论文《宋代转运使研究》[①]。谢兴周日后回忆:

> 先生批改学生论文时,绝不马虎从事。有时候,他是逐段修改,而且是口授与笔改双管齐下,有时候亦会逐字细

---

① 新亚研究所历届毕业论文博士班第八届。

改。譬如我写宋代转运使一文时,误用了"遗风"二字去形容政治制度,先生就面授我"遗风"之意,并将"风"字改做"意"字。他说这样才合乎制度历代相传的含义。先生的工作态度是非常严谨的,连一字一词也不掉以轻心。①

6月29日,应邀赴台中中兴大学历史学研究所,讲演"我撰唐代交通图考的动机与经验"。分"撰述动机"、"撰述经验"、"撰述工作"三节,最后就已成诸卷作几点自我批评。

7月5日,出席中研院学术咨询总会第一次委员会议。

6日至9日,中研院第廿次院士会议,选出第十九届新院士21位。史语所研究员杜正胜②当选人文组院士。

史语所召开"暑期史料专题研讨会",邀请耕望等六位院士演讲,并安排所内外同仁担任讨论人。乃就前撰《新旧两唐书史料价值比论》、《资治通鉴的史料价值》之主要论点略作阐发。

许倬云担任第五届"傅斯年汉学讲座"。

12月2日,完成《魏晋南北朝佛教地理》第七章《五台山佛教之盛》初稿。据《水经注》记载,至迟在北魏末期,五台山已传为文殊道场,僧徒甚多,为四方僧俗所敬礼膜拜之目标。兹篇详征史料,与相参证,以见五台非但为唐初以前南北朝时代之一大佛教中心,且可能为当时全国最兴盛之佛教山林也。

8日,《五台山佛教之盛》再稿。

《资治通鉴的史料价值》刊于香港中文大学《中国文化研究

---

① 谢兴周《忆严师念吾师》,收入《充实而有光辉》,稻禾出版社,1997年。
② 杜正胜(1944-),台湾高雄人,历史学者。专长中国上古史、中国古代社会史、文化史、医疗史的研究。1974年取得台大历史研究所硕士学位,并转往英国伦敦大学伦敦政经学院研究。1980年入中研院历史语言研究所,历任副研究员、研究员、所长。著作有《编户齐民》、《周代城邦》、《古代社会与国家》等。

所学报》第一期。

○ 1993年癸酉　七十七岁

1月,《唐代海岱地区南北交通两道》刊于《新亚学报》第十六卷(下)。

有致章群一函:

焕之吾兄:

廿七日惠函已奉读,拙作小册直陈故实,谬承嘉许,深所欣谢!

来示论从师之道,鄙意正有同感!吾兄退休家居,仍努力不懈,多所述作,甚善。我辈书生亦惟读书写作以乐余年。否则心神无所措置,必致彷徨颓废失去生机矣!惟望已年近八十,精力显见日衰,颇羡吾兄差较十余年尚能开拓新论题也!

《新唐书》引用笔记小说表,显出新唐史料之一面!乃史料探原功夫值得努力。去年史语所举办史料研讨会,嘱吾讲唐代,当时讲了两《唐书》与《通鉴》,《通鉴》一节顷在中大文化所发表,刚收到抽印本,兹奉上乞正。余不一一。即祝
康安。

弟　严耕望①

4月,《我撰唐代交通图考的动机与经验》刊于《兴大历史学报》第三期。

史语所出《两汉太守刺史表》增订版。

指导新亚研究生梁锦棠完成学位论文《两汉人口的数量和

①章群《追思》,收入《充实而有光辉》,稻禾出版社,1997年。

分布》①。

7月,余英时担任第六届"傅斯年汉学讲座"。

8月4日,完成《魏晋南北朝佛教地理》第六章《佛教教风之地理分布——义解与禅诵》的草稿。前人论佛教教风与地理环境、社会环境之关系,惟强调南北地区之异,即江南重义解,北国重禅行。兹篇以为"实则都市(城)、山林(乡)之殊,尤极显著"。"江南义解固自极盛,惟禅行卓著者亦复不少。北土习禅为盛,但就都市而言,义解光时者亦无逊于禅行。"为统计撰述之便利,仍分义解与禅诵两节,各别述其地理分布,然后归结到南北之异与都市山林之异。

前撰《魏晋南北朝佛教地理》第七章《五台山佛教之盛》收入《国故新知:中国传统文化的再诠释——汤用彤先生诞辰百周年纪念论文集》,题作《南北朝时代五台山之佛教》。

9月30日,有致无锡钱树棠一信:

> 诵甘吾兄:
>
> 八日惠书已奉到,大作已校改完事,料不久即可出书。下面著作当量精力许可为之,亦不能勉强赶写也!人到老年,总是精神不济,弟外表看来甚为健康,但近年为耳鸣头晕所困,令人胆怯,不敢勤于写作。不但数十来来所积大批史料不能都如计划完成,即多年工作中心之《唐代交通图考》,已出五册,四五年来,只偿写成第六册,下面至少还要写一册(即第七卷·江南岭南区)才能勉强算是竟功,但这一卷一直拖着未写,可能将留遗憾矣,思之惘然!
>
> 我们同班人数不多,国内唯兄与昌淦润芝有音信往来,台湾有叶庆滨一人,但未谋面。我曾到其办公室,但亦未

①新亚研究所历届毕业论文硕士班第卅七届。

晤。此次在洛杉矶,适逢该地区武大同学举行聚餐联谊会,弟应邀参加。席开三桌,同席有张成智女士,云亦民三十年史系毕业,弟已不记其人,此为五十年来所见之唯一班友,亦属意外!不知吾兄尚忆其人否?余不一一,即颂

节安。

弟　严耕望
1993.9.30 中秋之晨①

其时,为照顾班上部分在职学生,耕望特地将每周四、五的课押至下午五时后,故下午三时卅分即须出门(顺道往市场买菜),午睡时间亦相应减少。每次课前,耕望总在办公室内将讲义取出重温②。上堂一讲就是两个小时,中间并不休息。其时,因间有头昏现象,在学生极力劝阻下,才稍作间歇。耕望说,现在的学生程度比以前稍差,一定要教点东西给他们。据谢兴周回忆:

> 严师每一次上课前必定备课,这一点可能很少人知道的,以严师是一位饱学之士,上课前也要备课,真是出人意料之外,可是先生就是这样教学认真,绝不苟且。这事我也是在数年前才知道的。当时,我请严师推荐我到新亚研究所开一科"宋代政治制度史研究"的课,严师说开课是易事,可是讲课并不容易,还说虽然现在学生程度稍差,但是制度史不易讲,因为制度是自古慢慢创变出来的,若有学生问我宋代以外的制度,我不能不答,所以先生要我先备课一年。并说不只是我要备课,就是他上每一课前,他也要备课。无

---

① 《充实而有光辉》附录"严耕望致钱树棠信函"影印件二,稻禾出版社,1997年。

② 李启文《经时纬域写人文——归田师晚年生活小记》,收入《充实而有光辉》,稻禾出版社,1997年。

严耕望先生工作中(摄于 1993 年夏)

怪多年以前,我去听严师讲宋代制度时,看到严师在上课前,在阅读有关李焘的书。一年后,我正式开课前,再与严师谈及有关问题,严师严肃的说:"你知道,我做事是非常严格的,我要你在开课前备课,就是要你做得好。怎么,有信心吗?"严师的"严格"两个字,永记在我的心中。自此我在讲课前,也一定备课,希望不会丢严师的脸。①

课后,耕望因手里要提的袋子多(除公事包外,还有在市场买的蔬菜水果)须坐计程车返家,但因不通粤语而多有不便,却又不愿麻烦学生相送,往往在学生一再坚持下方肯同行。车到和域道口有巴士站的地方,即要学生先下车,因车抵目的地后,再往半山巴士站回走,尚须步行一段数分钟的斜路②。学生有坚持送其至家门口者,耕望下车后必向其道谢,并不厌其烦教其如何乘车回家③。

12月,吴大猷以年高体力不足请辞中研院院长职务,李远哲被特任为中研院院长。

○ 1994年甲戌　七十八岁

4月22日,致中兴大学历史系宋德熹一信:

德熹弟:

年卡早已收到,藉悉你已兼教长秘书之职,想甚忙碌。一个有希望做学问的人,三十几岁正是猛力充实自己的阶段,任此剧职,损失很大。而且在人事上也会吃力不讨好。本学期已将结束,如果下学期能摆脱此类琐务最好!

我年事渐高,精神已有日衰现象,又受微名之累,不无

---

①谢兴周《忆严师念吾师》,收入《充实而有光辉》,稻禾出版社,1997年。
②李启文《经时纬域写人文——归田师晚年生活小记》,收入《充实而有光辉》,稻禾出版社,1997年。
③谢兴周《忆严师念吾师》,收入《充实而有光辉》,稻禾出版社,1997年。

难摆脱的应酬,如看文审查之类,自己工作效速大减。《图考》第七卷不知何日能成稿也!

　　余不一一,头痛毛病痊愈否? 祝

近祺。

严耕望①

　　指导新亚研究生刘辉俭完成学位论文《西汉关中关东产业分布与演变述稿》。

　　指导新亚研究生潘志强完成学位论文《南朝皇权更迭之研究》②。

　　6月27日,丁邦新担任第七届"傅斯年汉学讲座"。

　　7月4日至7日,中研院举行第廿一次院士会议,出席院士119人,选出第廿届新院士23名。前新亚书院校长金耀基、史语所兼任研究员梅祖麟、林毓生等当选人文组院士。

　　30日,台湾发行"钱穆诞生百年纪念邮票"。耕望闻讯非常高兴,特嘱谢兴周代购邮票一枚、首日封一只。拿到后,笑逐颜开,并说很漂亮,很有意思。谢因问先生平时是否也集邮,耕望云并不集邮,只为纪念钱先生而已③。

　　8月31日,《唐代扬州南通大江三渠道》一文刊于《新亚学报》第十七卷。是为《隋唐通济渠考》之第五章。分三节考论各渠之流程与交通情况,并及沿渠市镇之盛衰。

　　10月17日,完成《唐代长安人口数量之估测》初稿。兹篇在中日学人现有研究基础上,就唐代长安的人口数量作进一步具体详悉之探索,乃知唐代长安人口盛时,当达一百七八十万,

---

① 《充实而有光辉》附录"严耕望致宋德熹信函"影印件二,稻禾出版社,1997年。

② 新亚研究所历届毕业论文硕士班第卅八届。

③ 谢兴周《忆严师念吾师》,收入《充实而有光辉》,稻禾出版社,1997年。

或更多,不仅百万之数也。

11月,增订前作《唐代长安人口数量之估测》。

12月5日,《唐代长安人口数量之估测》定稿。

是年,在给大侄严伯高的信中说:

> 香港烦嚣城市,但我住半山上,环境甚佳,附近大小公
> 园七八个,颇有些自然景色,尽可逍遥物外,几与社会隔绝,
> 可谓市隐矣!每诵王维诗句"松风吹解带,山月照弹琴。君
> 问穷通理,渔歌入浦深",真感深契我心!①

○ 1995年乙亥 七十九岁

年初,《史语所集刊》第六十六本"傅斯年先生百岁诞辰纪念"专号征稿。耕望为此连续两个多月赶写论文《元和志户籍与实际户数之比勘》,常过深夜十二点乃就寝。完稿前两天,甚至开夜车至凌晨两、三点。

2月25日,《元和志户籍与实际户数之比勘》成稿。耕望高兴地对学生说,除了从前中学考试时,平生从不开夜车工作,但孟真先生于自己有提拔之恩,所以破例为之,即使拼了老命,也要完成这篇文章作纪念。

文章写完后几天,大病一场。

3月16日,耕望在新亚研究所上课,精神已有点困倦。末了,竟有晕眩的感觉。耕望说,可能早前因赶稿而开了两晚夜车,近来常有耳鸣,觉得天旋地转。据当时随耕望攻读博士学位的李启文回忆:

> 此后,他向来予人良好印象的健康,就日走下坡。后来

---

① 严伯高《我的四叔——严耕望先生》,收入《安庆文史资料》第27辑《香皖两江情》,中国文史出版社,1997年,第113页。

我翻检归田师的一些手稿,发现有些尚未发表的文章其实早已写就(属于《唐代交通图考》第六卷的),但他这次为傅先生纪念论文集而投寄的文章,竟没沿用旧作,而系就另一课题(唐代人口)而重新撰写,显然是想在学术研究上再提供一己心得;或者就如他老人家所说,完成这篇文章来报答傅先生提拔之恩吧!

30日,耕望特别检出钱穆写给他的书函,凡十三通,嘱李启文代为影印,以供5月"钱穆百龄诞辰学术研讨会"期间展览之用。且说,本拟将原件借予大会展出,但恐中途转折有所损毁,所以还是用影印件代替为好。

4月,杜正胜出任中研院史语所所长。

7日,耕望又在李启文面前检出几张与钱穆的合影,原想借予有关人士,放在新亚书院的"许氏文化馆"作展览之用。其中一帧,为耕望夫妇与钱穆夫妇在海洋公园的合照,另一帧则是耕望与余英时伴着钱穆在素书楼的合照。耕望看着这些照片,始终仍是不放心借出,最后还是放回公事包里作罢。是日,又检出三封钱穆书信,其中一封为钱穆用铅笔写在邮柬上的,日期是1961年2月1日。耕望特别重视这封信,说信中谈的是治学之道,又说昔日从钱先生问学,钱先生很少谈及治学方法,这封信就是谈这方面的。据李启文回忆:

> 这时窗外树影婆娑,映衬在蓝天之下,他老人家一边说,一边凝望着窗外。我想,他一定沉醉于当年与钱先生诸人在赖家花园所过的一段生活中去了。后来老师嘱我试将此邮柬影印(因恐铅笔痕迹太浅,影印出来的效果不好),结

果却令他啧啧称善,深叹今日影印科技的进步。①

8日,有致昔日新亚学生、后赴台执教的汤承业一信:

承业老弟:

来信早经收读,只因前些时赶写一篇论文,引致旧病耳鸣头晕复发,颇为困扰,故稽作覆,想劳企盼了!

你多年健康欠佳,提早退休也好。闻台湾退休金制度将有变动,不知仍可领取月退金方式欤?我前次退休采取此方式,自谓甚为得计,月入虽少,但细水长流,总较有保障!

人生际遇各有不同,吾弟大志不遂,亦只得任之,一切随缘可也。我已步入八十岁途程中,稍前自述生平云:

　劳我体智,逸我心境。

　静阅世变,冷避骖乘。

　我行守狷,狂不角胜。

　勤写自适,亦以献奉。

复作说偈曰:

　万事平常,空有皆虚;

　诸般随缘,无多欢呼!

前八句自谓已大体做到,说偈所期尚未全做到,盖感情太盛,正义感又强烈,故数十年修为,仍未达所期待之境界,故"逸我心境"亦未全做到,乃知人生修养真不易也。写此相勉。

耕望②

---

①李启文《经时纬域写人文——归田师晚年生活小记》,收入《充实而有光辉》,稻禾出版社,1997年。

②《充实而有光辉》附录"严耕望致汤承业信函"影印件,稻禾出版社,1997年。

1995 年 5 月 12 日，与前来参加"钱宾四先生百龄诞辰学术研讨会"的何兹全合影于大会厅前。

5月10日,完成《宾四先生对于中国史上政治制度之观察》初稿,列举钱穆对中国政治制度史之重要观点有四,是为"钱宾四先生百龄诞辰学术研讨会"所准备之讲稿。

11日,为期三天的"钱宾四先生百龄诞辰学术研讨会"在香港中文大学召开。其时,耕望的精神已颇困顿,但为表示对钱穆的尊敬,仍强自振作,每天一早独自乘坐70号巴士进中大出席研讨会。几位驾车的同人欲接载其同往,但耕望不愿麻烦别人而推辞了。期间,曾对李启文等人说,待过了钱先生的研讨会后,真要好好休息,等养好精神,再继续做研究①。

6月,《钱穆传》收入台北《国史拟传》第五辑,文同《钱穆宾四先生行谊述略》。

新亚研究所所长全汉昇任期将满,董事会再请耕望出任所长。此次邀请,从四面八方来了压力,谢兴周亦受托从旁劝说。据谢回忆:

> 对所来的压力,先生反应很强烈。他说他并不是不肯出任所长,而是所长一职不适合他,并说他不懂交际,这对研究所不利,又说人家给他的面子,是为了他的文章,不是他本人。最后,严师说在研究所内,要他如何辛苦地去做什么也可以。严师越讲越激动,我劝他要以健康为重(当时严师身体已经不大好,偶有头昏现象)。我想这次任命所长一事,对严师的健康有一定影响。②

月底,全汉昇卸任,由陈佐舜接任新亚研究所所长。

指导新亚博士生黄炽霖完成学位论文《魏晋南朝尚书省发

---

①李启文《经时纬域写人文——归田师晚年生活小记》,收入《充实而有光辉》,稻禾出版社,1997年。
②谢兴周《忆严师念吾师》,收入《充实而有光辉》,稻禾出版社,1997年。

展与演变之研究》①。

　　暑期,耕望与人谈话,下巴会不由自主的颤动。经医师诊断,谓有轻微的帕金森症状,脑部有微血管阻塞。多次医疗与检查,均无大效,病情时好时坏②。李启文劝耕望早日找脑科专科医生诊治。本来耕望在中文大学中国文化研究所享有一定的医疗保险,李启文劝耕望藉中大保健中心的转介,往威尔斯亲王医院作脑部检查。但当时保健中心内与之相熟的医生已离职,耕望夫妇又不愿为此打扰新亚书院的梁秉中院长,结果始终没有动用这笔医疗保险,而是自费往浸会医院作核磁共振脑部扫描检查,代价不菲。又耕望本可以导师身份向新亚研究所领取若干医疗津贴,但因不想增加研究所的负担而始终未曾申请一丝半毫的津贴③。

　　9月,《唐代长安人口数量之估测》收入台北《第二届唐代文化研讨会论文集》。

　　中国唐史学会在武汉召开第六届年会,香港中文大学历史系讲师刘健明应邀出席,会上得读西南师范大学蓝勇的论文,评论《唐代交通图考》第四卷《山剑滇黔区》。蓝文肯定《图考》为中国历史交通地理的经典之作,但指出有五处地方可以商榷,其论据主要通过实地考察和文献结合而提出。蓝文并指出耕望从事唐代交通研究的三个不利因素:对大陆出现的考古资料运用不够、没有实地考察和所用地图陈旧。刘健明即席提出,耕望对《考古》、《文物》等杂志是有翻阅的,而没有实地考察及应用地

---

①新亚研究所历届毕业论文博士班第十一届。
②廖伯源《回忆与怀念》,收入《充实而有光辉》,稻禾出版社,1997年。
③李启文《经时纬域写人文——归田师晚年生活小记》,收入《充实而有光辉》,稻禾出版社,1997年。

图较陈旧两项限制则不易克服①。

按耕望晚年曾为一事后悔:上世纪 80 年代初,大陆对外开放,时身体尚健,未能及时游历,以对研究数十年之祖国山河作实地考察。盖其时正以全副心力集中撰写《唐代交通图考》,无暇顾及。其次,以大陆卫生条件较差,恐感染疾病,有损健康,妨碍研究工作之进行。及至晚岁,身体健康已大不如前,闻自大陆游罢归来之学生述及各地之地理民情,乃生悔意②。

刘健明返港后将蓝勇文寄呈耕望。

11 月中旬,耕望覆信刘健明,谈及蓝文及自己数十年研究的一些感受:

> 蓝先生的评语多能中肯,值得参考。我写《图考》本自知道只能就古代文献作一番仔细的整理研究,而以不能亲履各地勘察为憾。这样自必发生一些偏差,但这也是莫可奈何的事,因为一个人的精力时间都很有限,纵然能有机会走遍全国,而一个人之力也是不可能的,必得有公家或大的团体来支持,组合一个团体作工作,而这些在我都谈不到,只能独力奋斗,尽我所能而已。海外与大陆国内隔绝,能看到国内人著作本极有限,这也是无可奈何的事,所以这些弱点不难想像,即以蓝先生所提到的三泉县与牛尾驿,我写作当时本已怀疑,但为资料所限,又不能亲履其地看看,自是无可如何。其实此类例子一定还相当不少,好在学问本不是一个人的事,每个人只能尽其在我,尽可能做出自己的成绩,以供大家参考,再做进一步的工作。你如与蓝先生通信,请代我谢谢他,并告诉他,若能就拙作再作一番补正工

---

①刘健明《笔耕室受教记》,收入《充实而有光辉》,稻禾出版社,1997 年。
②廖伯源《回忆与怀念》,收入《充实而有光辉》,稻禾出版社,1997 年。

夫，那是最好。①

20日，旧作《新旧两唐书史料价值比论》定稿。

23日，覆信陕西汉中市博物馆研究员冯岁平：

岁平先生大鉴：

　　惠函已收读，贵馆在石门古刻有劫难时，能设法凿迁保存，至可庆幸。承索拙作《汉唐褒斜道》一文，此文定稿已收入拙作《唐代交通图考》第三卷，手头适有此卷零本，即以奉赠贵馆作参考之用，已陆邮寄出。

　　我研究唐代交通，系全面性之工作，但为环境与个人能力所限，只能尽一己之力，尽量掌握古文献资料作研究，恨不能亦无力遍走全国各地作实地考察，故势必有与实际情形不相吻合处。此卷总题为《秦岭仇池区》，内容除褒斜道外，包括蓝田武关与子午、骆谷、陈仓、仇池诸道。贵馆设在汉中，此诸道皆在相近处，至希能就近考察研究，对于拙作有所补正，是亦嘉惠学林也。

　　余不一，即祝

近安。

严耕望

1995年11月23日②

　　12月，收到《史语所集刊》第六十六本"傅斯年先生百岁诞辰纪念论文集"第四分，发现早前赶写的《元和志户籍与实际户数之比勘》一文，不知因寄出时间太晚还是投稿人数太多，《集刊》编辑并未将之收入当年的四本"纪念专号"，颇为失望。据李

①刘健明《笔耕室受教记》，收入《充实而有光辉》，稻禾出版社，1997年。
②冯岁平《一位充实而有光辉的学者》，收入《石门：汉中文化遗产（2005）》，三秦出版社，2006年。

启文回忆：

> 归田师曾说，历史上许多事件每由偶然的因素造成，他这次或因错看截稿日期而出毛病，正是这说法的最佳注脚（一九九六年史语所《集刊》出版的第六十七本，里面有不少文章仍属于"傅斯年先生百岁诞辰纪念论文集"）。可惜付出的是生命的代价，换来的是无可补偿的损失。我曾这么想，归田师由傅孟真先生提拔，五十年后又还于傅先生，似乎冥冥中别有契机。①

27 日，函告大侄严伯高：

> 你祖父裕荣公实是清末民初乡里间一位不寻常的老农，他的事迹，希把你知道的写好寄来。回忆录只是个人家事，现在不急着写。我现在把交通图考写完后，还计划用 15 年写好《唐代人文地理》、《国史人文地理》这两部大书，为人类多做些贡献！②

○ 1996 年丙子　　八十岁

2 月 25 日上午，嘱李启文陪往九龙油麻地榕树头的生果摊买柑，是日为农历乙亥年十二月廿七日，距丙子年只有四天。耕望说，每年农历初一，研究所同学来拜年，他都会给每人一个柑。所以每年农历年秒，他都亲往榕树头的生果摊档，拣选柑橘（耕望健康未走下坡时，常带笑自夸，他的手可提起几十斤重的东西）。据李启文回忆：

---

① 李启文《经时纬域写人文——归田师晚年生活小记》，收入《充实而有光辉》，稻禾出版社，1997 年。
② 严伯高《我的四叔——严耕望先生》，收入《安庆文史资料》第 27 辑《香皖两江情》，中国文史出版社，1997 年，第 113 页。

　　归田师去世后,我曾问过一位每年都往老师家中拜年的同学,是否严老师会送一个柑给每位到来拜年的同学(我因祖居在澳门,每年都回去度岁,竟从没有跟同学在年初一往各老师府上拜年),答案是:"对!"我想各同学人手一柑的时候,可知道他们手中的柑,都是归田师往市场亲自拣选的呢! 这天,他一共拣选了三十个柑,可亦是最后的一次!①

　　3月,《元和志户籍与实际户数之比勘》刊于《史语所集刊》第六十七本第一分。兹篇主要检查元和时代各州之实际户数,以与《元和志》所载户数相比较,发现《元和志》所记各州户数,大多仅为其他文献所记各州户数若干分之一,甚至八九分之一。又取各方镇军府之实际兵额与《元和志》户籍作比较,此外又有丰年和籴额与凶年赐粟额诸事例,皆证明元和地方政府向中央申报之户数仅为当地实际户数若干分之一。是为耕望在《史语所集刊》发表的最后一篇论文。

　　22日,在新亚研究所上课。因忘带老花眼镜而努力看桌上的讲义,由于太过用神而影响到脑部血液循环,竟又感到头部晕眩,需躺在沙发上休息,结果这"最后一课"也没能上成②。

　　因受头晕困扰,非但不能登堂讲课,亦无法再多看书撰述,只能在家中静养。

　　期间,覆信陕西汉中市博物馆研究员冯岁平:

　　岁平先生:

　　　　这三本小书赠你。蜀道各文已收入《图考》第四卷,西安陕西师范大学唐史研(究)所有此书,便中可去看看。

---

①李启文《经时纬域写人文——归田师晚年生活小记》,收入《充实而有光辉》,稻禾出版社,1997年。
②李启文《经时纬域写人文——归田师晚年生活小记》,收入《充实而有光辉》,稻禾出版社,1997年。

久病,执笔甚艰,不多及。

严耕望①

女儿晓松得知耕望病情,四、五月间两次自美返港探望,并决定辞工回港,帮助母亲照料父亲②。

5月底,耕望尚可走路下山,请来问候的学生到九龙塘的餐厅吃饭。

6月初,因患感冒,病情变坏,在家中走路都不稳③。

11日,致信无锡钱树棠,内云:

> 我由于去年正二月赶写一篇论文,耗费精神太多。自后头晕屡发,精神困顿不堪。又患上"百经逊"病,精神更是困顿不堪。近来策杖而行,亦是寸步难移,几乎随时可倒下……最近拟到台湾作全面检查……④

15日,在夫人段畹兰女士和外孙女小菊的陪同下飞台北,住中研院学术活动中心。

抵台后,先至三军总医院看神经内科门诊,由于神经内科病房客满,仍回中研院暂住。后有学生托人帮忙,乃得住进泌尿科病房。初入医院,心情非常坏,整天不说一句话,饭也不想吃,觉得行动都要人扶持,心理不能适应,医师说有轻微的忧郁症。

几天后,做完各项检查,报告显示有轻微帕金森症,脑微血管部分堵塞,服药几天之后,情形大好,常独自拄拐杖在医院走廊散步,心情变好,饭量也恢复正常。

---

①冯岁平《一位充实而有光辉的学者》,收入《石门:汉中文化遗产(2005)》,三秦出版社,2006年。
②严晓松《永怀父亲》,收入《充实而有光辉》,稻禾出版社,1997年。
③廖伯源《回忆与怀念》,收入《充实而有光辉》,稻禾出版社,1997年。
④钱树棠《纪念严耕望学兄》,收入《充实而有光辉》,稻禾出版社,1997年。

1996 年 6 月 18 日,摄于中研院学术活动
中心四楼走廊

所指导的新亚研究生祁志伟完成学位论文《西汉马政研究》。

所指导的新亚研究生吴瑞华完成学位论文《西汉监察制度研究》①。

7月初,出院。心情大好,在回中研院之前,提出先去刘家小馆吃饺子。

3日至6日的中研院第廿二次院士会议,全程参加②。见到许多好友,心情特别开朗,言谈举止与常人无异③。

8日,由外孙女小菊陪侍,与许倬云同在学术活动中心二楼午餐,三人据一小桌。耕望精神不佳,但殷殷垂询许倬云有关网络之文章,许约略以该文内容报告,但顾及耕望出院不久,体力未复,遂请稍后以函件请教④。

是月,医师开始慢慢调整药量,体况日佳。

8月初,医师降低药量。头晕之疾复发,初发且是在台北街市上。只得再调整药量。

15日,外孙女小菊取道香港返美。李启文询问耕望的近况,小菊说公公自信心强,许多事只要自己能动手的,都不愿意叫家人代办。李启文以为,这正是老师随时随地为人着想的佳证⑤。

稍后,长子晓田来台侍疾。病情起伏不定⑥。

9月初,女儿晓松结束在美家事,赶往台北照顾耕望。是月,

---

①新亚研究所历届毕业论文硕士班第四十届。
②廖伯源《回忆与怀念》,收入《充实而有光辉》,稻禾出版社,1997年。
③严晓松《永怀父亲》,收入《充实而有光辉》,稻禾出版社,1997年。
④许倬云《一封未发的信》,收入《充实而有光辉》,稻禾出版社,1997年。参同氏《良史与君子》,收入《许倬云问学记》,广西师范大学出版社,2008年。
⑤李启文《经时纬域写人文——归田师晚年生活小记》,收入《充实而有光辉》,稻禾出版社,1997年。
⑥廖伯源《回忆与怀念》,收入《充实而有光辉》,稻禾出版社,1997年。

耕望病情相当稳定。父女俩有更多时间闲话家常,而且无所不谈。据严晓松回忆:

> 在台湾治疗期间,每天早餐后,父亲都会在中研院活动中心的走廊散步,他特别喜欢伫立在窗前,远眺前面山地的一户农家在菜园里工作。此情此景,最易撩起我们四十年前在乡间生活的回想,更因父亲原本在农村出生,从小就对乡村的山水田野充满感情。①

嘱中兴大学历史系宋德熹代为筹划出版史学论文余集。盖对宋先前为联经策划编辑之《严耕望史学论文选集》至为满意,时颇有意收尚未结集之散篇为《论文集》之续编②。

10月初,自感健康已恢复,谓返港即撰写《唐代交通图考》第六册之最后一篇,并完成《中古佛教地理》一书。夫人段畹兰决定再看几次门诊,于月底返港。

5日,傍晚六时三十分左右,从中研院学术活动中心外散步归来,即感到有些不适。女儿晓松扶耕望躺下,未想引致突发性脑部大出血,中风昏迷不醒。送台北市忠孝医院加护病房。

9日,下午四时四十分逝世。夫人段畹兰、子晓田、女晓松皆随侍在侧③。

22日,上午十一时三十分于台北市第二殡仪馆怀亲厅举行公祭④。

中研院院士、经济所首任所长邢慕寰敬撰挽诗:

> 颜巷高风一望同,香江绛帐乐融融。

---

①严晓松《永怀父亲》,收入《充实而有光辉》,稻禾出版社,1997年。
②廖伯源《充实而有光辉·编后记》,稻禾出版社,1997年。
③廖伯源《回忆与怀念》,收入《充实而有光辉》,稻禾出版社,1997年。
④《中研院周报》第594期,1996年10月18日出版。

半生心血知何在,唐代交通断稿中。

衣钵相传代代新,先凋总是老成人。

低头欲语翻无语,苦忆生平促膝亲。

独坐思君转自伤,临年尤为补苴忙。

兢兢但愿心无愧,不待名山显处藏。

中研院院士、美国匹兹堡大学历史系教授许倬云敬献挽联:

研究是其生命良史也;

学问化为人品君子哉。

中研院院士、前史语所所长、语言学家丁邦新敬献挽联:

衣钵谁传,荔枝古道清尘绝;

温良自得,始信峰头倦鸟还。①

下午三时,火化安灵②。

是口,台北《联合报》分两期连载中研院院士、美国普林斯顿大学东亚系教授余英时的纪念文章《中国史学界的朴实楷模——敬悼严耕望学长》。

在港弟子亦自发举办"严耕望先生追悼会"。新亚研究所所长陈佐舜携全体教职员工敬挽:

望峻儒林一夕文星沉海峤;

研精惇史卅年德范式黉宫。

受业尹达明、黄浩潮、胡国慧敬挽:

其 一

师表百代诲人不倦生徒弟子程门风雪求指掌;

---

① 《挽联及挽诗辑录》,收入《充实而有光辉》,稻禾出版社,1997年。
② 金中枢《永怀严师》,收入《充实而有光辉》,稻禾出版社,1997年。

学迈乾嘉焚膏继晷制度交通汉唐雾霭画廓清。

其　二

万帙篇章待整理遽然撒手史界可怜顿失风范；

卅年门下承鞭策惊闻羽化杏坛萧飒痛悼明舵。

新亚研究所学生会敬挽：

百代仰儒宗桃李芬芳胜八极；

万流悲硕老梧桐风雨逼重阳。

受业李孟晋敬挽：

新亚高风身去香江如去国；

故园明月魂归南港似归田。

受业吴瑞华叩挽：

润逼瓯北秀掩援庵中外学人钦大雅；

道宏香江薪传新亚缣缃宝卷丽名山。

受业李启文叩挽：

其　一

卓尔成一家言舆地典城遗绝学；

赧然得半笥饷师门辱教负如来。

其　二

秦郎汉守开前路；

魏镇唐丞缀后篇。

其　三

笔耕六十年体大思精传地理；

凝望万千字经时纬域写人文。[1]

---

[1]《挽联及挽诗辑录》，收入《充实而有光辉》，稻禾出版社，1997 年。

　　11 月 10 日,新亚研究所出版《严耕望先生追悼会纪念特刊》①。

<hr>

① 李启文《经时纬域写人文——归田师晚年生活小记》,收入《充实而有光辉》,稻禾出版社,1997 年。

附　录

○ 1997 年丁丑

所指导的新亚博士生李启文通过学位论文《魏晋南北朝水利事业研究》答辩①。

7 月,遗作《新旧两唐书史料价值比论》刊于《新亚学报》第十八卷《严耕望教授纪念特刊》。

10 月,严夫人段畹兰将耕望的四千余册书刊(包括传世文献、出土文献、文物图录、考古报告、近人论著、地图、辞典、索引、期刊、学报等)捐赠台湾中正大学历史系,收藏于该系图书室以供学生参阅②。

12 月,由在台弟子筹划的《充实而有光辉:严耕望先生纪念集》,在台北稻禾出版社出版。《纪念集》分"回忆与怀念(纪念文章)"、"严耕望先生著作选(经验谈、论著序言)"、"生平与学术(传略、学传、著作目录)"和"附录(挽联、挽诗及信函影印)"四部分。

---

① 新亚研究所历届毕业论文博士班第十三届。
② 《严耕望院士捐赠中正大学历史系书目一览表》,中正大学历史系,1998。
参苏庆彬《七十杂忆》之《香港中文大学教学生涯·老师的藏书》,中华书局(香港)有限公司,2011 年,第 300 页。

○ 1998 年戊寅

3 月,辽宁教育出版社《新世纪万有文库》将《治史经验谈》、《治史答问》、《钱穆宾四先生与我》合为《治史三书》,纳入该文库第二辑的《近世文化书系》出版。

6 月,廖伯源撰《严耕望传》收入台北《国史拟传》第七辑。

10 月,《严耕望先生纪念论文集》由台北稻乡出版社出版。共收论文 16 篇,依内容分为学术文化、政治社会、制度地理三编。

○ 2003 年癸未

4 月,遗著《唐代交通图考》第六卷《河南淮南区》经弟子李启文整理,由中研院史语所正式出版。共收正文六篇:《洛阳郑汴驿道及汴城馆驿》、《洛南三关》、《洛阳郑汴南通汉东淮上诸道》、《桐柏山脉诸关道》、《中原东通海岱辽东新罗道》、《海岱地区南北交通两道》。附文一篇:《齐长城地理考略》。地图两幅:《南北朝隋唐时代桐柏山脉诸关道图》、《中古时代齐长城遗迹图》。卷末附《本卷纲文古地名引得》。又据耕望原先计划,第六卷拟撰十余篇,除已归入《隋唐通济渠考》论述范围的二十余万字篇幅(时史语所已计划另行出版)外,至少还有《中原东南通江淮之陆道》及《荆门以东大江沿流市场与津渡》两篇。前者仅成一节,已被置诸《隋唐通济渠考》之首,后者未及动笔,竟成永恨①。

12 月,耕望前为"钱宾四先生百龄诞辰学术研讨会"准备之讲稿《宾四先生对于中国史上政治制度之观察》,收入香港中文大学新亚书院《新亚学术集刊》第十四辑《钱宾四先生百龄纪念

①李启文《唐代交通图考》第六卷《整理弁言》,史语所,2003 年。

会学术论文集》①。

○ 2005 年乙酉

7月,遗著《魏晋南北朝佛教地理稿》经弟子李启文整理后,由中研院史语所作为《专刊》之一○五出版。此《稿》除第七章《五台山佛教之盛》已发表,第八章《佛教石刻之地理分布(石窟造像及其他刻石)》未写就外,其余各章皆为初稿,以视《唐代交通图考》第六卷及《隋唐通济渠考》存稿之大体已写定者,实大异其趣,故只具雏形。见存各章,篇幅不一。第九章《结论》原稿仅存两页,第一章《佛教东传及其早期流布地域》、第二章《三国西晋佛教流布地理区》、第三章《东晋时代佛学大师之宏佛地理》虽已写成,而篇幅不大。第四章《东晋南北朝高僧之地理分布》除已稍成之"2、东晋高僧游锡与地理分布"、"3、南北朝高僧游锡与地理分布外"(第1节缺),其余为据正续《僧传》所作之统计素材。第五章《东晋南北朝佛教城市与山林》因分地叙述,篇幅最多。第六章《佛教教风之地理分布》之"禅诵"部分,亦未撰述完毕。第七章为全书最完备之一章,或以曾发表之故②。地图六幅:《汉末佛教流布区域图》、《东晋时代高僧驻锡分布图》、《东晋时代高僧游锡图》、《南北朝时代高僧分布图》、《南北朝时代高僧游锡图》、《晋末南北朝佛教地理中心与名山合图》。

○ 2006 年丙戌

1月,辽宁教育出版社将《治史三书》更名为《怎样学历史——严耕望的治史三书》纳入《花生文库·大师谈学习系列》

---

① 《钱宾四先生百龄纪念会学术论文集·历史编》,香港中文大学新亚书院,2003 年。
② 李启文《魏晋南北朝佛教地理稿·整理说明》,史语所,2005 年。

出版。

6月,遗著《唐代交通图考第一至六卷引用书目及纲文古地名引得》经弟子李启文整理后,由中研院史语所作为专刊之八十三出版。该书为《唐代交通图考》之引用书目,及正文中的古地名索引,可视为《唐代交通图考》之第七册,也是最后一册。内容包括整理者的序言、引用书目之条列,及前六册正文中古地名之索引①。

12月,北京中华书局获台北联经出版事业公司授权出版《严耕望史学论文选集》大陆繁体字本,分上、下两册。

○ 2007 年丁亥

3月,经严耕望家属和中研院史语所授权,上海古籍出版社出版《严耕望史学著作集》。首批推出《唐代交通图考》、《秦汉地方行政制度》、《两汉太守刺史表》、《魏晋南北朝地方行政制度》、《唐仆尚丞郎表》、《魏晋南北朝佛教地理稿》六种十三册,均据史语所本影印,《唐代交通图考》第六卷与《唐代交通图考第一至六卷引用书目及纲文古地名引得》合为一册影印。

○ 2008 年戊子

1月,北京世纪文景文化传播有限责任公司获美国商务印书馆授权,于世纪出版集团上海人民出版社出版《治史三书》的中文简体字版。

8月,台湾商务印书馆《新岫庐文库》推出《治史答问》重编本。

9月,台湾商务印书馆《新岫庐文库》推出《治史经验谈》重

---

① 《唐代交通图考第一至六卷引用书目及纲文古地名引得》,史语所,2006年。

编本。

11月,台湾商务印书馆《新岫庐文库》推出《钱穆宾四先生与我》重编本。

○ 2009 年己丑

10月,上海古籍出版社出版《严耕望史学论文集》全三卷,分政治制度编、历史地理编和综合编,收录严氏专书以外论文58篇。为继《唐史研究丛稿》、《严耕望史学论文选集》后第三部严文编集。

○ 2013 年癸巳

12月,耕望前在香港中文大学讲授"中国政治制度史"一课的讲义《中国政治制度史纲》由上海古籍出版社出版,由耕望的多位新亚弟子据收藏于香港中文大学图书馆的讲义稿整理而成。虽只是讲义,已足见其对中国政治制度的整体思考与研究,亦是耕望唯一一部从上古至清代,完整论述中国政治制度的专著。

严耕望先生著作目录

严耕望自编　李启文补订　林磊补正

○甲、专　书

1.《两汉太守刺史表》一册,《中央研究院历史语言研究所专刊》之三十,商务印书馆,1947年。中研院史语所,1993年。

2.《唐仆尚丞郎表》四册,《中央研究院历史语言研究所专刊》之三十六,中研院史语所,1956年。

3.《秦汉地方行政制度》(中国地方行政制度史甲部)二册(合刊一册),《中央研究院历史语言研究所专刊》之四十五A,中研院史语所,1961年、1974年、1990年。

4.《魏晋南北朝地方行政制度》(中国地方行政制度史乙部)二册,《中央研究院历史语言研究所专刊》之四十五B,中研院史语所,1963年、1974年、1990年。

5.《唐史研究丛稿》一册,新亚研究所,1969年。

正编:一、《论唐代尚书省之职权与地位》;二、《唐代府州僚佐考》;三、《唐代方镇使府僚佐考》;四、《括地志序略都督府管州考(附唐初府州图)》;五、《唐两京馆驿考》;六、《唐子午道考》;七、唐代成都清溪南诏道驿程考;八、唐人习业山林寺院之风尚;九、《新罗留唐学生与僧徒》;十、《旧唐书本纪拾误》;

附篇:一、《唐代长安洛阳道驿程述》;二、《唐代洛阳太原道驿程述》;三、《唐代长安南山诸谷道驿程述》;四、《唐代金牛成都道驿程述》;五、《唐代岷山雪岭地区辐射交通述》;六、《阴平道述》;七《唐代纺织工业之地理分布》。

6.《治史经验谈》一册,台湾商务印书馆,1981年,2008年。

7.《治史答问》一册,台湾商务印书馆,1985年、2008年。

8.《唐代交通图考》前五卷,《中央研究院历史语言研究所专刊》之八十三,中研院史语所,1985–1986年。

9.《严耕望史学论文选集》一册,联经出版事业公司,1991年。

上编:一、《夏代都居与二里头文化》;二、《战国学术地理与人才分布》;三、《扬雄所记先秦方言地理区》;四、《战国时代列国民风与生计——兼论秦统一天下之背景》;五、《汉书地志县名首书者即郡国治所辨》;六、《中古时代之仇池山——由典型坞堡到避世胜地》;七、《括地志序略都督府管州考(附唐初府州图)》;八、《景云十三道与开元十六道》;九、《唐五代时期之成都》;十、《唐人习业山林寺院之风尚》;十一、《杜工部和严武军城早秋诗笺证》。

下编:一、《秦汉郎吏制度考》;二、《北魏尚书制度》;三、《从南北朝地方政治之积弊论隋之致富》;四、《略论唐六典之性质与施行问题》;五、《论唐代尚书省之职权与地位》;六、《唐代行政制度论略》;七、《唐代府州上佐与录事参军》;八、《佛藏中之世俗史料三剳》;九、《正史脱讹小记》。

附录:一、《历史地理学与历史研究:专访严耕望院士》;二、《忘情于"不古不今之学"》

10.《钱穆宾四先生与我》一册,台湾商务印书馆,1992年、2008年。

11.《唐代交通图考》第六卷《河南淮南区》一册,《中央研究院历史语言研究所专刊》之八十三,中研院史语所,2003年。

12.《魏晋南北朝佛教地理稿》一册,《中央研究院历史语言研究所专刊》之一〇五,中研院史语所,2005 年。

13.《唐代交通图考第一至六卷引用书目及纲文古地名引得》一册,《中央研究院历史语言研究所专刊》之八十三,中研院史语所,2006 年。

14.《严耕望史学论文集》三册,上海古籍出版社,2009 年。

卷上　政治制度编:一、《论秦客卿执政之背景》;二、《秦宰相表》;三、《武帝创制年号辨》;四、《秦汉郎吏制度考》;五、《北魏尚书制度考》;六、《从南北朝地方政治之积弊论隋之致富》;七、《隋代总管府考》;八、《论唐代尚书省之职权与地位》;九、《唐代府州僚佐考》;十、《略论唐六典之性质与施行问题》;十一、《唐代方镇使府僚佐考》。

卷中　历史地理编:一、《夏代都居与二里头文化》;二、《楚置汉中郡地望考略》;三、《楚秦黔中郡地望考》;四、《战国时代列国民风与生计——兼论秦统一天下之背景》;五、《战国学术地理与人才分布》;六、《扬雄所记先秦方言地理区》;七、《汉书地志县名首书者即郡国治所辨》;八、《括地志序略都督府管州考》;九、《景云十三道与开元十六道》;十、《唐代盛时与西南邻国之疆界》;十一、《唐代北疆直接领辖之境界》;十二、《唐五代时期之成都》;十三、《唐代纺织工业之地理分布》。

卷下　综合编:一、《通判不始于宋说》;二、《杜黄裳拜相前之官历》;三、《唐代文化约论》;四、《谈唐代地方行政区划》;五、《唐代行政制度论略》;六、《中国地方行政制度》;七、《唐人习业山林寺院之风尚》;八、《新罗留唐学生与僧徒》;九、《唐宋时代中韩佛教文化之交流》;十、《佛藏中之世俗史料》;十一、《南北朝三个都城人口数量之估测》;十二、《唐代户口实际数量之检讨》;十三、《唐代长安人口数量之估测》;十四、《元和志户籍与实际户数之比勘》;十五、《新旧两唐书史料价值比论》;十六、《资治通鉴的史料价值》;十七、《正史脱讹小记》;十八、《旧唐书夺文拾补》;十九、《旧唐书本纪拾误》;二十、《石刻史料丛书序》;二十一、《责善半月刊再版书后》;二十二、《林寿晋著战国细木工榫接合工艺研究评介》;二十三、《傅乐成中国史论集序》;二十四、《中国史学辞汇序》;二十五、《中国中古史入门书目》;二十六、《隋唐时期战史》;二十七、《隋代人文地理》;二十八、《唐代人文地理》;二十九、《五代十国人文地理》;三十、《我撰唐代交通图考的动机与经验》;三十一、《中国史上经济文化之地理的发展》;三十二、《丝绸之路——中国境内的途程》;三十三、《读史方舆纪要与嘉庆一统志》;三十四、《中古时代几部重要地理书——水经注、元和郡县志与太平寰宇记》

15.《中国政治制度史纲》一册,上海古籍出版社,2013年。

16.《隋唐通济渠考》一册,整理待刊。

○乙、论　文

【发表刊物编辑处所一览表】

1.《大陆杂志》,台北,大陆杂志社。

2.《中央研究院院刊》,台北,中研院。

3.《中央研究院成立五十周年纪念论文集》,台北,中研院。

4.《中国政治思想与制度史论集》,台北,中华文化出版事业委员会。

5.《中国佛教史论集》,台北,中华文化出版事业委员会。

6.《中国学人》,香港,新亚研究所。

7.《中国学志》,日本东京,泰山文物社。

8.《中国历史地理》,台北,中华文化出版事业委员会。

9.《中国战争史论集》,台北,中华文化出版事业委员会。

10.《中韩文化论集》,台北,中华文化出版事业委员会。

11.《仙人掌杂志》,台北,仙人掌杂志社。

12.《民主评论》,香港,民主评论社。

13.《史语所集刊》（全名《中央研究院历史语言研究所集刊》），南京—台北，中研院历史语言研究所。

14.《史学汇刊》，台北，中华学术院、中国文化大学史研所。

15.《史学论集》，（《中华学术与现代文化丛书》第三册），台北，华冈出版公司。

16.《李方桂先生纪念论文集》，台北，中研院历史语言研究所。

17.《东方文化》，香港，香港大学亚洲研究中心。

18.《亚洲史学家第二次会议论文集》，台北，"教育部"。

19.《金陵齐鲁华西三大学中国文化研究汇刊》，成都，齐鲁国学研究所、金陵、华西中国文化研究所。

20.《屈万里先生七秩荣庆论文集》，台北，联经出版事业公司。

21.《香港大学五十周年纪念论文集》，香港，香港大学中国语文系。

22.《香港中大文化所学报》，（全名《香港中文大学中国文化研究所学报》，1992年改作《中国文化研究所学报》），香港，香港中文大学出版部。

23.《香港浸会学院历史系会会刊》，香港，浸会学院历史系。

24.《食货月刊》，台北，食货月刊社。

25.《珞珈》，台北，国立武汉大学旅台校友会。

26.《书目季刊》，台北，书目季刊社。

27.《第一届国际唐代学术会议论文集》，台北，唐代学者联谊会。

28.《第二届国际汉学会议论文集》，台北，中研院。

29.《第二届唐代文化研讨会论文集》，台北，中国唐代学会、东海大学中文研究所、东海大学历史学研究所。

30.《现代学报》，南京，六艺书局。

31.《国史上的伟大人物》,台北,中华文化出版事业委员会。

32.《国学文献馆馆讯》,台北,国学文献馆(联合报系)。

33.《责善半月刊》,成都,齐鲁大学国学研究所。

34.《清华学报》,台北,清华学报社。

35.《华冈学报》,台北,中华学术院、中国文化学院。

36.《董作宾先生逝世十四周年纪念刊》,台北,艺文印书馆。

37.《董作宾先生九五诞辰纪念集》,台北,本集编辑会。

38.《新亚生活双周刊》,香港,新亚书院。

39.《新亚生活月刊》,香港,新亚书院。

40.《新亚书院学术年刊》,香港,新亚书院。

41.《新亚学报》,香港,新亚研究所。

42.《赵元任先生纪念论文集》,台北,中研院历史语言研究所。

43.《嘉陵江日报》,重庆(北碚),嘉陵江日报社。

44.《汉学研究》,台北,汉学研究资料及服务中心。

45.《汉学研究通讯》,台北,汉学研究资料及服务中心。

46.《庆祝李济先生七十岁论文集》,台北,清华学报社。

47.《历史月刊》,台北,历史月刊社(联合报系)。

48.《联校》,西安,西北军校。

49.《总统蒋公逝世周年纪念论文集》,台北,中研院。

50.《学府纪闻》,台北,南京出版公司。

51.《学风》,安庆,安徽省立图书馆。

52.《学术季刊》,台北,中华文化出版事业委员会。

53.《钱穆先生八十岁纪念论文集》(学报外编),香港,新亚研究所。

54.《饶宗颐教授南游赠别论文集》,香港,本集编辑委员会。

55.《新史学》,台北,新史学杂志社。

56.《兴大历史学报》,台中,国立中兴大学历史学系、历史学研究所。

57.《唐君毅先生纪念论文集》,台北,学生书局。

58.《国故新知:中国传统文化的再诠释——汤用彤先生诞辰百周年纪念论文集》,北京,北京大学出版社。

59.《中国史论集》,台北,傅乐成教授纪念论文集编辑委员会。

60.《中国史学辞汇》,台北,华香园出版社。

61.《钱宾四先生百龄纪念会学术论文集》,香港,新亚书院。

62.《当代》,台北,当代杂志社(合志文化事业股份有限公司)。

【文章目录】

1.《研究国学应持之态度》收入《学风》第六卷,1936年。

2.《儒家之礼的理论》收入《学风》第七卷第一期(单计十页),1937年。

3.《楚置汉中郡地望考》收入《责善半月刊》第二卷第十六期(页8-12),1941年(编入专书14)。

4.《武帝创制年号辨》收入《责善半月刊》第二卷第十七期(页7-8),1941年(编入专书14)。

5.《楚秦黔中郡地望考》收入《责善半月刊》第二卷第十九期(页9-16),1942年(编入专书14)。

6.《论秦客卿执政之背景》收入《责善半月刊》第二卷第二十期(页4-8),1942年(编入专书14)。

7.《秦宰相表》收入《责善半月刊》第二卷第二十三期(页4-11),1942年(编入专书14)。

8.《两汉郡县属吏考》收入金陵齐鲁华西三大学《中国文化研究汇刊》第二卷(页43-94),1942年(改编入专书3)。

9.《中国军事地理形势之今昔》收入《联校》第二卷第二期(页10-12),1942年。

10.《两汉郡县属吏考补正》收入金陵齐鲁华西三大学《中国文化研究汇刊》第三卷(页13-18),1943年(改编入专书3)。

11.《北碚自然地理概述》收入《嘉陵江日报·北碚小志》第三、四期,1944年。

12.《元魏北镇制度、附略论元魏怀荒御夷两镇之地望》收入《现代学报》第一卷第八期(页13-21),1947年。

13.《北魏尚书制度考》收入《史语所集刊》第十八本(页251-360),1948年(编入专书14)。

14.《北朝地方政府属佐制度考》收入《史语所集刊》第十九本(页267-324),1948年(改编入专书4)。

15.《魏晋南朝地方政府属佐考》收入《史语所集刊》第二十本《中央研究院成立二十周年专号》上册(页445-538),1948年(改编入专书4)。

16.《汉代地方官吏之籍贯限制》收入《史语所集刊》第二十二本(页233-242),1950年(改编入专书3)。

17.《唐人多读书山寺》收入《大陆杂志》第二卷第四期,1951年。

18.《唐代六部与九寺诸监之关系》收入《大陆杂志》第二卷第十一期(页18-19),1951年。

19.《秦汉郎吏制度考》收入《史语所集刊》第二十三本《傅斯年先生纪念论文集》上册(页89-143),1951年(编入专书9、14)。

20.《唐代文化约论》收入《大陆杂志》第四卷第八期(页1-9),1952年(转载于韩复智编《中国通史论文选集》下册,1970年,编入专书14)。

21.《汉代郡都尉制度》收入《大陆杂志》特刊第一辑下册(页433-450),1952年(改编入专书3)。

22.《汉代郡府之功曹与督邮》收入《大陆杂志》第六卷第一

期(页 18-21),1953 年(改编入专书 3)。

23.《通鉴作者误句旧唐书之一例》收入《大陆杂志》第六卷第二期(页 6),1953 年。

24.《汉代郡县学校制度》收入《大陆杂志》第六卷第十期(页 6),1953 年(改编入专书 3)。

25.《论唐代尚书省之职权与地位》(初稿)收入《史语所集刊》第二十四本(页 1-68),1953 年(改写定稿刊专书 5、9、14)。

26.《略论唐六典之性质与施行问题》收入《史语所集刊》第二十四本(页 69-76),1953 年(改写定稿刊专书 9、14)。

27.《唐代佛教的地理分布》收入《民主评论》第四卷第二十四期(页 6-8),1953 年。

28.《唐代国内交通与都市》收入《大陆杂志》第八卷第四期(页 3-5),1954 年。

29.《北朝中央中正与地方中正》收入《大陆杂志》第八卷第十期(页 6-8),1954 年(改编入专书 4)。

30.《汉书地志县名首书者即郡国治所辨》收入《中研院院刊》第一辑《庆祝朱家骅先生六十岁论文集》(页 19-39),1954 年(改写定稿刊专书 9、14)。

31.《汉代地方行政制度》收入《史语所集刊》第二十五本(页 135-236),1954 年(参专书 3)。

32.《隋唐时期战史》收入《中国战史论集》第一册(单计 22 页),1954 年(编入专书 14)。

33.《隋代人文地理》收入《中国历史地理》第二册(单计 34 页),1954 年(编入专书 14)。

34.《唐代人文地理》收入《中国历史地理》第二册(单计 62 页),1954 年(编入专书 14)。

35.《五代十国人文地理》收入《中国历史地理》第二册(单计 22 页),1954 年(编入专书 14)。

36.《中国地方行政制度史略》收入《大陆杂志》第九卷第八期(页1-8),1954年。

37.《中国地方行政制度》收入《中国政治思想与制度史论集》(单计26页),1954年(编入专书14)。

38.《陈蕃、李膺》收入《国史上的伟大人物》第二册(页369-376),1954年。

39.《北魏地方行政制度》收入《学术季刊》第三卷第二期(页22-35),1954年(参专书4)。

40.《唐人读书山林寺院之风尚》(初稿)收入《民主评论》第五卷第二十三期《钱宾四先生还历纪念专号》,1954年。

41.《杜黄裳拜相前之官历》收入《史语所集刊》第二十六本(页309-313),1955年(编入专书14)。

42.《北魏孝文帝尚书三十六曹考》收入《大陆杂志》第十一卷第一期(页7-12),1955年。

43.《魏晋南朝都督与刺史之关系》收入《大陆杂志》第十一卷第七期(页1-4),1955年(改编入专书4)。

44.《新罗留唐学生与僧徒》(初稿)收入《中韩文化论集》第一册(页67-98),1955年。

45.《北魏尚书分部之演变》收入《学术季刊第四卷第二期(页60-68),1955年。

46.《从南北朝地方政治论隋之致富(上)》收入《民主评论》第六卷第二十四期(页8-11),1955年。

47.《从南北朝地方政治论隋之致富(下)》收入《民主评论》第六卷第二十五期(页22-24),1955年。

48.《孙吴都督区》收入《大陆杂志》第十二卷第六期(页11-13),1956年(改编入专书4)。

49.《魏晋南朝都督与都督区》收入《史语所集刊》第二十七本(页47-105),1956年(改编入专书4)。

50.《唐宋时代中韩佛教文化之交流》收入《中国佛教史论集》第一册(页205－236),1956年(编入专书14)。

51.《梁书庐陵王续传脱讹》收入《大陆杂志》第十三卷第二期,1956年。

52.《旧唐书食货志盐铁节夺文与讹误》收入《大陆杂志》第十三卷第三期(页11－12),1956年。

53.《旧唐书本纪拾误》(初稿)收入《新亚学报》第二卷第一期(页215－306),1956年(增补稿刊入专书5、14)。

54.《旧唐书夺文拾补》刊于《史语所集刊》第二十八本《庆祝胡适先生六十五岁论文集》上册(页335－362),1956年(编入专书14)。

55.《唐代纺织工业之地理分布》(初稿)收入《大陆杂志》第十三卷第十一期(页1－4),1956年(增订稿刊专书5、14)。

56.《从南北朝地方行政之积弊论隋之致富》收入《新亚学报》第四卷第一期《钱宾四先生六十五岁祝寿论文集》上册(页183－210),1959年(编入专书9、14)。

57.《唐人读书山林寺院之风尚》(再稿)收入《史语所集刊》第三十本《集刊三十周年纪念专号》下册(页689－728),1959年(增订改写稿题名改"读书"为"习业",刊专书5、9、14)。

58.《新罗留唐学生与僧徒》(再稿)收入《史语所集刊外编》第四种《庆祝董作宾先生六十五岁论文集》(页643－679),1961年(增补稿刊入专书5、14)。

59.《北周东南道四总管区》收入《大陆杂志》特刊第二辑(页501－506),1962年(改编入专书4)。

60.《北魏六镇考》收入《第二届亚洲历史学家会议论文集》(单计14页),1962年。

61.《北魏军镇制度考》收入《史语所集刊》第三十四本《故院长胡适先生纪念论文集》上册(页199－261),1962年(改编入专书 4）。

62.《魏晋南北朝地方行政制度约论》收入《大陆杂志》第二十七卷第四期（页 1-5），1963 年（参专书 4）。

63.《魏晋南朝郡府组织考》收入《香港大学五十周年纪念论文集》第一册（页 183-222），1964 年（参专书 4）。

64.《括地志序略都督府管州考略》收入《史语所集刊》第三十五本《故院长朱家骅先生纪念论文集》（页 301-319），1964 年（增订稿刊专书 5、9、14）。

65.《唐代方镇使府军将考》收入《庆祝李济先生七十岁论文集》上册（页 259-274），1965 年（参专书 5 第 3 篇）。

66.《谈唐代地方行政区划》收入《新亚生活双周刊》第八卷第九期（页 1-2），1965 年（编入专书 14）。

67.《景云十三道与开元十六道》收入《史语所集刊》第三十六本《纪念董作宾、董同龢两先生论文集》上册（页 115-121），1965 年（编入专书 9、14）。

68.《唐代方镇使府幕僚组织》收入《新亚生活双周刊》第八卷第十五期（页 1-2，13），1966 年（参专书 5 第 3 篇）。

69.《唐代方镇使府之文职僚佐》收入《新亚学报》第七卷第二期（页 47-77），1966 年（参专书 5 第 3 篇）。

70.《石刻史料丛书序》收入《新亚生活双周刊》第九卷第六期（页 1-2），1966 年（参编辑：《石刻史料丛书》）。

71.《唐蓝田武关道述略》收入《新亚生活双周刊》第九卷第十二期（页 2），1966 年。

72.《汉唐褒斜道考》收入《新亚学报》第八卷第一期（页 101-157），1967 年（增订稿刊专书 8）。

73.《通典所记汉中通秦川驿道考述略》收入《新亚生活双周刊》第九卷第十九期，1967 年。

74.《唐金牛成都道驿程考述略》收入《新亚生活双周刊》第

十卷第十一期(页2-3),1967年。

75.《唐上津道考》收入《史语所集刊》第三十八本(页285-292),1968年(增订稿刊专书8)。

76.《责善半月刊再版书后》收入香港龙门书店影印《责善半月刊》,1968年(编入专书14)。

77.《唐代长安南山诸谷道驿程述》收入《大陆杂志》第三十六卷第十一期(页10-15),1968年。

78.《通典所记汉中通秦川驿道考》收入《新亚学报》第八卷第二期(页1-52),1968年(增订稿刊专书8)。

79.《唐代松州驿道述》收入《新亚生活双周刊》第十一卷第五期(页1、10),1968年。

80.《唐代茂州西通吐蕃两道考》收入《香港中文大学中国文化研究所学报》第一卷(页1-26),1968年(与86合编刊专书8)。

81.《唐金牛成都道驿程考》收入《史语所集刊》第四十本《恭祝总统蒋公八秩晋二华诞暨历史语言研究所成立四十周年纪念论文集》上册(页215-253),1968年(增订稿刊专书8)。

82.《唐骆谷道考》收入《史语所集刊》第三十九本《庆祝李方桂先生六十五岁论文集》上册(页15-26),1969年(增订稿刊专书8)。

83.《通判不始于宋说》收入《新亚生活双周刊》第十二卷第二期(页1-2),1969年(编入专书14)。

84.《唐代长安洛阳道驿程述》收入《新亚生活双周刊》第十二卷第三期(页3-5),1969年。

85.《唐代行政制度论略》(修订稿)收入《新亚书院学术年刊》第十一期《新亚书院成立二十周年纪念号》(页33-41),1969年(编入专书9、14)。

86.《唐代岷山雪岭地区交通图考》收入《香港中文大学中国

文化研究所学报》第二卷第一期(页1-42),1969年(增订稿刊专书8)。

87.《唐蓝田武关道驿程考》收入《史语所集刊》第三十九本《庆祝李方桂先生六十五岁论文集》下册(页1-27),1969年(增订稿刊专书8)。

88.《唐代成都清溪南诏道驿程述》收入《新亚生活双周刊》第十二卷第十二期(页1-2),1969年。

89.《唐子午道考》收入《饶宗颐教授南游赠别论文集》(页1-14),1970年(编入专书5、增订稿刊专书8)。

90.《唐代府州上佐与录事参军》收入《清华学报》第八卷第一、二期合刊(页284-305),1970年(参专书5第2篇,编入专书9)。

91.《阴平道辨》收入《新亚学报》第九卷第二期(页207-224),1970年(增订稿刊专书8)。

92.《元和志所记凉州至长安两道试释》收入《大陆杂志》第四十一卷第五期(页3-4),1970年。

93.《我与两位王校长》收入《珞珈》第28期(页1-4),1970年(转载《学府纪闻:国立武汉大学卷》[页67-74],1981年,编入专书10)。

94.《唐代洛阳太原道驿程考》收入《史语所集刊》第四十二本《庆祝王世杰先生八十岁论文集》第一分(页5-34),1970年(增订稿刊专书8)。

95.《唐代长安洛阳道驿程考》收入《香港中文大学中国文化研究所学报》第三卷第一期(页77-134),1970年(增订稿刊专书8)。

96.《唐代长安西通凉州两道驿程考》收入《香港中文大学中国文化研究所学报》第四卷第一期(页23-92),1971年(增订稿刊专书8)。

97.《唐代凉州西通安西道驿程考》收入《史语所集刊》第四十三本《庆祝中华民国建国六十年纪念专号》第三分(页 335-402),1971 年(增订稿刊专书 8)。

98.《唐代长安太原道驿程考》收入《新亚学报》第十卷第一期上册(页 1-44),1971 年(增订稿刊专书 8)。

99.《元和志所记凉州至长安两道之研究》收入《东方文化》第十卷第一期(页 1-7),1972 年。

100.《隋代总管府考》收入《中国学志》第六本(页 23-54),1972 年(编入专书 14)。

101.《唐代河套地区军事防御系统》收入《新亚生活双周刊》第十五卷第八期(页 1-4,7),1972 年(增订稿刊专书 8 为附篇一)。

102.《唐代长安灵州道及灵州在西北交通上之地位》收入《香港中文大学中国文化研究所学报》第五卷第一期(页 77-122),1972 年(增订稿刊专书 8)。

103.《唐代关内河东东西交通线》收入《新亚学报》第十卷第一期下册(页 207-232),1973 年(增订稿刊专书 8)。

104.《唐代长安东北通胜州振武军驿道考》收入《新亚学报》第十卷第一期下册(页 233-248),1973 年(增订稿刊专书 8)。

105.《唐代长安北通丰州天德军驿道考》收入《香港中文大学中国文化研究所学报》第六卷第一期(页 144-165),1973 年(增订稿刊专书 8)。

106.《杜工部和严武军城早秋诗笺证》收入《华冈学报》第八期《庆祝钱宾四先生八十岁论文集》(页 149-158),1974 年(增订稿刊专书 8 为附篇四,编入专书 9)。

107.《唐代河湟青海地区交通军镇图考》收入《新亚学报》第十一卷《庆祝钱穆先生八十岁专号》上册(页 223-316),1974 年(增订稿刊专书 8)。

108.《唐代安北单于两都护府考》收入《钱穆先生八十岁纪念论文集》(页1-27),1974年(增订稿刊专书8为附篇二)。

109.《中古时代之仇池山——由典型坞堡至避世胜地》收入《新亚书院学术年刊》第十六期(页319-327),1974年(增订稿刊专书8为附篇三,编入专书9)。

110.《唐代北庭都护府通西州伊州诸道考》收入《香港中文大学中国文化研究所学报》第七卷第一期(页95-110),1974年(增订稿刊专书8)。

111.《战国学术地理约论》收入《新亚生活月刊》第二卷第八期(页1-2),1975年。

112.《扬雄所记先秦方言地理区》收入《新亚书院学术年刊》第十七期(页37-56),1975年(编入专书9、14)。

113.《唐代三峡水运小记》收入《新亚生活月刊》第三卷第三期(页1-4),1975年(增订稿刊专书8为附篇六)。

114.《中古时代仇池山区交通网》收入《新亚学报》第十一卷《庆祝钱穆先生八十岁专号》下册(页541-593),1976年(增订稿刊专书8)。

115.《汉唐时代川滇东道考》收入《总统蒋公逝世周年纪念论文集》(页745-786),1976年(增订稿刊专书8)。

116.《战国学术地理与人才分布》收入《新亚书院学术年刊》第十八期(页1-27),1976年(编入专书9、14)。

117.《汉晋时代滇越通道考》收入《香港中文大学中国文化研究所学报》第八卷第一期(页25-38),1976年(增订稿刊专书8)。

118.《唐代滇越通道辨》收入《香港中文大学中国文化研究所学报》第八卷第一期(页39-50),1976年(增订稿刊专书8)。

119.《我对傅斯年孟真先生的感念》收入《仙人掌杂志》第一卷第一号《中国的出发》(页25-29),1977年(编入专书10)。

120.《北魏尚书制度》收入《中华学术与现代文化丛书》第三册《史学论集》(页 168-179),1977 年(编入专书 9)。

121.《治史经验谈(上)》收入《中国学人》第六期(页 189-201),1977 年(增订稿刊专书 6)。

122.《唐代雅州西通徼外三道考》收入《董作宾先生逝世十四周年纪念刊》(页 52-57),1978 年(增订改编稿刊专书 8)。

123.《唐代荆襄道与大堤曲》收入《中研院成立五十周年纪念论文集》(页 145-178),1978 年(增订稿刊专书 8)。

124.《天宝荔枝道考》收入《大陆杂志》第五十七卷第一期(页 1-4),1978 年(增订稿刊专书 8)。

125.《唐代山南境内巴山诸谷道》收入《屈万里先生七秩荣庆论文集》(页 319-335),1978 年(增订稿刊专书 8)。

126.《正史脱讹小记》收入《香港中文大学中国文化研究所学报》第九卷上册(页 17-36),1978 年(编入专书 9、14)。

127.《唐代黔中牂牁诸道考略》收入《史语所集刊》第五十本第二分(页 361-380),1979 年(增订稿刊专书 8)。

128.《唐代太原西北通单于都护府及河上三城道》收入《香港中文大学中国文化研究所学报》第十卷上册(页 43-62),1979 年(增订稿刊专书 8)。

129.《北朝隋唐滏口壶关道考》收入《史语所集刊》第五十一本《李济屈万里先生纪念论文集》第一分(页 53-69),1980 年(增订稿刊专书 8)。

130.《唐代太原北塞交通图考(附北魏参合陉地望辨)》收入《新亚学报》第十三卷(页 81-137),1980 年(增订稿刊专书 8)。

131.《夏代都居与二里头文化》收入《大陆杂志》第六十一卷第五期(页 1-17),1980 年(编入专书 9、14)。

132.《唐代成都江陵间蜀江水陆道考》收入《香港中文大学中国文化研究所学报》第十一卷上册(页 1-59),1980 年(增订稿刊专书 8)。

133.《我所了解的王校长》收入《珞珈》第 68 期《王校长雪艇先生追思专辑》(页 43-44),1981 年。

134.《唐代成都寺观考略》收入《大陆杂志》第六十三卷第三期(页 1-6),1981 年。

135.《唐五代时期之成都》收入《香港中文大学中国文化研究所学报》第十二卷(页 23-64),1981 年(编入专书 9、14)。

136.《隋唐永济渠考》收入《史语所集刊》第五十三本《赵元任先生纪念论文集》第一分(页 21-56),1982 年(增订稿刊专书 8)。

137.《曹操所开平虏泉州新河三渠考略》收入《大陆杂志》第六十五卷第一期(页 1-6),1982 年(增订稿刊专书 8 为附篇九)。

138.《唐代成都西南边区东西交通诸路线》收入《香港中文大学中国文化研究所学报》第十三卷(页 1-18),1982 年(增订稿刊专书 8)。

139.《林寿晋著战国细木工榫接合工艺研究评介》收入《香港中文大学中国文化研究所学报》第十三卷(页 315-321),1982 年(编入专书 14)。

140.《传说中之夏代与二里头文化》收入《唐君毅先生纪念论文集》(页 109-139),1983 年。

141.《历代卢龙道考》收入《香港中文大学中国文化研究所学报》第十四卷,1983 年(增订稿刊专书 8)。

142.《史学二陈》收入《大陆杂志》第六十八卷第一期(页 1-3),1984 年(增订稿刊专书 7)。

143.《通贯的断代史家——吕思勉》收入《大陆杂志》第六十八卷第一期(页 4-6),1984 年(增订稿刊专书 7)。

144.《"无孔不入"、"有缝必弥"》收入《食货月刊》复刊第十四卷第二期(页 75-79),1984 年(增订稿刊专书 7)。

145.《秦汉迄唐飞狐道考》收入《新亚学报》第十四卷(页 67-122),1984 年(增订稿刊专书 8)。

146.《唐代幽州东北出古北口通奚王衙帐道》收入《史学汇刊》第十三期(页 95-102),1984 年(增订稿刊专书 8)。

147.《唐代交通图考·序言》收入《大陆杂志》第六十九卷第六期(页 1-4),1984 年(编入专书 7,刊专书 8)。

148.《唐通回纥三道》收入《大陆杂志》第七十卷第一期(页 1-14),1985 年(增订稿刊专书 8)。

149.《唐代户口实际数量之检讨》(讲稿)收入《国学文献馆馆讯》第九号(页 5-9),1985 年(编入专书 14)。

150.《战国时代列国民风与生计——兼论秦统一天下之背景》收入《食货月刊》第十四卷第九、十期合刊(页 1-11),1985 年(编入专书 9、14)。

151.《读史方舆纪要与嘉庆一统志》收入《汉学研究通讯》第四卷第二号(页 83-87),《汉学研究》第三卷第二期《方志学国际研讨会论文专号》第一册(页 1-10),1985 年(编入专书 14)。

152.《傅乐成中国史论集序》收入《中国史论集》,1985 年(编入专书 14)。

153.《中古时代几部重要地理书——水经注》(讲录)收入《汉学研究通讯》第四卷第三号(页 145-148),1985 年(编入专书 14)。

154.《佛藏中之世俗史料》收入《大陆杂志》第七十一卷第三、第四期(页 1-8),1985 年(增补稿编入专书 14)。

155.《中古时代几部重要地理书——元和志与寰宇记》(讲录)收入《汉学研究通讯》第四卷第四号(页 205-207),1985 年(编入专书 14)。

156.《僧传所记梵呗声乐与唱导艺术》收入《大陆杂志》第七

十二卷第四期(页1-3),1986年(编入专书9、14)。

157.《佛藏所见之稽胡地理分布区》收入《大陆杂志》第七十二卷第四期(页3-5),1986年(编入专书9、14)。

158.《佛藏所见之大地球形说》收入《大陆杂志》第七十二卷第四期(5-6),1986年(编入专书9、14)。

159.《唐代盟津以东黄河流程与津渡》收入《新亚学报》第十五卷《钱穆先生九秩荣庆论文集》(页69-112),1986年(增订稿刊专书8)。

160.《齐长城地理考略》收入《董作宾先生九五诞辰纪念集》(页95-101),1988年(整理稿刊专书11为附篇十)。

161.《丝绸之路——中国境内的途程》刊于台北《历史月刊》第十期(页30-37),1988年(编入专书14)。

162.《唐代盛时与西南邻国之疆界》刊于《史语所集刊》第五十九本《李方桂先生纪念论文集》第四分(页957-974),1988年(编入专书14)。

163.《唐代北疆直接领辖之境界》收入《第一届国际唐代学术会议论文集》(页7-23),1989年(编入专书14)。

164.《中国史上经济文化之地理的发展》(讲稿)收入《浸会学院历史系会会刊》第五期,1989年(编入专书14)。

165.《中国中古史入门书目(附:影响我一生最深的五本书)》收入《书目季刊》第二十三卷第一期(页61-63),1989年(编入专书14)。

166.《中古时代桐柏山脉诸关道》收入《第二届国际汉学会议论文集·历史考古组》下册,1989年(整理稿刊专书11)。

167.《南北朝三个都市人口数量之估测》收入《新史学》创刊号(页1-28),1990年(编入专书14)。

168.《钱穆宾四先生行谊述略》(初稿)收入《新亚生活月刊》十月、十一月两期,1990年。

169.《隋唐通济渠在交通上之功能》收入《香港中文大学中国文化研究所学报》第廿一卷（页 1-68），1990 年（属于专书 16）。

170.《钱穆宾四先生行谊述略》（增订稿）收入《新亚学报》第十六卷《钱穆先生纪念论文集》上册（页 115-132），1991 年（增订稿刊专书 10）。

171.《中国史学辞汇序》收入《中国史学辞汇》，1992 年（编入专书 14）。

172.《资治通鉴的史料价值》收入《中国文化研究所学报》第一期（页 33-42），1992 年（编入专书 14）。

173.《唐代海岱地区南北交通两道》收入《新亚学报》第十六卷（下）（页 1-32），1993 年（整理稿刊专书 11）。

174.《我撰唐代交通图考的动机与经验》（讲录）收入《兴大历史学报》第三期（页 1-9），1993 年（编入专书 14）。

175.《南北朝时代五台山之佛教》收入《国故新知：中国传统文化的再诠释——汤用彤先生诞辰百周年纪念论文集》（页 255-260），1993 年（增订稿刊专书 12）。

176.《唐代扬州南通大江三渠道》收入《新亚学报》第十七卷（页 185-235），1994 年（属于专书 16）。

177.《钱穆传》（文同《钱穆宾四先生行谊述略》）收入《国史拟传》第五辑，1995 年。

178.《唐代长安人口数量之估测》收入《第二届唐代文化研讨会论文集》（页 1-20），1995 年（编入专书 14）。

179.《元和志户籍与实际户数之比勘》收入《史语所集刊》第六十七本第一分（页 1-41），1996 年（编入专书 14）。

180.《新旧两唐书史料价值比论》收入《新亚学报》第十八卷《严耕望教授纪念特刊》（页 1-15），1997 年（编入专书 14）。

181.《宾四先生对于中国史上政治制度之观察》收入《钱宾

四先生百龄纪念会学术论文集》,2003 年。

○丙、编　辑

《石刻史料丛书》六十函、四百二十册、九百六十九卷,艺文印书馆,1967 年。

甲编文录 33 种 666 卷:

《隶释》〔宋〕洪适　撰　附《汪本隶释勘误》黄丕烈　撰　八册

《隶续》〔宋〕洪适　撰　三册

《两汉金石记》〔清〕翁方纲　撰　八册

《古刻丛钞》〔元〕陶宗仪　撰　一册

《金薤琳琅》〔明〕都穆　撰　四册

《金石萃编》〔清〕王昶　撰　八十二册

《金石萃编未刻稿》〔清〕罗振玉　撰　三册

《金石续编》〔清〕陆耀遹　撰　十二册

《八琼室金石补正》〔清〕陆增祥　撰　五十六册

《希古楼金石萃编》〔清〕刘承干　撰　四册

《十二砚斋金石过眼录》〔清〕汪鋆　撰　四册

《陶斋藏石记》〔清〕端方　撰　十二册

《金石苑》〔清〕刘喜海　撰　八册

《罗氏冢墓遗文》罗振玉　校录　十四册(含《京畿冢墓遗文》、《芒洛冢墓遗文》、《芒洛冢墓遗文补遗》、《芒洛冢墓遗文续编》、《芒洛冢墓遗文续补》、《芒洛冢墓遗文三编》、《芒洛冢墓遗文四编》、《芒洛冢墓遗文四编补遗》、《山右冢墓遗文》、《山右冢墓遗文补遗》、《山左冢墓遗文》、《襄阳冢墓遗文》12 种)

《山右石刻丛编》〔清〕胡聘之　撰　二十四册

《常山贝石志》〔清〕沈涛　撰　十二册

《山左金石志》〔清〕阮元　撰　十二册

《两浙金石志》　［清］阮元　撰　十四册

《江苏金石志》　江苏通志馆 编 十六册

《陇右金石录》　［民国］张维　撰　十册

《海东金石苑》　［清］刘喜海　撰　四册

《海东金石苑补遗》　［清］刘承干　撰　四册

○乙编目录跋尾 26 种 303 卷：

《集古录跋尾》　［宋］欧阳修　撰　《集古录目》［宋］欧阳棐　撰　缪荃孙 校辑 五册

《元丰题跋》　［宋］曾巩　撰　一册

《金石录目录》　［宋］赵明诚　撰　五册

《宝刻丛编》　［宋］陈思　撰　八册

《宝刻类编》　［宋］撰人不详 四册

《舆地碑记目》　［宋］王象之　撰　二册

《石墨镌华》　［明］赵崡　撰　二册

《金石文字记》　［清］顾炎武　撰　三册

《曝书亭金石文字跋尾》　［清］朱彝尊　撰　二册

《金石录补》　［清］叶奕苞　撰　六册

《潜研堂金石文跋尾》　［清］钱大昕　撰　六册

《潜研堂金石文字目录》　［清］钱大昕　撰　二册

《授堂金石跋》　［清］武亿　撰　五册

《铁桥金石跋》　［清］严可均　撰　一册

《平津读碑记》　［清］洪颐瑄　撰　四册

《海东金石存考》　［清］刘喜海　撰　一册

《艺风堂金石文字目》　［清］缪荃孙　撰　八册

《寰宇访碑录》　［清］孙星衍　撰　六册

《寰宇访碑录刊谬》　［清］罗振玉　撰　一册

《寰宇访碑录校勘记》　［清］刘声木　撰　二册

《补寰宇访碑录》 ［清］赵之谦 撰 二册

《补寰宇访碑录刊误》 ［清］罗振玉 撰 一册

《补寰宇访碑录校勘记》 ［清］刘声木 撰 一册

《续补寰宇访碑录》 ［清］刘声木 撰 四册

《再续寰宇访碑录校勘记》 ［清］刘声木 撰 二册

《金石汇目分编》 ［清］吴式芬 撰 二十二册

主要参考文献

一、专　书

1. 严耕望:《中国地方行政制度史(甲)　秦汉地方行政制度》,台北:中研院史语所,1997 年。

2. 严耕望:《两汉太守刺史表》,台北:中研院史语所,1993 年。

3. 严耕望:《中国地方行政制度史(乙)　魏晋南北朝地方行政制度》,台北:中研院史语所,1990 年。

4. 严耕望:《唐仆尚丞郎表》,台北:中研院史语所,1997 年。

5. 严耕望:《唐史研究丛稿》,香港:新亚研究所,1969 年。

6. 严耕望:《唐代交通图考》第一至六卷,台北:中研院史语所,2003 年。

7. 严耕望:《唐代交通图考第一至六卷引用书目及纲文古地名引得》,台北:中研院史语所,2006 年。

8. 严耕望:《治史经验谈》,台北:台湾商务印书馆,2006 年。

9. 严耕望:《治史答问》,台北:台湾商务印书馆,2005 年。

10. 严耕望:《钱穆宾四先生与我》,台北:台湾商务印书馆,2006 年。

11. 严耕望:《严耕望史学论文选集》,台北:联经出版事业公司,1991 年。

12. 严耕望:《严耕望史学论文集》,上海:上海古籍出版社,2009 年。

13.严耕望编:《石刻史料丛书》,台北:艺文印书馆,1967年。

14.李则纲:《李则纲遗著选编》,合肥:安徽大学出版社,2006年。

15.钱穆:《钱宾四先生全集》,台北:联经出版事业公司,1998年。

16.新亚学术集刊编辑委员会:《钱宾四先生百龄纪念会学术论文集》,香港:香港中文大学新亚书院,2003年。

17.顾颉刚:《顾颉刚日记》,台北:联经出版事业公司,2007年。

18.顾颉刚:《顾颉刚书信集》,北京:中华书局,2011年。

19.陈槃等校订:《傅斯年全集》,台北:联经出版事业公司,1980年。

20.欧阳哲生主编:《傅斯年全集》,长沙:湖南教育出版社,2003年。

21.王汎森、杜正胜编:《傅斯年文物资料选辑》,台北:中研院史语所,1995年。

22.胡适:《胡适手稿》,台北:中研院胡适纪念馆,1970年。

23.胡颂平:《胡适之先生年谱长编》,台北:联经出版事业公司,1984年。

24.胡适:《胡适书信集》,北京:北京大学出版社,1996年。

25.胡适纪念馆编:《论学谈诗二十年》,合肥:安徽教育出版社,2001年。

26.胡适:《胡适日记全集》,台北:联经出版事业公司,2004年,

27.王世杰:《王世杰日记》,台北:中研院近代史研究所,1990年。

28.何炳棣:《读史阅世六十年》,台北:允晨文化实业公司,2004年。

29.李济:《李济文集》,上海:上海人民出版社,2006年。

30.周一良:《周一良集》,沈阳:辽宁教育出版社,1998年。

31.李卉、陈星灿编:《传薪有斯人》,北京:生活·读书·新知三联书店,2005年。

32.夏鼐:《夏鼐日记》,上海:华东师范大学出版社,2011年。

33. 严耕望先生纪念集编辑委员会:《充实而有光辉:严耕望先生纪念集》,台北:稻禾出版社,1997年。

34. 严耕望先生纪念集编辑委员会:《严耕望先生纪念论文集》,台北:稻乡出版社,1998年。

35. 中研院史语所特刊之三:《陈寅恪先生论集》,台北:中研院史语所,1971年。

36. 纪念陈寅恪教授国际学术讨论会秘书组编:《纪念陈寅恪教授国际学术讨论会文集》,广州:中山大学出版社,1989年。

37. 中研院史语所:《七十年大事记》,台北:中研院史语所,1998年。

38. 中研院史语所:《学术史与方法学的省思》,台北:中研院史语所,2006年。

39. 中研院八十年院史编纂委员会:《追求卓越:中央研究院八十年》,台北:中研院,2008年。

40. 周佳荣、刘咏聪:《当代香港史学研究》,香港:三联书店(香港)有限公司,1994年。

41. 何兹全:《爱国一书生·八十五自述》,上海:华东师范大学出版社,1997年。

42. 余英时:《现代学人与学术》,桂林:广西师范大学出版社,2006年。

43. 许倬云:《许倬云问学记》,桂林:广西师范大学出版社,2008年。

44. 陈存恭、陈仲玉、任育德:《石璋如先生访问纪录》,台北:中研院近代史研究所,2002年。

45. 陈永发、沈怀玉、潘光哲、周维朋:《家事、国事、天下事——许倬云院士一生回顾》,台北:中研院近代史研究所,2010年。

46. 陈万雄:《读人与读世》,北京:中国民主与法制出版社,2011年。

47. 苏庆彬:《七十杂忆》,中华书局(香港)有限公司,2011年,

48.曹旅宁:《黄永年先生编年事辑》,北京:中华书局,2013 年。

49.逯耀东:《胡适与当代史学家》,台北:东大图书公司,1998 年。

50.苏同炳:《手植桢楠已成荫——傅斯年与中研院史语所》,台北:学生书局,2012 年。

二、文　章

1.严耕望:《北魏尚书制度考》,《历史语言研究所集刊》第 18 本,1948 年。

2.严耕望:《北朝地方政府属佐制度考》,《历史语言研究所集刊》第 19 本,1948 年。

3.严耕望:《魏晋南朝地方政府属佐考》,《历史语言研究所集刊》第 20 本,1948 年。

4.严耕望:《汉代地方官吏之籍贯限制》,《历史语言研究所集刊》第 22 本,1950 年。

5.严耕望:《秦汉郎吏制度考》,《历史语言研究所集刊》第 23 本上册,1951 年。

6.严耕望:《论唐代尚书省之职权与地位》,《历史语言研究所集刊》第 24 本,1953 年。

7.严耕望:《汉代地方行政制度》,《历史语言研究所集刊》第 25 本,1954 年。

8.严耕望:《魏晋南朝都督与都督区》,《历史语言研究所集刊》第 27 本,1956 年。

9.严耕望:《唐人读书山林寺院之风尚》,《历史语言研究所集刊》第 30 本下册,1959 年。

10.严耕望:《北魏军镇》,《历史语言研究所集刊》第 34 本,1962 年。

11.严耕望:《唐代黔中牂牁诸道考略》,《历史语言研究所集刊》第 50 本第 2 分,1979 年。

12.黄永年:《唐仆尚丞郎表和著者严耕望先生》,《书品》1988 年第 2 期。

13.廖幼华:《严耕望先生传略》(附《严耕望先生论著目录》),《唐研究》第 3 卷,1997 年。

14.李金强:《新亚研究所师友杂记》,《当代史学》第 7 卷第 3 期,2006 年。

15.严伯高:《我的四叔——严耕望先生》,《安庆文史资料》第 27辑《香皖两江情》,1997 年。

16.冯岁平:《一位充实而有光辉的学者》,《石门——汉中文化遗产研究(2005)》,2006 年。

17.刘健明《独立奋斗,尽我所能——追忆严耕望先生》,《文史知识》1998 年第 8 期。

18.动态报导《严耕望院士病逝》,《中研院周报》第 594 期,1996年 10 月 18 日。

三、档案及其他

台北中研院傅斯年图书馆整编史语所档案

1.编号"杂 23-13-6"之王星拱致傅斯年函

2.编号"杂 23-13-7"之严耕望致傅斯年函。

3.编号"杂 23-13-9"傅斯年致董作宾函

4.编号"杂 23-13-14"本所函严耕望等

5.编号"李 9-5-41"严耕望致文书室收条

6.编号"李 6-1-24"严耕望具收条

7.编号"李 9-5-43"董作宾致那廉君函

8.编号"杂 23-14-5"严耕望致傅斯年函

9.编号"杂 23-14-3"严耕望致那廉君函

10.编号"京 28-16-1"本所致总办事处函

11.编号"京 8-17-12"商务印书馆出版科来函

台北中研院近代史研究所胡适纪念馆

1. 馆藏 HS-NK01-168-002 号档案《严耕望致胡适函》

2. 馆藏 HS-NK01-168-004 号档案《严耕望致胡适函》

3. 馆藏 HS-NK01-168-005 号档案《严耕望致胡适函》

4. 馆藏 HS-NK05-138-010 号档案《胡适致严耕望函》

5. 馆藏 HS-NK05-138-011 号档案《胡适致严耕望函》

6. 馆藏 HS-NK05-341-071 号档案《通讯录的一页》

7. 馆藏 HS-NK05-138-012 号档案《严耕望致胡适函》

8. 馆藏 HS-NK05-138-013 号档案《胡适致严耕望函》

9. 馆藏 HS-NK05-138-014 号档案《严耕望致胡适函》

10. 馆藏 HS-NK05-014-049 号档案《胡适致朱家骅函》

11. 馆藏 HS-NK01-168-006 号档案《严耕望致胡适函》

12. 馆藏 HS-NK05-051-008 号档案《胡颂平致胡适函》

13. 馆藏 HS-NK05-138-019 号档案《严耕望致胡适函》

14. 馆藏 HS-NK01-168-008 号档案《严耕望致胡适函》

15. 馆藏 HS-NK05-138-016 号档案《胡适致严耕望函》

16. 馆藏 HS-NK01-168-009 号档案《严耕望致胡适函》

17. 馆藏 HS-NK05-138-017 号档案《胡适致严耕望函》

18. 馆藏 HS-NK01-168-007 号档案《严耕望致胡适函》

19. 馆藏 HS-NK05-138-018 号档案《严耕望致胡适函》

20. 馆藏 HS-NK04-005-018 号档案《严耕望致胡适函》

21. 馆藏 HS-NK05-365-002 号档案《中央研究院胡故院长遗著整理委员会编辑委员会第一次会议》纪录

22. 馆藏 HS-NK05-365-003 号档案《中央研究院胡故院长遗著整理委员会编辑委员会第二次会议》纪录

23. 馆藏 HS-NK05-365-004 号档案《中央研究院胡故院长遗著整理委员会编辑委员会第三次会议》纪录

24. 馆藏 HS-NK05-365-006 号档案《中央研究院胡故院长遗著

整理委员会编辑委员会第四次会议》纪录

哈佛燕京学社

1.访问学人档案"Prof.Yen Ken-wang"之《赖肖尔致李济函》

2.访问学人档案"Prof.Yen Ken-wang"之《严耕望致赖肖尔函》

3.访问学人档案"Prof.Yen Ken-wang"之《约翰·佩泽致严耕望函》

4.访问学人档案"Prof.Yen Ken-wang"之《玛丽·耶茨致 R.T.艾伦函》

新亚研究所历届硕士班毕业论文

1.汤承业《隋文帝政治事功之研究》(1965)

2.赖坤维《五代政治人物出身之分析》(1966)

3.谭宗义《汉代国内陆路交通考》(1967)

4.胡耀辉《魏晋时代之洛阳邺都与长安》(1967)

5.陈松龄《唐代广州社会各阶级的分析》(1968)

6.唐小敏《魏晋黄河中下游陆路交通考》(1969)

7.童和君《盛唐诗人行踪》(1970)

8.尹达明《唐代前期御史制度略论》(1971)

9.胡国慧《唐代京兆尹》(1971)

10.廖伯源《汉代爵位制度考释》(1972)

11.雷家骥《赠白马王彪诗并序笺证》(1974)

12.赵之玑《汉代边郡杂考》(1976)

13.李洁华《唐宋禅宗之地理分布》(1977)

14.区建华《两汉秩中二千石及二千石京官任迁之研究》(1977)

15.张伟国《中古黄河津渡考》(1978)

16.周启荣《南北朝僧徒与学术教育之关系》(1978)

17.劳悦强《汉律刑法管窥》(1982)

18.陈润家《汉代人才的地理分布》(1984)

19.冯世傲《三国人才之地理分布》(1985)

20.李启文《汉代之物产》(1986)

21.何炳泉《从汉书因袭史记部分比较马班之才学识》(1986)

22.谢兴周《宋代府州通判制度之研究》(1986)

23.卢琦伟《魏晋南北朝时代黄河以南长江以北少数民族之分布》(1988)

24.官德祥《汉晋西南产业分布考》(1989)

25.易彬乾《黄河流域新石器时代居住文化的研究》(1989)

26.黄炽霖《两汉九卿制度考》(1991)

27.梁锦棠《两汉人口的数量和分布》(1993)

28.刘辉俭《西汉关中关东产业分布与演变述稿》(1994)

29.潘志强《南朝皇权更迭之研究》(1994)

30.吴瑞华《西汉监察制度研究》(1996)

31.祁志伟《西汉马政之研究》(1996)

新亚研究所历届历届博士班毕业论文

1.李孟晋《四库著录唐人别集二十种提要考订》(1987)

2.谢兴周《宋代转运使研究》(1992)

3.黄炽霖《魏晋南朝尚书省发展与演变之研究》(1995)

4.李启文《魏晋南北朝水利事业研究》(1997)

香港中文大学历届硕士毕业论文

1.黄浩潮《北魏宰辅制度》(1970)

2.潘国键《北周疆域考》(1973)

3.黄长生《北朝城市研究》(1974)

4.苏基朗《宋代泉州及其内陆交通研究》(1979)

5.梁育成《东晋南北朝对峙政权之间的走私贸易》(1980)

后　记

　　2016年是严耕望先生的百龄诞辰，作为新时期大陆地区第一家影印出版严先生唐史论著的出版社，北京中华书局愿意承担严先生编年事辑的出版以为纪念，当此学术出版不景气的大环境下，真令人感慨系之，幸何如之。

　　记得大学二年级初读陈寅恪先生的文章（当时读的是刘桂生、张步洲编《陈寅恪学术文化随笔》，中国青年出版社1996年版），大为震撼，原来汉唐历史还能这样解释；参加工作后，业余在李培栋先生提示下读到严先生的《治史三书》，复深受感动，原来史学方法就在日常生活中！如果说陈先生的著作常带有"旧时王谢堂前燕"般高贵的气质，则严先生的方法因其平易更能收到"飞入寻常百姓家"的功效。青年时代读书，感受之深，记忆之固，未有逾于此二者也！及至2006年严先生九十诞辰，有机会为其著作的引进内地略尽绵薄，在台北史语所和香港的李启文先生分批寄来、摞起来足有人高的样书、文稿前，我又被严先生的著述体量深深雷到。一个半生颠沛且并未得享高寿的严谨学人，怎么可以如此高产？而据李启文先生介绍，严先生身后尚留有很多未完稿和札记卡片，犹待整理也。其时，我已读到一些严先生家人、师友在其身后撰写的回忆文章，内中细节多可补充《治史三书》中的夫子自道。进而发现，严先生平生著书为文皆有注明时间、地点、缘起的习惯，且每能精确到初稿、再稿、定稿、初校、再校、毕校。这些都是梳理学术生平、锁定人生坐标的绝好材料,如不加以系统贯串而任其散布,殊为可惜。2009年,我报读的在职研究学位须提交毕业论文计划,遂萌生为严先生编一学术年谱的想法,也希望藉此解开先前的心头疑惑。自2009年10月正式动笔,到2010年1月初稿竣事。三个多月的爬梳,鄙陋如我得到的是一个很家常的结论:严先生这一辈子,实在没过几天好日子啊!他忙里忙外,治学治生,对得起家人,对得起朋友,对得起老师,对得起学生,更对得起学术,但在我辈凡俗看来,最最对不起的就是他自己。这样的人生,写来都累,严先生却乐在其中,六十年甘之若饴。除了"平凡中的伟大",想不出更恰当的话来形容严耕望先生的一生。

年谱初稿既成,因故曾有搁置。到论文答辩前的半年,才利用业余时间续作改订。主要是增补新见材料,统一行文体例,而初稿的设计思想、大纲大目基本未变。直到中华书局表示可纳入"编年事辑"系列出版,我才意识到有必要对先前的思路略事修正。毕竟论文是写给三五答辩委员看的,一经出版则要接受更多专业读者、普通爱好者的检验。因此,从措辞行文到内容设置,既不能以己之所知为人人所当知,亦不可以人所不知为己所独知。外加考虑到编撰方式须与该系列已出的两种编年事辑略相统一,故又用三个月的时间增补加工,几乎从头至尾改写一过:首先,加强了参考线索的叙述比重。包括与严氏一生密切相关的学人、学术机构、学术思潮、社会环境、时代背景等,这些参考线索在初稿中只当其与谱主这条主线交汇或临近交汇时才略作交待。此次改订在不喧宾夺主的前提下,将这些参考线索尽可能向两端延伸,俾读者看清来龙去脉,将严氏一生行迹置于更广阔、更长期性的历史结构中加以考察,以求深入理解其学术成就、思想价值的所以然和所当然。同时,也便于我们通过史学史、学术史、文化史三个角度的关照,使一兼具历史学人、学术活动人、20世纪中国知识人三重维度的严耕望跃然纸上;其二,删除原稿中大部分说明材料出处的脚注。年谱长编或编年事辑不同于单纯的考据之作,而是在考据的基础上对材料加以综合贯串。考证是原料的质检工序,编辑才是成品的最终环节。史料出处诚然重要,但因通篇皆史料,一条注,势必条条注、通篇注,至有尾大不掉、繁琐不得要领之病。对非有意从事进一步研究的普通读者来说,其所关注要为谱主一生历史脉络之大本大源,正不必斤斤于一字一句一事一物之来历出处,是非但无益且徒增困扰也。故此次改订,除极个别的材料(如必须加以考证方可使用的材料、必须于正文中注明出处的馆藏档案、当事人口述提供的史料、部分人物介绍及少数出现频率不高的材料)外,其他一切常规材料(包括严氏本人著作)的来源交待均于正文页面中省去,以保证读者阅读的流畅,也减少不必要的排印成本。有意在此基础上作进一步探究的专业人士,自当对这些常规史料的出处了然于胸,更无需我来赘述,也可根据《主要参考文献》提供的线索自行寻绎;其三,谱主的称谓问题。这也是初稿阶段就让人颇费踌躇的。因撰者并非谱主的弟子或家人,直称"先生"有些冒昧,指名道姓则不够恭敬。若"严先生"、"耕望先生"、"严耕望先生"之类,用于怀念文章则可,用于年谱或编年事辑却略显隔阂。因初稿大部分篇幅为突出谱主本人的单线叙事,很多时候索性采取主语省略的方式。盖年谱虽多以历史旁观之立场编撰,有时正不妨以谱主之主观视角叙事(类似日记),使读者有身临其境、感同身受之体验;必须明确行为主体时,则径以"耕望"二字出之,此亦仿效汪荣祖《史家陈寅恪传》之例。及至此次增订,因加入大量参考线索并行叙事,如再为追求历史现场感而致使主语不明,则有乱人耳目、混淆视听之弊,故尽可能于句中补足谱主称谓。大礼不辞小让,谨以"耕望"二字表达对严先生的一份温情的敬意。

行文至此,作为后记已经太长,但却不能因此减少致谢的篇幅。导师严耀中教授、曾维华教授和虞云国教授的教诲是不能简单地感谢的,惟竭尽绵薄求长进于学业,以图报于来日。同样不能简单说声感谢的还有:香港大学的李启文先生,台北中研院史语所的廖伯源先生,美国哈佛燕京图书馆的马小鹤先生,台湾中正大学历史系的杨维真教授、江启安老师,香港中文大学的苏基朗教授、邓聪教授,台北中研院近代史研究所的潘光哲先生,中研院副院长王汎森先生,广州中山大学的姜伯勤教授,复旦大学的陈尚君教授,汉语大词典出版社的徐文堪先生,北京大学的林梅村教授,中国社会科学院哲学研究所的高山杉先生,上海师范大学的黄纯艳教授、姚潇鸫副教授,还有风谊师友间的秦志华先生、童力军先生,上海图书馆文献提供中心的张帆老师、历史文献中心的严洁琼女士,北京中华书局总编辑顾青先生,本书的责任编辑李天飞先生。没有他们的鼓励和帮助,这本书是无法顺利完成的。最后,但绝不是最少,还要深深感谢我的父母,他们在我成长过程中一如既往地给予了精神上的关爱,使我生活在浓浓的亲情中。在此,谨将这本微薄的小书敬献给他们。

林　磊

2014 年 5 月 30 日于沪上